Susan Schenkel

Mut zum Erfolg

Warum Frauen blockiert sind
und was sie dagegen tun können

Aktualisierte und erweiterte Neuausgabe

Campus Verlag
Frankfurt/New York

Die amerikanische Ausgabe erschien unter dem Titel »Giving Away Succes. Why Women Get Stuck And What To Do About It: Revised Edition.« Copyright © 1984, 1991 by Susan Schenkel, Ph. D. This Translation is published by arrangement with Random House, Inc.

Aus dem Englischen von Julia Nowotny-Iskandar und Bettina Abarbanell

Die Deutsche Bibliothek – CIP-Einheitsaufnahme

Schenkel, Susan:
Mut zum Erfolg : warum Frauen blockiert sind und was sie dagegen tun können / Susan Schenkel. [Aus dem Amerikan. von Julia Nowotny-Iskandar und Bettina Abarbanell]. – 7., aktualisierte und erw. Neuausg. – Frankfurt/Main ; New York : Campus Verlag, 1992
Einheitssacht.: Giving away success ‹dt.›
ISBN 3-593-34798-9

Copyright © 1992 bei Campus Verlag GmbH, Frankfurt/Main
Umschlaggestaltung: Atelier Warminski, Büdingen
Umschlagmotiv: Die Fotografin Margaret Bourke-White auf einem Wasserspeier des Chrysler Building in New York (1934)
Satz: Fotosatz Huhn, Maintal-Bischofsheim
Druck und Bindung: Offizin Andersen Nexö, Leipzig
Printed in Germany

Meinen Eltern Leon und Siddi Schenkel, die mich gelehrt haben, daß eine Frau imstande sein muß, selbständig mit der Welt fertig zu werden.

Inhalt

Vorwort

In den zwanzig Jahren meiner Arbeit als Psychologin haben Frauenfragen für mich immer eine zentrale Rolle gespielt. Seit etwa zehn Jahren fasziniert mich dabei ein Thema besonders: Frauen und der Mut zum Handeln. Genauer: Wie kommt es, daß selbst motivierte Frauen so oft Schwierigkeiten haben, eine Sache in Angriff zu nehmen, und was kann man dagegen tun? Aus meinem Interesse an dieser Frage entstand das Buch *Mut zum Erfolg*, das 1984 erschien.

Seit seiner Veröffentlichung haben mir viele Frauen in Workshops, Beratungsgesprächen und Briefen ihre Gedanken zu diesem Thema mitgeteilt. Das positive Echo von Frauen jeden Alters aus allen nur denkbaren Berufen, Frauen verschiedenster Bildung und Herkunft hat gezeigt, wie stichhaltig und nutzbringend die aus der Verhaltenspsychologie gewonnenen Konzepte und Selbsthilfe-Techniken sind. Es ist sehr befriedigend zu sehen, daß die Theorien dem Angriff der Zeit standgehalten haben. Dennoch habe ich in meiner Arbeit festgestellt, daß manche Theorien und Techniken noch größere Beachtung finden müßten.

Angesichts der schwindelerregenden Veränderungen in der Welt und am Arbeitsplatz bin ich überzeugt, daß es für Frauen wichtiger denn je ist, wirkungsvoll handeln zu lernen. Wer in dem neuen Klima globaler Konkurrenz vorankommen will, muß ein hohes Maß an Initiative haben; es ist deshalb entscheidend, daß Frauen ihre Hemmungen überwinden und den Mut zum Handeln finden. Diese Überzeugung hat mich dazu veranlaßt, meine neuen Ideen in einer überarbeiteten Neuauflage von *Mut* zum Erfolg darzulegen. Dank der vielen informativen und anregenden Reaktionen auf das erste Buch, habe ich es, so glaube ich, verbessern können. Ihnen allen danke ich für Ihre Hilfe und Ihr großes Interesse. Mögen Sie Mut zum Erfolg – und Erfolg haben.

Cambridge, Massachusetts
Juni 1990

Danksagung

Ich möchte mich bei all den vielen Leuten bedanken, die mir ihre Erfahrungen mitgeteilt und dieses Vorhaben unterstützt haben. Mein besonderer Dank gilt Dr. Linda Silver, Dr. Marie Guzell, Dr. Margaret Lloyd, Dr. Siddi Schenkel, Eliza McCormack, Mary Oates Johnson und Alvin Helfeld für ihre scharfsichtigen Bemerkungen zum Manuskript und ihre Unterstützung.

Außerdem danke ich der Verlegerin Joni Evans für ihren Glauben an das Buch und der Lektorin Susan Kamil für ihre außerordentlich feinfühlige Redaktion und ihr Engagement.

Einleitung

»Ich möchte schon, aber ich bringe es nicht fertig...«

Vor einigen Jahren kam eine dreiunddreißigjährige Frau namens Charlotte in meine Sprechstunde und trug mir folgendes Problem vor:

»Ich habe ein kleines Geschäft. Ein paar Stammkunden verhelfen mir zu einer eher knappen Existenzgrundlage. Ich will mehr Aufträge, aber ich tue nicht genug dafür. Ich befürchte, daß mein Geschäft eingeht, wenn ich nicht mehr tue.

Ich könnte eine Menge tun, aber ich mache es einfach nicht. Ich weiß, ich habe gute Ideen, und sie ließen sich auch in die Tat umsetzen, wenn ich dranbleiben würde, aber ich kann mich irgendwie nicht dazu aufraffen. Manchmal schaffe ich kaum die Routinearbeiten: Ich rufe die Kunden nicht gleich zurück, verschicke die Rechnungen nicht, schreibe keine Berichte. Ich fühle mich immer elender, aber deswegen tue ich noch lange nichts. Im Gegenteil, es wird mir dann noch schwerer, einen Anfang zu finden. Ich will nicht über mein Liebesleben oder meine Kindheit reden. Ich will mein Geschäft über Wasser halten. Können Sie mir helfen?«

Charlottes Problem machte mich nachdenklich. Ich hatte mit Frauen gearbeitet, die ähnliche Schwierigkeiten hatten: eine ehrgeizige Schauspielerin, die es nicht schafft, vorsprechen zu gehen, eine Schriftstellerin, die von den Möglichkeiten, die ihr in den Schoß fielen, keinen Gebrauch machte, eine Laborantin, die ihren Job haßte und es doch nicht fertigbrachte, sich nach einem anderen umzusehen. Der gemeinsame Nenner all dieser Probleme war: »Ich möchte schon, aber ich kann mich nicht aufraffen...«

Bis dahin hatte ich das für ein individuelles Problem der betroffenen Frauen gehalten. Aber je länger ich darüber nachdachte, desto mehr Gemeinsamkeiten sah ich. Als ich diese Verhaltensmuster in den Gesamtzusammenhang der weiblichen Psychologie einordnete, wurde mir klar, daß es sich um ein typisch weibliches Problem handelte: Intelligente, begabte Frauen fühlten sich blockiert und konnten nichts mehr leisten, und es handelte sich um innere Barrieren, die sie kaum auf den Begriff bringen, geschweige denn verstehen konnten.

Bei weiterer Überlegung kam ich darauf, daß ich jedesmal eine bestimmte Strategie anwandte, wenn ich versuchte, blockierten, »hängengebliebenen« Menschen zu helfen. Seltsamerweise hatte ich viel klarere Vorstellungen von der Lösung als von dem Problem selbst. Ich hatte mich sehr stark auf meine Intuition verlassen und hatte, wie meine Patientinnen, kein klares Begriffssystem, um zu erfassen, was vorging. Die Standardformulierungen, wie »Angst vor Erfolg«, »Identitätsdiffusion«, »Angst« und »Depression«, halfen uns nicht weiter.

Ich versuchte, auf den Begriff zu bringen, wieso gerade Frauen blockiert sind, und Strategien zu finden, die ihnen helfen könnten, sich zu lösen. Ich arbeitete eine Vielzahl von Theorien, Forschungsprojekten und Fallgeschichten durch, und ich hatte mir zum Ziel gesetzt, die Probleme »im Klartext« und in einer Form zu beschreiben, die auf Veränderung abzielt. Ich wollte nicht noch so ein Buch schreiben, in dem das Dilemma von Frauen beschrieben wird und am Schluß die Frage stehen bleibt: »Und was jetzt? Wie geht es weiter?« Solche Bücher gibt es schon genug.

Die Strategien und Techniken, um sich zu lösen, entstammen meiner klinischen Erfahrung und einem Ansatz der psychologischen Forschung, der sich »Selbstmanagement (oder Selbststeuerung) im Verhalten« nennt. Es handelt sich um eine Vielzahl einfacher und unkomplizierter Techniken, die es einem erleichtern, die Kurve zu kriegen und sein eigenes Verhalten besser in der Hand zu haben. Die Beispiele, die ich zur Veranschaulichung anführe, schildern wahre Begebenheiten, die ich nur leicht verfremdet habe, um die Anonymität der Frauen zu wahren.

Die in diesem Buch beschriebenen Probleme betreffen nicht nur Frauen; Männer haben sie auch. Aber es gibt da einen Unterschied: Da Männer in ihrer Sozialisation traditionell dazu ermutigt werden, etwas zu leisten, haben sie auf beruflichem Gebiet seltener als Frauen Schwierigkeiten zu handeln. Wenn ein Mann dennoch blockiert ist, so liegt das jedenfalls nicht daran, daß die Gesellschaft ihn systematisch daran hindert, etwas zu leisten.

Andererseits haben motivierte Frauen, denen der Mut zum Handeln fehlt, trotz individueller Unterschiede gewöhnlich sehr viel gemeinsam. Viele ihrer Probleme sind gänzlich vorhersehbar. Diese Gemeinsamkeiten bilden die Grundlage des vorliegenden Buches. Es gibt sie, weil die Anfälligkeit dafür, blockiert zu sein, zum Vermächtnis gehört, als Frau aufzuwachsen.

Obwohl die weibliche Wirklichkeit in mancher Hinsicht entmutigend ist, habe ich dieses Buch voller Optimismus geschrieben. Ich wünsche mir, daß sich dieser Optimismus meinen LeserInnen mitteilt, daß es ihnen Hoffnung gibt und das Gefühl, stark zu sein.

Teil I

Wie Frauen blockiert werden«

1

Warum Frauen Selbstvertrauen fehlt

Ein Traum war wahr geworden. Ann merkte, daß ihre Hände zitterten, als sie den Hörer auflegte. Man hatte ihr gerade eine phantastische Stelle angeboten. Eine einmalige Gelegenheit: Es wurde viel verlangt, gut gezahlt, und sie würde eine Menge interessanter Leute kennenlernen können. Nun war es also soweit – und sie hatte furchtbare Angst. Sie konnte das einfach nicht bringen. Sie wußte nicht genug. Sie war nicht gelassen genug. Sie war nicht klug genug. Sie hatte die reingelegt. Das Interview war eine Theatervorstellung gewesen, die ihr einen Oscar hätte einbringen können. Ihr Lebenslauf, das waren bloß viele schlaue Worte, listig gefügt, auf schickem Papier. Ihre Arbeitszeugnisse waren nur deswegen gut, weil die Leute sie mochten und ihr gerne einen Gefallen taten. In Wirklichkeit würde sie diesen Posten wohl nicht ausfüllen können...

Ann hat diese Zweifel und Ängste mit vielen Frauen gemeinsam. Wir stellen unsere Intelligenz, unser Talent, unser Geschick in Frage. Wir zweifeln am Wert unserer Gedanken und Taten. Es fällt uns schwer, uns selbst ernstzunehmen und daran zu glauben, daß unsere Begabungen sich voll entfalten und volle Anerkennung finden können. Wir spielen unser Können herunter. Und das, obwohl wir es bislang hervorragend geschafft haben.

Ein wesentlicher Grund für unser mangelndes Selbstvertrauen liegt darin, daß wir als Frauen unsere Fähigkeiten in der gleichen Weise einzuschätzen lernen, wie es die Gesellschaft tut. Traditionelle Geschlechterrollenstereotype stellen Frauen als emotional, hilflos und intuitiv dar; Männer dagegen als rational, kompetent und klug. Kompetenz ist bei Frauen bestenfalls eine fragwürdige Qualität, Köpfchen zu haben gilt als schlichtweg unweiblich. Leistung, sicheres Auftreten und Aggressivität gehören ohne Frage zur männlichen Domäne.

In dem, was kleine Kinder sagen, kommen solche gesellschaftlichen Klischeevorstellungen über Männer und Frauen bereits deutlich zum Ausdruck. In einer Feldstudie wurde zweitausend Schulkindern folgende Frage gestellt: »Wenn du morgen aufwachtest und entdecktest, daß du ein Junge/Mädchen wärst, was würde sich dann in deinem Leben ändern?« (Tavris/Baumgartner 1983)

Die Antworten enthüllten etwas, was die Wissenschaftler »fundamentale Frauenverachtung« nannten. Zum Beispiel betitelten Jungen in der Volksschule ihre Antworten oft mit Begriffen wie »Weltuntergang«, und dann beschrieben sie, wie schrecklich das Leben wäre, wenn sie Mädchen wären. Ein Sechstkläßler schrieb: »Wenn ich ein Mädchen wäre, wäre ich dumm und zum Umpusten schwach.« Ein Jugendlicher schrieb: »Wenn ich ein Mädchen wäre, würde ich eine Menge Make-up auflegen, und alle würden mich gut und schön finden, aber ich wüßte, daß es den wenigsten auf meine Persönlichkeit ankäme.« Und wenn die Jungen überhaupt in Erwägung zogen, daß sie als Frauen außerhalb des Hauses arbeiten könnten, waren die am häufigsten genannten Berufe »Krankenschwester« und »Sekretärin«.

Im Gegensatz dazu schrieben die Mädchen, daß sie es besser hätten, wenn sie Jungen wären. Mit den Worten eines Mädchens aus der elften Klasse: »Die Leute würden meine Entschlüsse und Überzeugungen ernster nehmen.« Eine Zehntkläßlerin schrieb: »Wenn ich ein Junge wäre, würde ich wohl öfter meine Meinung sagen und mehr Selbstvertrauen haben, aber eigentlich weiß ich nicht, warum.« Die Jungen dachten, es würde sie einschränken, ein Mädchen zu sein, und die Mädchen dachten, es wäre befreiend für sie, ein Junge zu sein.

Geschlechterrollenstereotype werden früh vermittelt. Sie bilden den Inhalt der Regeln, nach denen wir ein Verhalten als sozial annehmbar beurteilen oder nicht. Diese Regeln werden so sehr Teil unseres Alltagsdenkens, daß wir sie kaum noch bemerken.

Indem sie die gesellschaftlichen Vorurteile gegen weibliche Kompetenz mit der Muttermilch einsaugen, lernen viele Frauen, ihren eigenen Fähigkeiten von Anfang an zu mißtrauen. Sie lernen, sich selbst nach Regeln einzuschätzen, die ein Vorurteil gegen ihr Können enthalten. Diese Logik funktioniert, stark vereinfacht, so: 1. Frauen können nicht viel. 2. Da ich eine Frau bin, kann ich nicht viel. 3. Daraus folgt, daß ich keine großen Erfolgserwartungen haben kann (vor allem nicht in als spezifisch »männlich« gekennzeichneten Gebieten). 4. Wenn es doch vorkommt, daß ich einen gewissen Erfolg habe, dann muß das etwas anderem als meinen Fähigkeiten zugeschrieben werden.

Diese Logik bestimmt die Denkmuster, nach denen Frauen ihr Tun bewerten.

Die weibliche Gewohnheit des Herunterspielens

Sally, eine energische Frau Ende zwanzig, war dabei, auf einer renommierten Akademie ihren Magister in Betriebswirtschaft zu machen. Im Marketingkurs wurden die Seminarteilnehmer in Gruppen eingeteilt, um eine Marktforschungsuntersuchung durchzuführen. Zufällig waren alle sechs Mitglieder von Sallys Team Frauen. Sie arbeiteten sehr schwer. Sie verbrachten die Abende und die Wochenenden mit Forschungen und Diskussionen über ihre Ergebnisse. Sie schrieben und schrieben um. Nach wochenlanger Vorbereitung stellten sie dem ganzen Kurs ihr Projekt vor.

Es war ein großer Erfolg. Sie hatten gründlich geforscht und das Material gut dargestellt. Die Sprecherinnen waren gelassen und redegewandt. Mit Fragen gingen sie sicher und sachkundig um. Ihr Professor und ihre Mitstudenten waren begeistert: Die beste Präsentation des ganzen Kurses!

Paradoxerweise machten sich Sallys Teamkolleginnen nicht viel aus diesem Erfolg. Sie gaben sich sogar große Mühe, ihn herabzusetzen: »So gut war es nun auch wieder nicht.« »Hier war ein Fehler; dies haben sie übersehen und das haben sie vergessen.«

»Die anderen im Kurs haben sich einfach nicht soviel Mühe gegeben.« Indem sie ihre Leistung heruntersetzte, unterminierte Sallys Gruppe eben den Erfolg, für den sie so hart gearbeitet hatte. Diese gescheiten, begabten und ehrgeizigen Frauen verletzten eine der Grundregeln des Erfolgs: Betone das Positive, streiche das Negative. Es ist doch kaum vorstellbar, daß etwa der (männliche) Vorstand eines Topunternehmens Rekordgewinne herunterspielen oder in ungünstigem Licht erscheinen lassen würde.

Leider ist Sallys Geschichte kein Einzelfall. Viele von uns verkaufen sich zu billig: Wir setzen unsere Fähigkeiten und Leistungen herab, spielen sie herunter, unterbewerten und entwerten sie. Die Forschung belegt diese Tendenz ebenso wie die Alltagsbeobachtung. Wenn Frauen und Männer gebeten werden, ihre Leistungen zu bewerten, setzen Frauen oft die Qualität ihrer Arbeit herab. (Deaux 1976) Selbst wenn ihre Leistungen identisch mit denen ihres männlichen Gegenparts sind, bewerten die Frauen ihre Arbeit weniger günstig.

Diese Neigung zur negativen Selbsteinschätzung kam auch in folgender Untersuchung ans Licht. Es wurde Männern und Frauen eine Aufgabe gestellt, und sie bekamen widersprüchliche Auskünfte darüber, wie sie abgeschnitten hätten. (Crandall 1975) Manchmal sagte man ihnen, sie hätten es gut, und manchmal, sie hätten es schlecht gemacht. Wie werteten die Teilnehmer ihre Bemühungen? Die Frauen neigten dazu, sich auf das negative Feedback zu konzentrieren, und schlossen daraus, daß sie miserabel abgeschnitten hätten, und die Männer konzentrierten sich auf das positive Feedback und schlossen daraus, daß sie gut abgeschnitten hätten.

Sich auf das Negative konzentrieren und das Positive ignorieren: Das tat auch Marie, als man sie bat, für den Stadtrat zu kandidieren. Marie wurde in einer politisch aktiven Familie groß. Ihr Vater war in der Gewerkschaft Transport und Verkehr, und ihr älterer Bruder, ein Anwalt, war in der Landespolitik. Marie selbst hatte schon in der Schule bei politischen Kampagnen mitgearbeitet. Ihr lag viel an Politik, und sie verstand etwas von den Mechanismen der Macht, aber als man sie aufforderte, für den

Stadtrat zu kandidieren, zählte sie erst einmal die Dinge auf, die sie nicht konnte, und wies auf ihre unvorhersehbaren Phasen des Selbstzweifels und ihre panische Angst bei plötzlichen Angriffen hin. Erst viel später, mit einiger Nachhilfe, konzentrierte sie sich auf ihre Intelligenz, ihre Beredtheit, ihre Beliebtheit, ihre politische Erfahrung und ihren aufrichtigen Wunsch, die Verhältnisse in ihrer Heimatstadt zu verbessern.

Genau wie Marie hat jeder von uns Stärken und Schwächen, und wir alle bekommen mal ein positives, mal ein negatives Echo auf das, was wir tun. Wenn wir nun die gemischten Reaktionen in negative ummünzen, wenn wir uns also ausschließlich auf unsere Schwächen konzentrieren, erhalten wir ein unscharfes Bild von uns selbst. Wir sehen uns dann in ungünstigem Licht, und das nimmt uns den Mut zu handeln. Maries negative Einstellung hätte sie beinahe an der Kandidatur gehindert. Zum Glück war sie schließlich imstande, das Gesamtbild zu sehen, und sie entschloß sich, zu kandidieren. Aber viele Frauen kommen nie über das Negative hinaus. Sie erwerben nie ein ausgeglichenes und realistisches Selbstbild und sind deshalb nicht in der Lage, irgendetwas in Angriff zu nehmen.

Läßt sich das positive Echo auf unsere Leistung nun beim besten Willen nicht ignorieren, können wir sie immer noch dadurch herunterspielen, daß wir sie etwas anderem als unserem Können zuschreiben. Jane, eine promovierte Psychologin, hielt es für Glück, als sie die Approbationsprüfung bestand. Carol glaubte, es sei Dusel gewesen, als sie einen Studienplatz an der juristischen Fakultät bekam. Diane, Forschungsassistentin in einem Universitätslabor, traute sich nicht, sich anderswo zu bewerben, weil sie annahm, ihr gegenwärtiger Erfolg sei nur ihrem Glück zuzuschreiben. Elaine, frischgebackene Landrätin, schrieb es politischen Ereignissen zu, auf die sie keinen Einfluß hatte, daß sie gewählt worden war: Sie war eben nur im richtigen Moment zur Stelle gewesen.

Man ist versucht, den Hinweis auf das »Glück« als Redensart abzutun. Aber es ist eine Redensart *von Frauen*. Die Forschung belegt, daß Männer ihre Erfolge eher ihrer Tüchtigkeit zuschreiben, und nicht, wie Frauen, dem Glück. (Deaux 1976)

Wenn wir unsere Erfolge automatisch dem Glück zuschreiben, verleugnen wir unsere Fähigkeiten. Wir verwandeln uns selbst aus aktiven Teilnehmerinnen in passive Empfängerinnen. Wir verlieren das Gefühl für unsere Leistungsfähigkeit.

Wie oft haben Sie Frauen sagen hören: »Ach, da war gar nichts dabei«. In dieser wegwerfenden Bemerkung tritt das Wesen einer anderen weitverbreiteten Form von Selbstherabsetzung zutage: den Erfolg der Leichtigkeit der Aufgabe zuzuschreiben. »Wenn mir etwas leichtfällt, denke ich, daß es eben leicht ist, nicht, daß ich gescheit bin«, bemerkte eine Frau. Eine andere stellte fest: »Ich glaube meistens, dies und das ist leicht, und man sollte es können. Also beeindruckt es mich nicht, wenn ich es kann.«

Hinter diesen scheinbar harmlosen Bemerkungen verbirgt sich eine Argumentation, die ungefähr so läuft: 1. Da ich nicht besonders gescheit und fähig bin, kann ich nichts, was schwierig ist. 2. Daraus folgt, wenn ich etwas kann, muß es leicht sein; jeder kann es. – Diese Argumentationskette setzt bei einer Grundannahme an, aus der alles Weitere folgt. Wenn diese Grundannahme falsch ist (wie oft), dann nehmen die Frauen ihre Fähigkeiten und Leistungen nicht für voll.

Manche, besonders ältere Frauen setzen sich herab, indem sie ihre Erfolge anderen zuschreiben. Sie »verschenken« ihren Erfolg. Darin verkörpern sich wesentliche Grundregeln der traditionellen Frauenrolle: Zuerst an andere denken, sich aufopfern, bescheiden sein. Im Extremfall bedeutet dies, daß Frauen überhaupt kein Lob für eigene Leistungen annehmen können.

So geht es zum Beispiel Janet, einer vierundvierzigjährigen Ehefrau und Mutter, die mit ungeheurer Energie und bemerkenswertem Organisationstalent ehrenamtlich in ihrer Gemeinde und in einer Schule für behinderte Kinder arbeitet. Aber ob sie nun Kinderspiele oder einen Kuchenbasar organisiert –, sie hält sich niemals etwas darauf zugute. Janet hilft ja nur ein bißchen. »Eigentlich habe ich ja nichts getan«, sagt sie ständig. Weder sich selbst noch anderen gesteht sie das Ausmaß ihrer Leistungen ein.

Hinzu kommt, daß Frauen dazu neigen, andere zu den eigenen Ungunsten hochzuloben. Janet überschätzt gewohnheitsmäßig die Gescheitheit und die Talente aller anderen. Ihre Welt ist voller

Leute, die intelligenter und kreativer sind, als sie selber je hoffen könnte zu sein. Das Diplom ihres Freundes nimmt sie unbesehen als Beleg, daß er ein dynamisches Genie mit einer großen Zukunft ist; ihr eigenes Diplom ist gerade gut genug als Einwickelpapier.

Auf sehr viel subtilere Art und Weise spielt die eigenen Fähigkeiten herunter, wer Erfolge auf harte Arbeit zurückführt. In einem Forschungsprojekt wurden weibliche und männliche Manager gebeten, zu erklären, warum sie Erfolg gehabt hatten (Deaux 1976). Die Männer meinten, Fleiß und Tüchtigkeit seien gleich wichtig gewesen. Die Frauen jedoch schrieben ihren Erfolg allein ihrem Fleiß zu. Von ihrer Tüchtigkeit war überhaupt nicht die Rede.

Natürlich ist es nicht falsch, wenn man einen Erfolg dem Fleiß zuschreibt. Das ist typisch amerikanisch. Aber den Erfolg *ausschließlich* dem Fleiß zuzuschreiben, läßt etwas Wichtiges außer Betracht: Können. Schließlich arbeiten auch Ochsen schwer, aber sie kriegen dafür keine sechsstelligen Gehälter oder den Nobelpreis.

Es scheint für Frauen oft leichter zu sein, ihre Erfolge auf ihre liebenswerte Persönlichkeit zurückzuführen, als ihre Leistung anzuerkennen. Eine Juristin bekam eine phantastische Stelle: Assessorin beim Bundesgerichtshof. Tausend Leute hatten sich um die sechzehn freien Stellen beworben, und doch tat sie es ab, als ihr jemand zu dem Coup gratulierte: »Ach, das war gar kein Coup. Ich habe bloß den Richter becirct.« Ein ähnliches Beispiel: Eine Lehrerin an einer der besten Schulen der Stadt sprach darüber, wie gescheit ihre Kollegen seien. Aber als sie über ihre eigene Arbeit redete, konzentrierte sie sich auf ihre Schwächen. Gebeten zu erklären, wie sie sich dann an einer so hervorragenden Schule so lange gehalten habe, sagte sie: »Ich habe mich engagiert. Ich habe den Job wegen meiner Persönlichkeit bekommen und behalten.« Diese Lehrerin hatte, genau wie die Juristin, keinerlei Schwierigkeiten, sich etwas auf ihre Persönlichkeit zugute zu halten, denn Charme steht in Einklang mit der traditionellen Rolle der Frau. Frauen sollen ja freundlich und liebenswert sein. Und selbstverständlich ist Charme ein enormer Vorzug, der einem in allen möglichen Situationen das Leben leichter macht. Aber er ist eben nicht mehr als ein nettes Extra, der Zuckerguß auf dem Kuchen. Ohne Intelligenz, Begabung und Geschick richtet Charme nicht sehr viel aus.

Wenn wir unsere Erfolge automatisch dem Glück, der Leichtigkeit der Aufgabe, den Bemühungen anderer, harter Arbeit oder unserem Charme zuschreiben, hindert uns das daran, unsere Handlungen realistisch einzuschätzen und unsere Fähigkeiten und Leistungen anzuerkennen. Es hindert uns daran, uns selbst als kompetent und begabt zu erleben. Das ist ein großer Verlust.

Nicht nur schreiben Frauen willig ihre Erfolge etwas anderem als ihrer Tüchtigkeit zu, sie machen auch schnell ihre Unfähigkeit für Mißerfolge verantwortlich. Barbara ist sechsunddreißig Jahre alt und promovierte Erziehungswissenschaftlerin. Sie unterrichtet in Teilzeit an einer Volkshochschule, und zusätzlich hat sie eine kleine Consultingfirma und schreibt Artikel für Fachzeitschriften. Trotz ihrer Fähigkeiten nimmt Barbara sofort an, sie sei unfähig, wenn ihr etwas nicht gelingt. Einmal verbrachte sie ein ganzes Wochenende damit, mit einer Rechenaufgabe klarzukommen, die sie einfach nicht lösen konnte. Schließlich legte sie aus purer Verzweiflung die Aufgabe ihrem Mann vor, von dem sie im Ernst erwartete, er werde sie in fünf Minuten lösen. Sie war ehrlich erstaunt, als auch er es nach zwei Stunden aufgab.

Sie war nicht verrückt, Barbara tat ganz einfach das, was Frauen seit Jahren tun, wenn sie etwas nicht können. Sie hielt sich für unfähig. Obwohl es viele Möglichkeiten gibt, sich Mißerfolge zu erklären – mangelnde Anstrengungen, mangelndes Wissen, Müdigkeit, Pech oder die Unlösbarkeit der Aufgabe –, wurde in etlichen Studien ermittelt, daß Frauen oft Unfähigkeit angeben, um sich ihre Mißerfolge zu erklären. (Deaux 1976) Männer tun das selten.

Eine Geschäftsfrau faßte das so zusammen: »Ich kann es mir einfach nicht recht machen. Ich gebe mir die Schuld, wenn ich versage, und ich erkenne mich nicht an, wenn ich Erfolg habe.«

Oberflächlich betrachtet, erscheint dieses Verhaltensmuster als selbstzerstörerisch. Und das ist es auch. Aber wir tun nur, was man uns zu tun gelehrt hat. Die Gesellschaft urteilt auf der

Grundlage von Geschlechterrollenstereotypen, und wir schauen uns diese »Logik« von ihr ab. Wir wenden sie auf unser eigenes ebenso wie auf das Verhalten anderer an.

Die Forschung hat gezeigt, daß Menschen sich gegenseitig aufgrund von Geschlechterrollenklischees bewerten. In einer Studie wurden die Teilnehmer gebeten, zu beurteilen, ob die Leistung einer bestimmten Person eher auf ihren Fähigkeiten oder eher auf »Glück« zurückzuführen sei (Deaux/Emswiller 1974). Obwohl die Leistungen identisch waren, tendierten die Teilnehmer dazu, die Leistungen der Männer auf Fähigkeiten und die der Frauen auf Glück zurückzuführen. In einem ähnlichen Experiment wurden die Teilnehmer gebeten, sich Erfolg und Versagen entweder eines männlichen oder eines weiblichen Graduierten zu erklären (Feather/Simon 1975). Wieder wurde der Erfolg des Mannes seinen Fähigkeiten zugeschrieben, während der der Frau dem Glück, anspruchslosen Seminaren oder sogar dem Mogeln zugeschrieben wurde. Ebenso wurde das Versagen der Frau öfter als das des Mannes auf Unfähigkeit zurückgeführt.

Manchmal kann von »ein blindes Huhn findet auch mal ein Korn« überhaupt keine Rede sein. Zum Beispiel wurden in einer anderen Studie die Teilnehmer gebeten, eine Erklärung für den Erfolg von Dr. Marcia Greer bzw. Dr. Mark Greer zu liefern (Feldman-Summers/Kiesler 1974). Die Beurteiler tendierten dazu, Dr. Marcias Erfolg mit ihrem Fleiß und Dr. Marks Erfolg mit seiner Tüchtigkeit zu erklären.

Die Teilnehmer dieser Studien urteilten über Frauen genauso, wie Frauen über sich selbst urteilen. Leistungsfähigkeit, Geschicklichkeit, Sachkompetenz und die Leistung selbst gehören in die männliche Domäne und passen nicht ins traditionelle Frauenbild. Wenn also Frauen Erfolg haben, dann muß das durch irgendetwas anderes zu erklären sein. »Glück gehabt« oder besondere Anstrengungen, das kann den Erfolg erklären, ohne daß den traditionellen Vorstellungen über Männlichkeit und Weiblichkeit Gewalt angetan wird. Leistungsfähig sein – das bleibt fest in männlicher Hand.

Solche sozialen Wertungen kommen nicht nur in psychologischen Experimenten vor. Kürzlich habe ich auf einer Cocktailparty Bruchstücke einer Unterhaltung mitgehört: Zwei Frauen schlossen Bekanntschaft. Eine war eine äußerst erfolgreiche Karrierefrau, und die andere war Hausfrau und Mutter und hatte eine Teilzeitstelle. Die Karrierefrau sagte, sie lehre in Harvard, worauf die andere antwortete: »Da haben Sie aber Glück gehabt.« Eine spontane Bemerkung ohne erkennbare böse Absicht – ein Echo unserer Kultur.

Ein subtileres Beispiel: Rosalie, eine gescheite, energische und fähige Frau, arbeitete sich im Dekanat eines kleinen Colleges mit nur einer (der philosophischen) Fakultät sehr rasch von der Sekretärin zur Sachbearbeiterin hoch. Der Dekan war sehr angetan von ihrer Arbeit und sagte, er werde Rosalie helfen, voranzukommen, aber einige Jahre lang geschah gar nichts. Eines Tages erhielt Rosalie eine schriftliche Beurteilung, und ihr fiel etwas Seltsames an der Satzstruktur auf. Wenn der Dekan auf ihre Schwächen einging, benutzte er die Aktivform: Rosalie kommt oft zu spät. Aber wenn er über ihre Stärken schrieb, benutzte er das Passiv: Von Rosalie organisierte Tagungen verlaufen immer störungsfrei. Statt klar zu sagen, daß Rosalie gut organisieren kann, formulierte der Dekan es so, als ob die Dinge Rosalie irgendwie »geschahen«; also ob in ihrer Nähe rein zufällig alles von allein funktionierte. Man könnte daraus schließen, daß Rosalie eben nur »Glück hat«, und nicht etwa, daß sie eine geschickte Organisatorin ist.

Auswirkung

Die weibliche Gewohnheit des Herunterspielens führt dazu, daß uns positives Feedback versagt bleibt. Wenn wir uns auf das Negative konzentrieren, Erfolge herunterspielen oder einer eingebildeten Unfähigkeit die Schuld geben, achten wir nicht darauf, was wir gut gemacht haben und wie wir es gemacht haben. Es ist, als ob unser Hirn ein Computer mit losen Drähten wäre. Statt »Erfolg« zu speichern, nimmt der Computer die Information nicht an: »Das speichere ich nicht!«

Nehmen wir ein Beispiel: Angenommen, Sie glauben, daß Sie Automechanik nie kapieren. Sie können die Heizung nicht vom Vergaser unterscheiden. Wenn etwas kaputtgeht, haben Sie schlechte Karten, wenn Sie es wieder richten sollen. Jetzt stellen Sie sich vor, Sie sitzen auf einer einsamen Straße mit einem Platten fest. Der Mann, der bei Ihnen ist, hat den Arm gebrochen und kann den Reifen nicht wechseln. Alles, was er tun kann, ist Ihnen Anweisungen geben. Also redet er, und Sie arbeiten. Als Sie fertig sind, fahren Sie los. Ihre schlimmsten Alpträume erfüllen sich nicht: Das Auto fällt nicht in Stücke, der Reifen platzt nicht und rollt auch nicht den Berg herunter. Sie kommen sicher am Ziel an, und es ist Ihnen gar nichts passiert. Wie denken Sie über dieses Erlebnis?

Sie könnten denken: »Ich habe einen Reifen wechseln gelernt und könnte es wieder, wenn ich es müßte. Ich bin handwerklich geschickter, als ich dachte.« Oder Sie könnten denken: »Was habe ich für ein Glück gehabt, daß ich nicht allein war. Das wäre eine Katastrophe gewesen. Ich habe nicht die leiseste Ahnung von Autos.«

Wenn Sie das letztere denken, spielen Sie Ihre Leistung herunter. Ja, Sie haben Glück gehabt, daß jemand zur Verfügung stand, als Sie Hilfe brauchten, und daß er Ihnen beibringen konnte, wie es gemacht wird. Aber statt sich auf die Tatsache zu konzentrieren, daß Sie etwas gelernt haben und daß Sie und niemand sonst den Reifen gewechselt hat, konzentrieren Sie sich auf die Gefühle der Hilflosigkeit, die dem Lernen vorausgingen.

Es hat Folgen, wenn Frauen ein positives Feedback nicht wahrnehmen. Positives Feedback meldet uns, was funktioniert. Es sagt uns, daß bestimmte Verhaltensmuster wirksam sind und daß wir fähig sind, sie anzuwenden. Außerdem: Wenn wir etwas einmal können, ist es wahrscheinlich, daß wir es auch wieder können und daß wir bei ähnlichen Tätigkeiten Erfolg haben können. Das gestattet uns, zukünftige Erfolge in Gedanken vorwegzunehmen.

Wenn wir positives Feedback nicht wahrnehmen, haben wir die Information nicht, die es uns erlaubt, zukünftige Aufgaben optimistisch anzupacken. Das hindert uns daran, mehr Selbstvertrauen zu gewinnen und unsere unrealistisch niedrigen Erwartungen zu modifizieren.

Erfolgserlebnisse wirken wie ein psychologischer Puffer gegen die unvermeidlichen Fehlschläge des Lebens. Der Stachel eines Mißerfolgs sitzt weniger tief, wenn wir auf vergangene Erfolge zurückblicken und uns künftiger Leistungen gewiß sein können. Ein Mißerfolg erscheint dann als zeitweiliger Dämpfer und nicht als das Omen eines unausweichlichen Schicksals, und so fällt es uns leichter, damit fertigzuwerden.

Wenn wir unsere Erfolge aber gar nicht registrieren, liefern wir unser Selbstwertgefühl schutzlos allen Angriffen aus. Wie eine schlimme Erkältung nistet sich dann das Gefühl, versagt zu haben, ein und ist schwer »auszukurieren«. Eine Frau formulierte es so: »Ich kann ewig auf einem Fehler herumkauen.«

Wer positive Rückmeldungen nicht in sich aufnimmt, dem geht mehr als wichtige Information und psychologischer Schutz verloren. Wenn wir unsere Leistungen ignorieren, berauben wir uns der Chance, uns gut zu fühlen und uns zu belohnen. Das kann leicht dazu führen, daß wir Erfolg als gar nicht besonders befriedigend empfinden, und uns folglich auch nicht so sehr darum bemühen. Eine Frau drückte es so aus: »Wenn ich denke, wo ich angefangen habe, dann weiß ich, daß es eine erhebliche Leistung war. Das weiß ich mit dem Kopf. Aber es fällt mir nicht ein, mich selber zu loben und meinen Erfolg wirklich zu genießen. Vielleicht ist das der Grund, warum ich mich nicht aktiv um noch mehr Leistung und noch mehr Erfolg bemühe.«

Wenn wir uns nicht selber feiern und beglückwünschen, müssen wir uns anderswo nach Lob umsehen. Das macht uns in puncto Anerkennung abhängiger von anderen.

Ironischerweise ist es eben diese weibliche Angewohnheit, die uns abhängiger von der Anerkennung anderer macht, die uns andererseits dabei im Wege steht, diese Anerkennung auch zu bekommen. Wenn wir diese psychologische Belohnung, aber auch greifbare Belohnungen wie Geld und Privilegien haben wollen, müssen wir sie *einfordern*. Genau das aber bereitet uns Schwierigkeiten, solange wir uns unserer selbst nicht sicher sind. Wenn wir die eigene Leistung herunterspielen, leidet darunter unser Selbstbewußtsein, was wiederum unsere Chancen mindert, belohnt zu werden.

Das erklärt auch, warum so viele Frauen Schwierigkeiten mit dem Geld haben. Um eine Gehaltserhöhung bitten, ein Gehalt vereinbaren, Honorare festsetzen, Zahlungen fordern – all das kann für Frauen zu einem Alptraum werden, wenn sie sich ihrer selbst nicht sicher sind.

In welchem Zwiespalt steckt eine Unternehmensberaterin, die im Anlagegeschäft arbeitet und erklärt: »Ich habe Schwierigkeiten damit, Honorare festzusetzen. Es geniert mich, soviel Geld zu verlangen. Ich denke mir: ›Mit welchem Recht fordere ich das überhaupt?‹ Es ist wirklich ein Problem, weil die Klientel meistens denkt, hohe Honorare bedeuten auch hohe Qualität. Die ›man-kriegt-das-wofür-man-bezahlt‹-Mentalität, wissen Sie.«

Wenn wir unsere Begabung herunterspielen, werden wir uns ihr voraussichtlich weniger verpflichtet fühlen. Warum für ein nur drittrangiges Talent Risiken eingehen, Opfer bringen und schwer arbeiten? Auf diese Weise wird die weibliche Gewohnheit des Herunterspielens zu einer Stimme mehr, die dagegen argumentiert, daß Frauen ihre Begabungen entfalten.

Selbst wenn wir uns Mühe geben, bleibt es ein psychologischer Drahtseilakt, uns gleichzeitig klein zu machen und wirkungsvoll zu handeln. Die Diskrepanz zwischen unserer Selbsteinschätzung und unserem Handeln macht uns unsicher und ängstlich. Welches ist nun unser wahres Ich – die selbstbewußte Geschäftsfrau auf dem Podium oder das verschreckte Geschöpf, das sich da in der Ecke verkriecht und hofft, es wäre unsichtbar? Ann Jones weiß es selber nicht! Und diese Unsicherheit führt dazu, daß sie sich manchmal wie eine Betrügerin vorkommt – weil sie versucht, ein positives Bild von sich zu vermitteln, ohne selber daran zu glauben. Denken Sie nur an Anns Reaktion, als sie ihren Traumjob angeboten bekam. Sie glaubte, sie hätte anderen eingeredet, daß sie die Welt erobern könne, während sie sich in Wahrheit als Niemand fühlte, die kaum etwas zu bieten hatte. Eine andere Frau faßte ihre Erfahrungen so zusammen: »Ich kam mir wie ein Kind vor, das eine Entschuldigung für die Schule fälscht.«

Die weibliche Herunterspielgewohnheit verzerrt unsere Wahrnehmung von Erfolg und Versagen und diskreditiert unsere Leistungen und Fähigkeiten, indem sie positives Feedback ignoriert.

Sie verkleinert unser Selbstbild, verengt unseren Horizont und verbaut uns interessante, lohnende und lukrative Tätigkeitsbereiche. Die psychischen, sozialen und wirtschaftlichen Kosten dabei sind beträchtlich. Ganz klar: Frauen, die sich zu billig verkaufen, zahlen zuletzt kräftig drauf.

2

Hilflosigkeit

»Ich hab's aufgesteckt«, sagte sie. »Ich hab's schlicht aufgegeben. Ich habe meine Zeit mit Brotbacken und Kitschromanelesen verplempert. Ich habe seit Monaten keinen Versuch gemacht, mich nach Arbeit umzutun. Ich denke nicht mal mehr sehr oft daran. Meine Freundinnen machen es alle genauso.«

Die siebenundzwanzigjährige Nora Johnson kam wegen dieses Gefühls von Hilflosigkeit in die Sprechstunde. Ihr augenblicklicher Zustand schockierte sie selber. Bis vor kurzem war ihr Leben in vorhersehbaren Bahnen verlaufen.

Traditionell erzogen, war Nora aufs College gegangen, um einen Mann zu finden. Während sie suchte, machte sie eine Ausbildung als Grundschullehrerin. Es war das Nächstliegende: Sie mochte Kinder, und alle hatten gesagt: »Lehrerin ist ein so passender Beruf für Frauen.« Die Argumente dafür waren ihr zwingend erschienen. Die Arbeit war angenehm, sie war sozial abgesichert, und es gab lange Ferien. Und das Beste war, wenn sie selber Kinder hätte, würde sie weiterarbeiten können, ohne ihnen allzuviel Zeit zu stehlen. Zwar war das Gehalt nicht gerade überwältigend. Aber für eine Frau war das nicht wichtig: Es würde immer jemand für sie sorgen.

Ganz nach Plan begegnete Nora Bill, und nach dem Examen heirateten sie. Gescheit, energisch und ehrgeizig wie er war, sah Bill seine Zukunft im High-Tech-Bereich. Er nahm eine Stelle bei einer Computerfirma in Massachusetts an, und Nora folgte ihm. Sie fand eine Lehrerinnenstelle an einer örtlichen Grundschule. Sie mochte die Arbeit, sie mochte ihre Kollegen, und sie war begeistert über die arbeitsfreien Sommer. Alles in allem war es ein gutes Leben.

Eines Tages stürzte für sie die Welt ein. In Massachusetts gab es eine Protestbewegung gegen die Verschwendung von Steuergeldern durch die Regierung; sie sollte den Haushalt zusammenstreichen. Eine Steuerrevolte drohte. Den Ausbildungsbereich traf es hart. Viele Lehrer verloren ihre Stellen, und Nora war auch dabei.

Auf einen Schlag verlor sie ihre Arbeit, ihr Gehalt, ihre Karriere, ein großes Stück ihrer Identität und ihren Lebensstil. Nachdem sie geglaubt hatte, sie sei fürs ganze Leben abgesichert, trieb sie auf einmal richtungslos und ohne Anker auf hoher See.

Bill sagte, mit Verkaufen könne man gutes Geld verdienen, und er ermutigte sie aktiv, diese Richtung einzuschlagen. Brav vereinbarte Nora einen Vorstellungstermin. Das war der totale Absturz: Der Sachbearbeiter ließ sie eine halbe Stunde warten, und als er schließlich Zeit hatte, sie zu empfangen, war er hochnäsig und herablassend. Sie war eingeschüchtert und benahm sich, wie sie es formulierte, »widerlich servil. Ich redete ihm nach dem Mund«. Es war von Anfang bis Ende katastrophal.

In den darauffolgenden Monaten machte Nora ein paar unsystematische Versuche, einen Job zu finden. Dann hörte sie einfach auf zu suchen. Sie blieb stecken. Sie reagierte auf ihre Situation mit Hilflosigkeit: Sie wußte nicht mehr weiter und warf das Handtuch.

Hilflosigkeit erleben wir, wenn wir glauben, daß wir nichts oder fast nichts tun können, um die Ereignisse zu beeinflussen. Sie ist ein psychischer Zustand, in dem wir, in wechselndem Ausmaß, verzweifeln und Gedanken haben wie: »Ach, was soll das alles? Es nutzt ja doch nichts.« Alle diese Gedanken haben einen gemeinsamen Nenner: »Ich kann's nicht«.

Hilflosen Gedanken folgt oft hilfloses Verhalten. Ihr Wesen ist: »Damit will ich erst gar nichts zu tun haben.« Das kann zwei Grundformen annehmen:

Die erste ist der vorzeitige Rückzug: Aufhören, aussteigen, ausreißen, ehe eine Frau alles versucht hat, die anstehenden Probleme zu lösen. Das tat Nora. Sie hörte – lange bevor die objektiven Umstände einen solchen Rückzug notwendig machten – mit der Arbeitssuche auf.

Die zweite ist die Vermeidung. Wenn der Rückzug darin besteht, sich aus einer Klemme zu winden, so besteht die Vermeidung darin, sich gar nicht erst in diese Klemme zu begeben. Vermeidung: Das ist beinahe jedes Verhalten, das uns – kurzfristig – erlaubt, uns erfolgreich vor Problemen zu drücken, von denen wir das Gefühl haben, wir könnten oder wollten sie nicht bewältigen. Nora benutzte das Backen und Lesen, um sich von der Aufgabe der Arbeitssuche abzulenken. Über lange Strecken konnte sie sowohl den Streß der Arbeitssuche als auch die Qual, sich ihr Nichtstun einzugestehen, vermeiden.

Wer sich blockiert fühlt, reagiert wie Nora gerade in kritischen Situationen hilflos. Wir haben gelernt, Schwierigkeiten aus dem Weg zu gehen oder uns zurückzuziehen, ob nun als Reaktion auf bestimmte berufliche Aufgaben oder als allgemeine Reaktion auf die Anforderungen, die das Leben an uns stellt.

Kennt man das Phänomen der Hilflosigkeit und ihre Gründe, so läßt sich sehr viel besser verstehen, warum jemand blockiert ist. Der Psychologe Martin Seligman hat uns hier mit seiner auf wissenschaftlicher Laborforschung basierenden Theorie einen großen Schritt weitergebracht. Seligman und seine Kollgen untersuchten das Verhältnis von Furcht und Lernen bei Tieren. In einem Experiment wurden Hunden mäßig schmerzhafte elektrische Schocks verpaßt, denen sie nicht entkommen konnten (Seligmann 1975). Sie konnten heulen und sich winden und umherlaufen, aber nichts von alledem verhinderte oder beendete die Schocks. Die Hunde waren objektiv in einer *unkontrollierbaren* Situation.

Im nächsten Experiment wurden die Bedingungen verändert. Die Hunde konnten den Schocks nun dadurch entgehen, daß sie über eine in der Mitte des Raumes aufgestellte Barriere sprangen. Diese Situation war also potentiell *kontrollierbar*, wenn es den Hunden nur gelang herauszufinden, was sie tun mußten. Die Hilflosigkeit war nicht unvermeidbar.

Eine neue Hundegruppe lernte rasch, über die Barriere zu springen. Aber die »alten« Hunde – die im ersten Experiment den unkontrollierbaren Schocks ausgesetzt gewesen waren – benahmen sich ganz anders. Nach kurzem kopflosen Herumrennen in der Kammer legten sie sich einfach hin. Bei späteren Experimenten versuchten sie es gar nicht erst: Sie nahmen die Schocks passiv hin. Sie benahmen sich hilflos, während sie in Wirklichkeit die Situation hätten meistern können. Dr. Seligman nennt das »erlernte Hilflosigkeit«. (Ebd.)

Was haben geschockte Hunde damit zu tun, ob wir eine Stelle suchen, uns an der juristischen Fakultät bewerben oder Selbstvertrauen haben? Ganz einfach: Manche von uns verhalten sich wie traumatisierte Hunde – wir fühlen und verhalten uns hilflos, während wir es in Wirklichkeit gar nicht sind. Wir haben die Hilflosigkeit erlernt.

Da Hilflosigkeit ein zentrales Motiv im Leben vieler Frauen ist, sind Seligmans Forschungsergebnisse auch für sie von Bedeutung. Sie zeigen etwas sehr Wichtiges: Alle Lebewesen, die keine Kontrolle über ihre Umgebung haben, können Hilflosigkeit erlernen. Die weibliche Hilflosigkeit ist kein angeborenes und ausschließlich weibliches Charakteristikum – sie ist eine vorhersagbare Antwort auf die sozialen Bedingungen.

Wie Hilflosigkeit erlernt wird

Wenn die Wetterbedingungen Regen verheißen, wird es regnen. Wir können tanzen, beten oder herumschreien, daß uns der Ausflug verdorben ist, aber wir können den Regen nicht aufhalten. Diese Wirklichkeit, die in der Außenwelt objektiv existiert, nennt Dr. Seligman die »unkontrollierbare« Wirklichkeit. (Ebd.)

Wir erfahren unkontrollierbare Ereignisse direkt oder erfahren aus einer glaubwürdigen Quelle, daß es sie gibt. Wenn uns jemand sagt: ›Das geht nicht‹ und wir ihm glauben, egal ob seine Behauptung nun richtig ist oder nicht, dann erleben wir eine unkontrollierbare Situation. Oder, um es anders auszudrücken: Man kann uns Hilflosigkeit trotz potentiell kontrollierbarer Umstände antrainieren. Wie wir noch sehen werden, hat die Tatsache, daß man Unkontrollierbarkeit auch lehren kann, bedeutsame Folgen für Frauen.

Unkontrollierbarkeit erzeugt das Gefühl, daß man nichts tun kann, um den Ausgang der Ereignisse zu beeinflussen. Erlernte Hilflosigkeit entsteht, wenn man dieses Gefühl von einer tatsächlich unkontrollierbaren Situation auf eine neue oder andere überträgt, in der es vielleicht gar keine Berechtigung hat. Erlernte Hilflosigkeit ist also eine *Annahme*, die sich auf eine zu weitgehende Verallgemeinerung früherer Erlebnisse gründet. Wenn es wie eine Ente watschelt und wie eine Ente quakt, nehmen wir an, es ist eine Ente. Wenn wir zu diesem Schluß gekommen sind, übersehen wir es, wenn die »Ente« wasserscheu ist und nicht schwimmen kann, unsere Annahme also falsch ist.

Diesen Fehler haben die alten Hunde gemacht. Nachdem sie im ersten Experiment Schocks ausgesetzt waren, denen sie nicht entgehen konnten, verloren sie ihr Unterscheidungsvermögen. Als sich die Regeln änderten und die Situation beherrschbar wurde, merkten das die Hunde nicht und handelten weiterhin so, als sei die Kammer ein Ort, an dem man Schocks nicht ausweichen konnte. Als ihr erster Versuch, zu entkommen, scheiterte, bestätigte sich ihre Annahme, daß sie hilflos seien, und sie gaben auf. Sie bekamen gar nicht erst heraus, daß sie sich hätten retten können, wenn sie es noch ein paarmal versucht hätten.

Unkontrollierbare Umstände hatten die Wahrnehmung der Hunde verzerrt und ihre Fähigkeit, zwischen Kontrollierbarem und Unkontrollierbarem zu unterscheiden, verstört. Sie sahen »unmöglich«, wo sie hätten »möglich« sehen können. Infolgedessen unterschätzten sie ihre Fähigkeiten eklatant und reagierten hilflos.

Viele von uns sitzen im selben Boot. Nachdem wir zur traditionellen Weiblichkeit erzogen wurden, mit einer Welt voller Stop- und »Zutritt verboten«-Schilder, haben wir eine ziemlich beschränkte Vorstellung von dem erworben, was möglich ist und was nicht. Und während zuzugeben ist, daß diese sozialen Bedingungen kontrollierbarer sind als das Wetter, bringen sie doch auch ihrerseits unkontrollierbare Verhältnisse hervor.

Gewisse Bereiche und Verhaltensweisen wurden als »männlich« betrachtet. Frauen hatten keinen Zutritt; sie brauchten es gar nicht erst zu versuchen. Diese Männerdomänen hätten ebensogut mit hungrigen wilden Löwen, ausbrechenden Vulkanen und fallenden Meteoriten gefüllt sein können, so gering war die Macht, die wir über sie auszuüben erwarten konnten. Solche Bereiche zu meistern, überforderte uns – soviel war klar.

Dann wandelte sich die Welt. Szenenwechsel. »Aufs College gehen, um einen Anwalt zu heiraten, nur um nach der Prüfung festzustellen, daß ich nun selber Anwältin sein sollte« – so hat die Dramatikerin Wendy Wasserstein das Problem zusammengefaßt. Wir haben die Beengtheit rein weiblicher Rollen verlassen und größere Chancengleichheit in männlichen Domänen erreicht. Die Regeln wandelten sich.

Obwohl wir in einem neuen Stück spielen, sagen viele von uns immer noch den alten Text auf. Intellektuell verstehen wir zwar den Wandel der Frauenrolle, aber im Alltagsverhalten wird unsere Wahrnehmung immer noch vom alten Regime bestimmt. Viel zuviel sieht unkontrollierbar aus. Wir sind uns der Möglichkeiten, Macht auszuüben, nicht bewußt.

Die neuen gesellschaftlichen Forderungen nach allen möglichen Fähigkeiten haben die erlernte Hilflosigkeit nicht geschaffen. Sie verdeutlichen nur ein bereits bestehendes Problem. Die Ursachen sind all die Erfahrungen, die uns lehren, daß wir unfähig und machtlos sind.

Ein klassisches Beispiel: Angst vor Mathematik

»Ich kriege jedesmal einen Block, wenn ich Zahlen sehe«, sagte eine fünfzigjährige Frau, die vor kurzem ihren Doktor in französischer Literatur gemacht hatte. »Als ich die Vorprüfung für Doktoranden gemacht habe, habe ich 98 % der Fragen aus dem Fachbereich Philosophie richtig gehabt – und 2 % in Mathematik. Ich bin einfach davon ausgegangen, daß ich es nicht kann.«

Diese Frau ist in guter Gesellschaft. Ein Universitätsprofessor hat festgestellt, daß viele seiner Studentinnen eine Lernhemmung in Statistik hatten (Ernest 1976). Ein Sozialarbeiter, der zufällig auch Mathematiker war, hat ähnliche Beobachtungen gemacht, als er Doktorandinnen und psychiatrische Sozialarbeiterinnen interviewte (Kogelman 1975). Ihm fiel auf, daß diese Frauen, die auf anderen Gebieten Höchstleistungen erbracht hatten, auf mathematikbezogene Aufgaben mit Symptomen reagierten, wie sie sonst bei Phobien auftreten. Ein Beispiel dafür ist die dreiunddreißigjährige Sozialarbeiterin, die ihre Gefühle so schilderte: »Ich kann es nicht ausstehen, meine Schecks abzurechnen. Ich hasse das. Ich kriege fürchterliche Angst. Ich drücke mich davor... es ist verrückt. Mir wird schlecht... Mathe hatte so was an sich; Zahlen. Ich fing dann an, verschwommen zu denken. Die Angst überwältigte mich, und ich kriegte panische Angst, daß das Ergebnis falsch wäre. Andere Dinge kann ich mir merken, aber bei Mathe konnte ich mir gar nichts merken, wenn ich es nicht verstand.« (Schildkamp-Kundinger 1974)

Diese Frauen haben nicht etwa wegen eines Hirnschadens einen Teil ihrer intellektuellen Fähigkeiten verloren. Eine Kultur, die Mathematik als Teil der männlichen Domäne definiert, als etwas, was Frauen niemals beherrschen können, hat sie Hilflosigkeit gelehrt.

Trotz gegenteiliger Beweise akzeptieren sowohl Lehrer als auch Schüler diese kulturelle Zuschreibung (Ernest 1976). Wenn Jungen in der Oberstufe in Mathe schlecht abschneiden, führen sie es darauf zurück, daß sie sich nicht genug Mühe gegeben haben. Versagen jedoch Mädchen in Mathe, so ist die Wahrscheinlichkeit dreimal höher, daß sie das ihrer Unfähigkeit zuschreiben.

Frauen werden gelehrt, zu glauben, daß diese vermutete Minderwertigkeit gut und richtig sei. Die konventionellen Rollenklischees vermitteln die Vorstellung, daß Mathematik unweiblich sei. Eine richtige Frau würde sich doch nicht ihr hübsches Köpfchen über all den komplizierten Symbolen zerbrechen wollen, so wenig, wie sie einen Graben würde schaufeln wollen.

Der Zusammenhang zwischen traditionellen Rollenerwartungen und Hilflosigkeit hat sich in dramatischer Weise in einer mit mehreren hundert Mädchen der siebten und achten Klassen durchgeführten Studie gezeigt (Donady 1980). Wenn man die

Einstellung eines Mädchens zu den traditionellen Rollenerwartungen kannte, konnte man seine Leistungen in Mathematik voraussagen. Im ganzen gesehen leisteten die Mädchen, die die Rollenerwartungen erfüllten, in Mathematik wenig, und die, die sich gegen diese Erwartungen auflehnten, leisteten viel.

Angst vor Mathematik ist ein aufschlußreiches Beispiel dafür, wie sich der Unterschied zwischen dem, was wir angeblich nicht sollen, und dem, was wir angeblich nicht können, verwischt. Mit einer magischen Geste hat unsere Kultur das »Du sollst nicht« in ein »Du kannst nicht« verwandelt. Diejenigen unter uns, die sich mit der Angst vor Mathematik herumschlagen, haben diese Gleichung als richtig anerkannt und fühlen sich hilflos. Wir glauben wirklich, daß uns die entsprechenden Fähigkeiten fehlen – aber was uns wirklich fehlt, ist die unzweideutige Erlaubnis der Gesellschaft, jedwede Fähigkeit, die wir haben, auch anzuwenden.

Obwohl die Gesellschaft uns immer wieder weisgemacht hat, daß wir nicht viel können und nicht stark genug sind, um eine Situation zu beherrschen, beginnen die Zeiten sich zu ändern. Die Macht der Geschichte bringt ganz neue Möglichkeiten hervor, und Frauen erkunden unerforschtes Gebiet. Die Grenzen der Möglichkeiten sind alles andere als eindeutig. Sie variieren je nach Sachgebiet, geographischer Lage, gesellschaftlichen Gepflogenheiten, Persönlichkeit und verschiedenen anderen, weniger greifbaren Kriterien. Die Bedingungen verändern sich täglich. Was gestern galt, kann schon morgen überholt sein.

In dieser sich ständig wandelnden Landschaft spielen unsere Wahrnehmungen eine entscheidende Rolle. Wenn wir an unsere Fähigkeit glauben, etwas zu bewirken und Einfluß auf unsere Umgebung zu nehmen, kann uns das dabei helfen, die zuweilen sehr subtilen Veränderungen wahrzunehmen, durch die uns neue Möglichkeiten eröffnet werden. Ob wir Erfolg haben, kann durchaus davon abhängen, wie fein unsere Sensorien für diese Veränderungen sind. Erlernte Hilflosigkeit beeinträchtigt unsere Wahrnehmungsfähigkeit und läßt uns unnötig skeptisch in die Zukunft blicken.

Auswirkung

Erlernte Hilflosigkeit hat verheerende Auswirkungen auf das Verhalten. 1. Sie untergräbt die Motivation; 2. sie beeinträchtigt die Lernfähigkeit; 3. sie verursacht emotionales Elend.

Motivationsverlust

»Nichts auf der Welt kann das Durchhaltevermögen ersetzen. Talent nicht – nichts ist häufiger als erfolglose Männer mit Talent. Genie nicht – das »verkannte Genie« ist schon sprichwörtlich. Bildung nicht – die Welt ist voller gebildeter Menschen, die heruntergekommen sind. Nur Durchhaltevermögen und Entschlossenheit sind allmächtig!« (Pritkin 1980)

Angesichts der erlernten Hilflosigkeit erstirbt das Bedürfnis zu handeln schon im Ansatz. Das Durchhaltevermögen verkümmert. Wenn wir glauben, daß unser Handeln nichts bewirkt, bleiben wir passiv. Wenn wir doch etwas tun, neigen wir dazu, aufzugeben, wenn wir nicht gleich Erfolg haben.

Wir haben diese Passivität bei Seligmans Hunden gesehen. Untersuchungen mit Menschen führten zu vergleichbaren Ergebnissen. In einer Studie setzten Psychologen eine Gruppe von Studenten lautem, störendem, unkontrollierbarem Lärm aus; eine zweite Gruppe konnte den Lärm abstellen, indem sie auf einen Knopf drückte, und eine dritte Gruppe bekam gar keinen Lärm (Hiroto 1974). In der zweiten Phase wurden alle drei Gruppen einem Lärm ausgesetzt, dem sie entgehen lernen konnten, wenn sie ihre Finger in einer Schachtel auf und ab bewegten. Die Gruppe, die zunächst dem unkontrollierbaren Lärm ausgesetzt gewesen war, tat schlicht gar nichts und hörte dem Krach zu. Im Gegensatz zu den beiden anderen Gruppen, die sehr wohl lernten, dem Lärm zu entgehen, machten sie keinen Versuch, den Krach abzustellen, und lernten also auch nicht, wie das ging.

Intelligenz, Talent und Geschicklichkeit fallen der erlernten Hilflosigkeit zum Opfer. Mangelnde Initiative und mangelndes Durchhaltevermögen stehen hinter sogenannter »Faulheit«, Arbeitshemmungen, Apathie angesichts größerer Chancengleichheit, mangelnden Informationen über die vorhandenen Möglichkeiten, Dilettantismus und voreiligen Rückzügen in Ehe und Mutterschaft. Der allen gemeinsame rote Faden ist erlernte Hilflosigkeit.

Ihretwegen lassen wir an Entschlossenheit nach; wir haben Angst, es zu versuchen. Wie eine Frau es ausdrückte: »Ich habe eine Menge Ideen, aber ich habe nicht den Mut, sie weiterzuverfolgen.« Eine andere Frau sagte :»Ich habe über diese Idee hundertmal nachgedacht und mit Freunden darüber geredet, aber ich habe nie etwas unternommen.« Und dann haben wir da Lois, die Jura studieren will, es aber nicht über sich bringt, sich einzuschreiben. Und Sharon, eine ehrgeizige Schauspielerin, der es Schwierigkeiten macht, zum Vorsprechen zu gehen. Und Jeanne, die ihre Gedichte keinem Verleger geben will. Die Liste geht immer weiter.

Zwischen einer Idee und ihrer Ausführung liegt ein breiter Fluß, und viele von uns haben Angst, ihn zu überschreiten.

Lydia ist eine der Frauen, die Angst haben, es zu versuchen. Obwohl sie in der vorklinischen Ausbildung an einem erstklassigen College gut abgeschnitten hatte, war sie sich nicht sicher, ob sie das Zeug zur Ärztin hätte. Nach dem College überlegte sie sich mehrere Jahre lang, ob sie Medizin studieren solle, aber sie bewarb sich nicht um einen Studienplatz. Allein schon die Bewerbung bedeutete, sich festzulegen. Es würde mehrere hundert Dollar und viele Stunden Studium und Arbeit kosten. Also tat Lydia lange Zeit gar nichts.

Schließlich sprang sie, ermutigt durch eine Therapie, ins kalte Wasser. Das Bewerbungsverfahren war eine ständige Schlacht zwischen ihrem Wunsch, Ärztin zu werden, und ihren Selbstzweifeln, ihrer Neigung zum Vermeidungsverhalten. Sie kämpfte darum, sich dazu aufzuraffen, daß sie die Bewerbungsbögen ausfüllte und in 300 Worten erklärte, warum sie Ärztin werden wolle und warum die medizinische Fakultät sie zulassen solle. Das Fernsehen wurde ihr zur idealen Methode, dem Lernen für die Zulassungsprüfung auszuweichen. Und sie mochte niemanden um Referenzen bitten, weil sie glaubte, anderen damit nur ihre

Zeit zu stehlen. Wie bei vielen anderen begabten Frauen bewirkte die erlernte Hilflosigkeit bei Lydia Zweifel und Ängste, die ihre Motivation zum Handeln schwächten.

Trotz alledem zog Lydia die Bewerbungsprozedur durch. Sie war überrascht und entzückt, als ihr die Professoren zurückschrieben, sie sei eine ungewöhnlich begabte Studentin. Sie war noch viel erstaunter, als gleich mehrere Hochschulen mit hervorragendem Renommee sie zuließen.

Selbst wenn wir den Versuch wagen, sind wir manchmal nicht hartnäckig genug. Wenn wir auf echte Hindernisse stoßen, sind wir leicht entmutigt und geben zu leicht auf. Eine Frau schrieb eine ausgezeichnete Doktorarbeit, für die sie viel Anerkennung bekam. Sie verfaßte dann einen auf dieser Doktorarbeit basierenden Artikel und reichte ihn zwei Fachzeitschriften ein. Als beide den Artikel zurückwiesen, ließ sie die Sache auf sich beruhen. Sie verlor das Interesse daran und wurde, mit ihren eigenen Worten, »faul«.

Dieser Mangel an Durchhaltevermögen kann sich an überraschenden Stellen zeigen. Eine Ingenieurin in einer Elektronikfirma, scheinbar also jemand, die der erlernten Hilflosigkeit so schnell nicht zum Opfer fällt, entdeckte das, als sie ihre Beurteilung bekam. Ihr Vorgesetzter sagte ihr, sie sei bei der Lösung technischer Probleme nicht hartnäckig genug. Er war der Meinung, sie könne die meisten Probleme, die sie ihm vorlegte, sehr gut selber lösen, wenn sie sich nur getrauen würde. Die Beurteilung war überraschend, aber fair. Sie gab zu, daß sie meistens keine Schwierigkeiten bei ihrer Arbeit hatte, aber wenn doch, so gab sie sofort auf und ging zum Chef, um sich helfen zu lassen.

Die erlernte Hilflosigkeit macht uns verwundbar, so daß wir jede ernsthafte Schwierigkeit als Beleg dafür nehmen, daß unser Scheitern unausbleiblich ist. Rückzug scheint dann die vernünftigste Lösung. Wozu einem toten Hund noch einen Tritt geben?

Diese Überlegung bestimmte das Denken einer selbständigen Unternehmensberaterin, deren Geschäft in Schwierigkeiten war. Als sie ihren größten Auftrag verlor, war ihr erster Gedanke, zuzumachen. Statt ihre Aufmerksamkeit dem Akquirieren neuer Aufträge zu widmen, lenkte sie sich mit Träumereien über die

Wunderkur »Heiraten« ab. Obwohl sie sich nach einer Scheidung, bei der viel schmutzige Wäsche gewaschen worden war, geschworen hatte, nie wieder zu heiraten, begann sie sich ernsthaft zu überlegen, ob sie ihren Freund, mit dem sie seit fünf Jahren zusammen war, nicht heiraten solle.

Manchmal ist der Rückzug vom Problemelösen subtil. Eine Sachbearbeiterin in einer psychotherapeutischen Beratungsstelle, die sich beklagte, es falle ihr so schwer, sich ihre Arbeit einzuteilen, kam mit einem interessanten Problem zu mir. Sie konnte sich Unmengen von Einzelaufgaben merken und einteilen: Hausmitteilungen tippen, Gänge erledigen, telefonieren usw. Aber sie hatte große Schwierigkeiten, die kleineren Schritte innerhalb eines einzigen großen Projekts zu organisieren. Wenn sie zum Beispiel Berichte schrieb, kam sie ins Schleudern beim Einteilen, was nun wichtig war und was sie wohin setzen sollte. Wenn sie mit solchen Aufgaben konfrontiert war, drückte sie sich so lange wie möglich davor und schaffte es manchmal gar nicht.

Wo steckte das Problem? Es lag mit Sicherheit nicht daran, daß es ihr allgemein an Intelligenz gefehlt hätte oder sie nicht analytisch hätte denken können. Sie verfügte über beide Fähigkeiten in reichem Maße. Es war alles eine Frage des Durchhaltevermögens. Sie sah sich das Material nicht lange genug an, um damit vertraut zu werden und es dann in eine vernünftige Reihenfolge zu bringen. Wenn sie es nicht sofort ordnen konnte, schloß sie daraus, daß sie es niemals können würde. Sie entwickelte die Gewohnheit, solchen Projekten auszuweichen, was es ihr dann wiederum schwierig machte, die dafür notwendigen Fähigkeiten zu entwickeln, und ihr Gefühl, unfähig zu sein, verstärkte.

Manche von uns haben die Hilflosigkeit so gründlich erlernt, daß schon eine relativ geringfügige Frustration oder Enttäuschung genügt, damit wir die Sache aufstecken. Typischerweise beschreiben wir uns selber als Menschen, die nichts zu Ende bringen oder aussteigen. Unser Leben ist voller angefangener Projekte, nicht fertiggeschriebener Examensarbeiten, abgebrochener Weiterbildungskurse, unvollendeter Lebensläufe, Gemälde und Bücher.

Es ist immer eine Frage der persönlichen Beurteilung, ob man ein neues Projekt anfängt oder am alten weitermacht, wenn man schlechte Karten zu haben scheint. Sicher, manchmal ist Vorsicht die Mutter der Porzellankiste. Aber die, die gewohnheitsmäßig in manchen Lebensbereichen Vermeidungsverhalten an den Tag legen, wissen schon, was ich meine.

Zu den vernichtendsten Folgen erlernter Hilflosigkeit gehört es, daß der Mangel an Initiative und Durchhaltevermögen in dem einen Bereich sich auf ganz andere Bereiche übertragen kann. Kann Hilflosigkeit in Mathematik die Konkurrenzfähigkeit beim, sagen wir, Tennisspielen beeinträchtigen? Vielleicht.

Psychologen haben ermittelt, daß die Hilflosigkeit beim Problemlösen auf die Fähigkeit zu konkurrieren übergriff – in Situationen, die mit dem Bereich der Hilflosigkeit überhaupt nichts zu tun hatten (Kurlander 1975). Man teilte Collegestudenten in drei Gruppen ein und ließ eine an einem unlösbaren, eine an einem lösbaren Rätsel arbeiten. Die dritte Gruppe bekam gar kein Rätsel auf. In der zweiten Hälfte der Studie spielten sie ein Spiel. Jeder Spieler hatte, wenn er an der Reihe war, die Wahl, mit anderen zu konkurrieren, mit ihnen zusammenzuarbeiten oder eine Runde auszusetzen.

Die Studenten mit dem unlösbaren Rätsel – der unkontrollierbaren, unbeherrschbaren Situation – konkurrierten in der zweiten Hälfte der Studie weniger mit anderen und setzten öfter eine Runde aus als die anderen Teilnehmer.

Triviale Erfahrungen mit unbeherrschbaren Situationen werden zwar nicht viel Schaden anrichten, aber ernsthafte können gravierende Schäden verursachen. Eine Stunde in einem U-Bahn-Tunnel eingeschlossen zu sein, ist zwar ärgerlich, aber wir werden deswegen nicht unsere Fähigkeit, in anderen Situationen angemessen zu handeln, in Frage stellen. Wenn man sich jedoch am Arbeitsplatz unfähig fühlt, kann einem das die Initiative rauben, etwas zu verbessern oder sich nach einem anderen Job umzusehen.

Unzufriedenheit am Arbeitsplatz kann ein Gefühl der Hilflosigkeit erzeugen, das sich auf die Suche nach einer neuen Stelle überträgt und sie erschwert. Nicole etwa berichtete, daß sie mehrere Tage lang unfähig gewesen sei, die Anschreiben zu formulieren, die sie ihren Bewerbungen beilegen mußte. Sie fing an, fand das, was sie geschrieben hatte, schlecht, und gab auf. Es stellte sich dann heraus: Nicoles Chef hatte sie in der vorangehenden Woche so behandelt, daß sie sich vollkommen machtlos und wie eine Niete vorgekommen war. Er hatte einen ihrer Mitarbeiter in eine andere Abteilung versetzt, ohne sie davon zu unterrichten; der Mitarbeiter hatte sie informiert, als es schon passiert war. Niedergeschlagen und voller Selbstzweifel konnte Nicole sich nicht vorstellen, daß es an einem anderen Arbeitsplatz besser laufen würde. Sich mit den Anschreiben Mühe zu geben, erschien zwecklos.

Die Wahrscheinlichkeit ist hoch, daß sich erlernte Hilflosigkeit von wichtigen Lebenssituationen auf weniger wichtige überträgt. Wenn es einen Lebensnerv trifft, kann sich die Lähmung auf alle Bereiche des Verhaltens erstrecken. Im schlimmsten Fall untergräbt das die Initiative und das Durchhaltevermögen ganz und gar. So etwa bei einer Frau, die unbedingt abnehmen wollte, das aber nicht schaffte und sich nun im Hinblick auf dieses Ziel, das ihr wichtiger war als alles andere, derart hilflos fühlte, daß sie auch keinen anderen Bereich ihres Lebens in den Griff bekam. Sie konnte sich nicht überwinden, ihre langweilige Stelle zu wechseln, ihren faden Liebhaber zu verlassen und aus einer unpraktischen, zu teuren Wohnung auszuziehen.

Abgelenkte Aufmerksamkeit

Bisher haben wir über offenkundiges Verhalten gesprochen: darüber, was wir draußen in der Welt tun beziehungsweise nicht tun; ob wir etwas anpacken oder es gar nicht erst versuchen; ob wir trotz Hindernissen am Ball bleiben oder frühzeitig aufgeben. Erlernte Hilflosigkeit hat aber auch Auswirkungen darauf, was in unseren Köpfen vorgeht. Unser ganzes Denken wird maßgeblich davon beeinflußt.

Wenn wir etwas schaffen wollen, müssen wir uns Gedanken über das Ziel und über die Schritte machen, die notwendig sind, um es zu erreichen. Selbst wenn wir gerade nicht an dem Projekt arbeiten, müssen wir es doch immer im Hinterkopf haben. Wir müssen uns ganz darauf konzentrieren. Ohne diese konzentrierte Aufmerksamkeit ist unser Ziel nicht oder nur sehr schwer zu erreichen.

Erlernte Hilflosigkeit lenkt unsere Aufmerksamkeit von unserem Ziel und den zum Ziel führenden Schritten ab.

Stellen Sie sich ein Ziel einmal als Zielscheibe vor. Sie schauen kurz hin, nehmen an, daß Sie sie nicht treffen können, und wenden sich ab. Schon setzen Sie sich nicht mehr ernsthaft, aktiv und kreativ damit auseinander, sondern denken bereits an etwas anderes. Es geht Ihnen wie jenem Mann, der seine Schlüssel unter einer Straßenlaterne sucht und auf die Frage eines Passanten, ob er sie denn hier verloren habe, antwortet: »Nein, aber hier ist Licht.« Ähnlich verhalten wir uns, wenn wir unsere Aufmerksamkeit von unserem Ziel weg auf etwas lenken, das uns weniger Kopfzerbrechen bereitet.

Ist unsere Aufmerksamkeit von Anfang an abgelenkt, so kann uns das teilweise oder vollständig am Handeln hindern. Wenn wir uns nicht auf unser Ziel konzentrieren, wenn wir den Ball aus den Augen lassen, bleiben unsere Gedanken unscharf. Und es ist schwer, etwas zu erreichen, was man nicht genau beschreiben kann. Manchmal bleiben wir auch stecken, obwohl wir das Ziel klar vor Augen haben, weil wir uns nicht auf die zu diesem Ziel führenden Schritte konzentriert haben.

Wird unsere Aufmerksamkeit erst im Laufe eines Projektes abgelenkt, wenn wir auf Hindernisse stoßen, so ist unser Durchhaltevermögen gefährdet. Das ist schlecht, denn bei den meisten komplexen Aufgaben tauchen irgendwann Probleme auf. Irgend etwas geht immer schief. Wenn wir uns von den Schwierigkeiten abwenden, bleiben uns die Hände gebunden. Die Mittel, über die wir verfügen mögen – Intelligenz, Energie, Beziehungen, Zeit, Geld –, kommen dann einfach nicht zum Einsatz. Wir hindern uns selber daran, am Ball zu bleiben und Probleme zu lösen.

Unsere Aufmerksamkeit kann vorübergehend, aber auch endgültig abgelenkt sein. Manche Träume werden durch erlernte Hilflosigkeit zunichte gemacht. Wir wenden uns ab und schauen nie mehr zurück. Aber andere Ziele sind, ob nun aus praktischen oder psychologischen Gründen, so zwingend, daß sie ein Eigenleben entwickeln. Sie lassen uns einfach nicht los. Sie scheinen uns am Ärmel zu zupfen und zu sagen: »Gib' mich nicht auf.« In so einem Fall schwankt unsere Aufmerksamkeit zwischen diesem Ziel und anderen Dingen hin und her. Es erinnert ein wenig an Tauziehen, wie wir uns in ständiger Anspannung in einem Augenblick ganz auf unser Ziel konzentrieren und es dann wieder völlig aus den Augen verlieren.

Ergebnis dieses Hin- und Herschwankens ist, daß wir über unser Ziel und die notwendigen Schritte zwar nachdenken, aber nicht in ausreichendem Maße. Wir widmen ihnen nicht die kontinuierliche, ungeteilte Aufmerksamkeit, die nötig ist, um wirkungsvoll zu planen und zu handeln. Was dabei herauskommt, sind unfertige Ideen, die uns kaum dazu inspirieren können, selbstbewußt weiterzumachen. Unter solchen Umständen lassen wir, wenn wir uns denn überhaupt aufraffen, etwas zu tun, immer wieder von unserem Vorhaben ab, mindern so unsere Produktivität und machen kaum nennenswerte Fortschritte.

Auf diese Weise fühlte sich zum Beispiel Harriet, eine energische achtundzwanzigjährige Frau, blockiert, als sie ein Haus oder eine Wohnung kaufen wollte. Ihr Vater, der sich als Notar mit dem Kauf von Immobilien auskannte, tat, als sei dies eine hochgefährliche Angelegenheit – etwa so, als wolle man in einem Gewässer schwimmen, in dem es von Haien wimmelt –, und bezweifelte, ob eine unerfahrene alleinstehende Frau eine solche Aufgabe bewältigen könne. Er bot seine Hilfe an, aber Harriet wollte selbständig sein und lehnte ab. Leider verfehlte jedoch die Botschaft, die der Vater ausgesandt hatte, nicht ihre Wirkung: Harriet hatte eine Heidenangst. Sie konnte sich einfach nicht kontinuierlich genug konzentrieren, um sich darüber klar zu werden, was sie wollte. Immer wieder mußte sie ihre Pläne ändern, weil ihre Vorstellungen ständig wechselten. In einer Woche wollte sie ein Haus auf dem Land kaufen, in der nächsten Woche eine Wohnung in der Stadt. An einem Tag wollte sie sich Geld von ihrer Familie leihen, am anderen Tag das Ganze allein finanzieren.

Harriets Suche nach einem geeigneten Objekt war entsprechend konfus. Wenn sie gerade in der Stimmung war, schaute sie sich die Annoncen in der Zeitung an und kreuzte an, was in

Frage kam. Manchmal wählte sie sogar die angegebenen Telefonnummern, manchmal aber auch nicht. Ab und zu sprach sie mit Maklern, und an ein paar Wochenenden ging sie zu öffentlichen Hausbesichtigungen. So gingen mehrere Monate ins Land, ohne daß sie etwas gekauft hätte.

Verhaltensmuster, denen solche Unschlüssigkeit zugrunde liegt, können sehr kompliziert sein. Da größere Projekte meistens aus mehreren Elementen bestehen, ist es möglich, daß wir nicht durchgängig mit erlernter Hilflosigkeit reagieren. Es kann durchaus sein, daß wir einige Aufgaben begeistert anpacken und andere nur halbherzig oder gar nicht. Dieses Problem kennen vor allem selbständige Frauen. Wir mögen wunderhübschen Schmuck machen, mit unseren Kochkünsten die Chefköche der besten Restaurants übertreffen oder fabelhaft schreiben. Wir schenken unserer Begabung große Aufmerksamkeit. Aber von den geschäftlichen Aspekten der Arbeit lassen wir uns einschüchtern und widmen ihnen nicht die nötige Aufmerksamkeit. Wenn es darum geht, sich auf Marketing oder Finanzen zu konzentrieren, aus einem nur wenig Gewinn abwerfenden »Hobby« ein florierendes Geschäft zu machen, werden wir plötzlich fahrig. Unsere Gedanken schweifen ab. Nebel legt sich über alles. Wir konzentrieren uns gerade eben genug, um von der Hand in den Mund leben zu können, aber nicht genug, um richtiges Geld zu verdienen. Nicht nur unsere Familien und unsere Freunde wundern sich, sondern wir fragen uns auch selbst: Bei meinem Talent, warum komme ich eigentlich nicht ganz groß heraus?

Abgelenkte Aufmerksamkeit ist unter anderem deshalb so problematisch, weil wir meistens nicht wissen, daß unsere Aufmerksamkeit abgelenkt ist. Wir merken gar nicht, daß wir unsere Position verändert haben, die Zielscheibe nicht mehr direkt anvisieren und unmöglich ins Schwarze treffen können. Statt dessen glauben wir weiterhin, daß wir es schaffen müßten.

Wir fühlen uns miserabel, und das nicht nur wegen unserer Handlungsunfähigkeit, sondern auch, weil wir so konfus sind. Wir sind doch motiviert, was hält uns also von unserem Vorhaben ab? Es gibt einfach keinen Sinn. Wir kommen gar nicht auf die Idee, daß wir vor allem deshalb blockiert sind, weil unsere Aufmerksamkeit in falsche Bahnen gelenkt ist.

Unfähig, den Kern des Problems zu erkennen, suchen wir nach Erklärungen, aber wir suchen wieder einmal am falschen Ort und fördern so alle möglichen – vielleicht realen, aber irrelevanten – Schwächen zutage: Wir hätten eben nicht genug Selbstbewußtsein, seien nicht intelligent, begabt, zuversichtlich, talentiert genug.

Eileen, eine Rechtsanwältin, ist dafür ein gutes Beispiel. Obwohl sie unzufrieden mit ihrem Arbeitsplatz war, konnte sie sich nicht zur Kündigung entschließen und fragte sich nun, woran das liegen mochte. Dabei verglich sie sich mit einer Freundin, einer Grundstücksmaklerin, die das Risiko liebte. »Mein Problem ist wohl«, so Eileen, »daß ich ungern Risiken eingehe.« Kaum. Ihr Problem war vielmehr, daß sie sich nicht genügend darauf konzentriert hatte, was sie als nächstes tun wollte. Da sie nicht wußte, in welche Richtung sie gehen sollte, konnte sie sich nicht aufraffen, auch nur einen Schritt zu tun. Solange in ihrem Innern keine Klarheit herrschte, mußte ihr jede wesentliche Veränderung wie ein Sprung in ein großes schwarzes Loch vorkommen. Kein Wunder, daß sie noch nicht bereit war zu kündigen.

Abgelenkte Aufmerksamkeit ist vergleichbar mit einem losen Draht im Auto. Es ist eigentlich keine große Sache. Aber wenn man das Problem nicht erkennt und den Schaden nicht repariert, bleibt das Auto stehen.

Gestörtes Lernen

Stellen Sie sich vor, Sie versuchen, Klavierspielen zu lernen, und können richtige Töne nicht von falschen unterscheiden. Es wäre unmöglich. Um lernen zu können, müssen wir gute und schlechte Lernschritte unterscheiden können. Die Unfähigkeit, erfolgreiches Handeln zu erkennen, stört das Lernen.

Besinnen Sie sich, wie Dr. Seligmans alte Hunde passiv dasaßen, während sie Elektroschocks verpaßt bekamen. Gelegentlich sprangen ein paar Hunde nach etlichen Schocks zufällig über die Barriere und entgingen so den Schocks. Da sie das Geheimnis des Erfolgs, wenn auch zufällig, entdeckt hatten, hätte man erwarten sollen, daß sie es wieder versuchen würden. Das taten sie aber nicht. Statt dessen fielen sie in ihre ursprüngliche Passivität zurück und bekamen weiter Schocks. Die Hunde stellten die Verbindung zwischen dem Überspringen der Barriere und dem Vermeiden der Schocks nicht her. Weil sie überzeugt waren, daß sie hilflos seien, entging ihnen, daß sie es richtig gemacht hatten, und sie kamen nicht darauf, das zu wiederholen. Weil sie ihren Erfolg gar nicht wahrnahmen, konnten sie auch nicht daraus lernen.

In der Forschung ist belegt, daß manche Kinder dasselbe Problem haben. Im Zuge einer Studie über die intellektuelle Leistung sahen sich die Psychologen an, wie hilflose Kinder einerseits und erfolgsorientierte Kinder (die, die eine optimistische Einstellung zu ihrer Fähigkeit, ihre Umgebung zu kontrollieren, hatten) andererseits auf Erfolge reagierten. Dr. Carol Deiner und Dr. Carol Dweck (1978) gaben einer Gruppe von Zehnjährigen eine Reihe von Aufgaben auf und richteten es so ein, daß alle Kinder eine Reihe von Erfolgen haben würden. Am Schluß baten sie die Kinder, sich selber zu beurteilen. Die Ergebnisse waren aufschlußreich.

Die leistungsorientierten Kinder erinnerten sich an ihre Erfolge und konnten sich genau besinnen, wie viele Aufgaben sie richtig gelöst hatten. Wenn sie gebeten wurden, sich mit anderen Kindern zu vergleichen, dachten sie, sie hätten besser als die anderen abgeschnitten. Da sie ihren gegenwärtigen Erfolg als Indikator für ihre Leistungsfähigkeit sahen, erwarteten sie auch für die Zukunft Erfolg.

Im Gegensatz dazu schienen sich die hilflosen Kinder nicht als erfolgreich wahrzunehmen. Sie unterschätzten die Zahl der Aufgaben, die sie richtig gelöst hatten. Wenn sie sich mit den Gleichaltrigen verglichen, nahmen sie an, andere hätten besser abgeschnitten. Das war sogar dann der Fall, wenn sie alle Aufgaben richtig hatten. Es überrascht nicht, daß sie auch glaubten, ihre gegenwärtige Leistung gäbe ihnen keinen Anlaß, in Zukunft Großes von sich zu erwarten.

Warum fiel es den hilflosen Hunden und Kindern so schwer, Erfolge wahrzunehmen? Die Antwort heißt: *Ver-Lernen* ist nicht so einfach. Stellen sie sich eine Freundin vor, Jane Smith, die heiratet und jetzt Jane Jones heißt. Noch lange Zeit denken wir an sie als »Jane Smith«. Weil wir im Kopf eine Verbindung zwischen einem bestimmten Menschen und dem Namen Smith hergestellt haben, fällt es uns schwer, das zu verlernen und »Jones« zu denken. Janes neue Bekannte hätten diese Schwierigkeit nicht, weil sie nichts zu verlernen hätten.

Unkontrollierbare Situationen lehren uns, daß es unter bestimmten Umständen keinen ursächlichen Zusammenhang gibt zwischen unserem Tun und dem, was geschieht. Was wir tun, ist völlig belanglos, es hat keinerlei Auswirkungen auf den Lauf der Ereignisse. Negative wie positive Resultate stehen in keiner Verbindung zu unseren Handlungen. Gute Ergebnisse haben mit persönlicher Leistung genauso wenig zu tun wie etwa ein sonniger Tag.

Wenn wir einmal darauf gepolt sind, daß unsere Handlungen nichts bewirken, ist es schwer, umzuschalten. Es ist schwierig, erlernte Hilflosigkeit wieder zu verlernen und zu der Überzeugung zu gelangen, daß wir sehr wohl die Dinge beeinflussen können. Wenn wir erfolgreich sind, stellen wir keine Verbindung her zwischen unseren Bemühungen und dem guten Ergebnis. Wir begreifen gar nicht, daß wir das selber geschafft haben. Wir nehmen unseren Erfolg nicht wahr.

Celia, eine Abteilungsleiterin bei einer großen Computerfirma, glaubte, sie versage bei der Arbeit. Als einzige Frau auf dieser Stufe der Hierarchie fühlte sie sich isoliert und zu wenig anerkannt. Es zeigte sich, daß sie ihre Erfolgserlebnisse am Arbeitsplatz nicht wahrnahm. Erstens war sie die allererste Frau in dieser Position. Zum zweiten war sie rasch befördert worden. Zum dritten hörte man auf sie, wenn sie etwas sagte; wenn sie etwas anordnete, wurde es getan. Und schließlich hatte man ihr während eines Einstellungsstops erlaubt, zusätzliches Personal einzustellen. Celia war »selbst dran schuld«: Sie selber hatte sich die Anerkennung versagt.

Das weibliche Understatement ist zugleich Ursache und Ausdruck der Unfähigkeit, eigene Erfolge anzuerkennen. Indem man uns beibringt, daß die Regeln von Ursache und Wirkung für unsere Handlungen und Fähigkeiten nicht gelten, lernen wir, daß wir nichts bewirken können. Wenn das einmal eingeschliffen ist, setzt sich das Gefühl fest, hilflos zu sein. Statt uns auf den Zusammenhang zwischen unserem eigenen Handeln und dem erwünschten Resultat zu konzentrieren, lernen wir, genau diesen Zusammenhang zu ignorieren und zu verleugnen. Wir glauben, daß gute Ergebnisse gar nichts mit uns zu tun hätten. Eine Unternehmensberaterin, durch die eine Firma Hunderttausende von Dollar gespart hatte, erklärte sich das mit den Worten: »Ich hatte halt Glück. Ich habe mir schnell die notwendigen Informationen verschafft.« Glück? Sie macht wohl Witze. Aber nein, sie meinte das ganz ernst. Diese hochintelligente und gut ausgebildete Frau sah keinen Zusammenhang zwischen dem, was sie getan hatte, und dem guten Ergebnis. Dabei hatte sie immerhin die Situation schnell und genau erfaßt, hatte um die notwendige Information gebeten und sich so benommen, daß man sie ernstnahm und ihr die Information bereitwillig zur Verfügung stellte. Und als sie im Besitz der Information war, hatte sie sie fachmännisch ausgewertet. Ihre intellektuelle Leistung war ebenso hervorragend wie ihre Kommunikationsfähigkeit – und sie selber nahm das überhaupt nicht zur Kenntnis.

Um Erfolge überhaupt wahrzunehmen, müssen wir – emotional und mit dem Kopf – veraltetes Wissen über die Fähigkeiten, Rollen und Grenzen von Frauen wieder verlernen. Wegen dieser alten Platte bemerken wir unsere Erfolge nicht.

Emotionales Elend

Wenn die unkontrollierbaren Ereignisse traumatisch oder unangenehm sind, können sie Angst und Depression auslösen. Die Forschung belegt, daß Menschen und Tiere auf Hilflosigkeit mit körperlichen Symptomen reagieren, die wir alle leicht als Streß erkennen können.

In einem der Experimente waren Ratten, die unkontrollierbaren Schocks ausgesetzt waren, viel nervöser als die Ratten, die durch Knopfdruck den Schocks entgehen konnten (J.U. Weiss in: Seligman 1975). Die hilflosen Ratten fraßen und tranken weniger, hatten häufiger Stuhlgang und öfter Magengeschwüre.

In einer ähnlichen Studie wurden Menschen Schocks ausgesetzt, wähend sie an einer Denkaufgabe arbeiteten (Hokanson u.a. 1971). Die eine Gruppe konnte die Schocks jederzeit abstellen, während die zweite Gruppe keine Kontrolle darüber hatte. Der Blutdruck, der alle dreißig Sekunden gemessen wurde, war bei der hilflosen Gruppe konstant höher. Wenn man Hilflosigkeit erlernt hat, ist Angst die emotionale Antwort auf jede Ungewißheit (Seligman 1975).

Bei Frauen, die sich bemühen, etwas zu leisten, trifft das den Nagel genau auf den Kopf. Ängstlichkeit, Furcht, Sorge, mangelndes Selbstvertrauen: All diese Gefühle begleiten uns, während wir unsere Arbeit tun. Da wir dem traditionellen Bild der Frau gemäß gelernt haben, daß es uns an Können ebenso mangelt wie an der Fähigkeit, eine Situation fest im Griff zu haben, gehen wir mit unsicherem Schritt vorwärts, besonders auf Gebieten, die noch Neuland für Frauen sind. Wir quälen uns nicht nur mit dem Gefühl, der Sache persönlich nicht gewachsen zu sein, sondern hegen zudem den Verdacht, daß wir, als Frauen, weniger über den Lauf der Welt wissen als unsere männlichen Gegenspieler. Dadurch wächst unsere Anspannung noch.

Manche bekommen jedesmal einen Angstanfall, wenn sie sich einer größeren (oder auch kleineren) Herausforderung gegenübersehen. Diese Ungewißheit rührt die erlernten Hilflosigkeitsgefühle wieder auf: Vielleicht sehen wir uns wirklich einer unkontrollierbaren Situation gegenüber? Wir haben nicht genügend Abstand: Möglich oder unmöglich? Wissen können wir es erst, wenn das Ergebnis feststeht. Aber bis dahin machen wir uns mit der Vorstellung verrückt, daß es eh nicht geht. Wie es eine Frau formulierte, die Panik hatte: »Ich kann's nicht. Ich will's auch gar nicht. Hilfe! Hol mich hier raus!«

Chris, die in einer gemeinnützigen Einrichtung fürs Geschäftliche zuständig war, bekam eine Revision des Bundesrechnungshofs angekündigt. Sie mußte einen komplizierten Finanzbericht verfassen und konnte sich, weil sie noch neu war, manche Zahlen des Vorjahrs nicht erklären. Sie sah sich die Zahlen kurz an, konnte sie nicht gleich deuten und bekam einen schweren Angst-anfall. Sie saß da und starrte die Zahlen an. In ihrem Kopf machte sich völlige Leere breit. Trotz ihrer großen Buchhaltungserfah-rung gewann sie an diesem Tag erst nach vielen Stunden die Fas-sung und die Kompetenz wieder.

Zum Glück sind diese Gefühle meist zeitlich begrenzt und gehen schließlich von allein weg. Aber während wir sie durchle-ben, leiden wir und verschwenden Zeit und Energie. Manchen von uns ist das zum Ritual geworden – vielleicht, um die Götter trotz unseres sündigen Hochmuts gnädig zu stimmen? –, ehe wir uns schließlich aufraffen und die Sache angehen.

Manchmal absolvieren wir dieses Ritual jedesmal im kleinen, wenn wir keinen Anfang finden. Es fällt uns schwer, die ersten Sätze zu schreiben, die ersten Aufgaben zu lösen, die ersten Sei-ten zu lesen. Mit schlechtem Gewissen erfahren wir am eigenen Leibe, was »Verzögerungstaktik« bedeutet. Wir winden uns und winden uns. Wenn wir die Anfangshürde einmal genommen ha-ben, macht uns die Arbeit auch Spaß, und wir erledigen sie gut. Oft sind wir erleichtert und sogar euphorisch und wundern uns, warum wir einen solchen Zirkus gemacht haben. Aber die er-lernte Hilflosigkeit übt eine solche Macht aus, daß wir immer wieder dieses Ritual durchziehen müssen.

Die Angst verschwindet, wenn uns erst einmal klar ist, daß die Situation beherrschbar ist. Wenn wir aber andererseits folgern, daß man nichts machen kann, dann werden wir, Dr. Seligman (1975) zufolge, deprimiert. Untersuchungen mit Frauen, die sich blockiert fühlen, beweisen das. Eine Frau, die Hilflosigkeit er-lernt hat, sieht sich, wenn sie nicht sofort Erfolge erzielt, in ihrer Annahme bestätigt, daß sie hilflos sei. Sie glaubt, daß sie nie Er-folg haben wird, ist entmutigt und deprimiert. In dieser Gemüts-verfassung ist es schwierig, es einfach noch einmal zu versuchen. Aber wenn wir es nicht schaffen, am Ball zu bleiben, wird das Gefühl der Hilflosigkeit nur noch stärker, und wir sind depri-mierter als zuvor. Wir befinden uns in einem Teufelskreis und fühlen uns blockiert.

Heilung

Erlernte Hilflosigkeit ist keine tödliche Krankheit. Sie ist heilbar.

Dr. Seligman heilte seine Hunde, indem er sie eigenhändig über die Barriere hob, bis sie begriffen hatten, daß sie den Schocks entgehen konnten, wenn sie darübersprangen (Seligman 1978). Er mußte die Hunde zwischen fünfundzwanzig- und zweihundertmal über die Barriere schubsen, bis sie es alle kapiert hatten. Zuerst hingen sie da wie nasse Säcke. Aber mit fortschreitender Übung mußte er weniger und weniger Energie aufwenden, damit sich die Hunde selber bewegten, was sie schließlich auch taten.

So ähnlich ist es mit der erlernten Hilflosigkeit bei uns auch. Zuerst sträuben wir uns dagegen, aus unserer Lethargie herausgerissen zu werden. Die Aufforderung, etwas zu tun, ist nur bedrückendes, unrealistisches, sinnloses Geschwätz – gut gemeint, aber irritierend. Aber wenn wir erst selbst mit der Hilflosigkeit zu kämpfen anfangen, wenn unsere Anstrengungen Wirkung zeigen, denken wir anders darüber. Wenn wir mit einer anderen Einstellung ans Handeln herangehen, werden wir weniger hilflos.

Und wie stellen wir das an? Es ist klar, daß wir uns niemanden suchen können, der uns jedesmal über die Barriere schubst. Vielmehr müssen wir uns, mit leichter Nachhilfe durch Freunde und Freundinnen, selbst über die Barriere schubsen, indem wir anfangen zu handeln, uns auf dieses Handeln konzentrieren und die Folgen betrachten. So können wir lernen, unser Handeln mit seinen Konsequenzen zu verknüpfen und unsere Erfolge zu erkennen. In Teil II werde ich bestimmte Strategien und Techniken dafür behandeln. Zunächst aber wollen wir uns die Kehrseite der Medaille betrachten – die Leistungsorientierung.

3

Handeln

Die Geschichte Harry Hatfields ist eine der amerikanischen Vom-Tellerwäscher-zum-Millionär-Stories. Er wuchs in einem Arbeiterviertel in Boston auf. Jetzt ist er Millionär.

Harry bestand die Physikprüfung an einem staatlichen College nur mit einer durchschnittlich guten Note. Er schloß daraus, das sei nicht das Richtige für ihn, und nahm eine Stelle bei einer führenden, bekannten Elektronikfirma an. Er fuhr durchs Land und verkaufte etwas, was ich aus Gründen der Vertraulichkeit nur als »Zusatzgerät« bezeichnen will. Weil er gesellig war, war er bei seinen Kunden beliebt, und seine Verkaufszahlen stiegen. Aber es befriedigte ihn nicht, nur ein guter Verkäufer zu sein; er wollte mehr. Also hielt er die Augen offen.

Er entdeckte eine Marktlücke, ein unbefriedigtes Kundenbedürfnis. Die Unternehmen brauchten maßgeschneiderte Lösungen für ihre spezifischen Probleme. Sie brauchten nicht nur Verkäufer, sondern Berater, um ihnen bei der Auswahl zu helfen und sie in die Lage zu versetzen, die Zusatzgeräte nutzbringender anzuwenden.

An einem solchen Service konnten die großen Zusatzgerätehersteller nichts verdienen. Ihre Verkäufertruppe hatte keine Zeit, sich mit dem Kunden hinzusetzen und sich ein genaues Bild davon zu machen, wie dessen Firma arbeitete. Die Verkäufer kamen einfach vorbei und boten ihr Produkt an.

Harry richtete sich im Keller ein Büro ein, bestellte sich Visitenkarten und wurde Unternehmensberater. Als sein Geschäft genug abwarf, um davon zu leben, gab er seinen Job als Verkäufer auf, stellte selbst Zusatzgeräte her und verkaufte sie auch selbst. Er zog aus seinem Keller in eine kleine Fabrik um.

Dann gab es eine wirtschaftliche Flaute. Die Zinsen für seine Kredite stiegen, während seine Umsätze zurückgingen. Das waren schwere Zeiten für ein neugegründetes Unternehmen, aber Harry gab nicht auf. Er behielt seine Zuversicht. Wie er sagte: »Die Zeiten sind schlecht. Also müssen wir eben mehr arbeiten. Wir müssen mehr werben und uns bei der Akquisition mehr Mühe geben.«

Diese Geschichte zeigt eine Einstellung, die eher für Männer als für Frauen typisch ist: Die Erfolgsorientierung. Erfolgsorientierung bedeutet, daß man optimistisch ist, daß man die Situation in der Hand hat. Sie ist die Summe aller Haltungen uns selbst und der Arbeit gegenüber, die uns das Handeln ermöglichen und das Leistungsstreben fördern. Man kann sagen, daß die Erfolgsorientierung aus drei miteinander zusammenhängenden Teilen besteht: 1. Einem Wertsystem, 2. der Wahrnehmung von Leistung und 3. einer positiven Reaktion auf Herausforderungen.

Die Erfolgsorientierung legt großen Wert auf die Ziele wie auch auf die Mittel, sie zu erreichen. Sie schätzt tatsächliche Leistungen – Nobelpreise, Olympiamedaillen, Preise von Stiftungen –, aber der Prozeß, in dem solche Erfolge geschaffen werden, ist wichtiger als die Erfolge allein. Es ist Selbstzweck, zu handeln, sich Ziele zu setzen und zielgerichtet und effizient darauf hinzuarbeiten. Ehrgeiz, Kampf und Hartnäckigkeit zählen.

In Illustrierten- und Abenteuergeschichten, Politikerreden und Stellenanzeigen wird das Handeln verherrlicht. Gesucht: Ehrgeiziger, wendiger Mitarbeiter, der die Herausforderung sucht. Der Held hat große Pläne, hochgesteckte Ziele und geht Risiken ein. Widerstand läßt ihn kalt. Hindernisse sind dazu da, beseitigt zu werden. Wenn's hart wird, kommen die Harten zum Zuge.

Die Erwartung, daß man Einfluß auf seine Umgebung ausüben kann, ist der Kern der Erfolgsorientierung. Wenn wir das glauben, können wir handeln, Initiative und Verantwortung übernehmen, Verpflichtungen eingehen. Damit geht das Durchhaltevermögen einher, Probleme zu lösen und dann zur Kenntnis zu nehmen, daß wir das können, und das Vertrauen auf unsere zukünftigen Leistungen nicht zu verlieren.

Die Wahrnehmung, daß wir es selbst in der Hand haben, ist keine Erfolgsgarantie. Aber jedenfalls haben wir dann überhaupt eine Chance.

Wenn wir die Werte, die das Handeln betonen, mit der Wahrnehmung, daß wir es selber in der Hand haben, zusammennehmen, bekommen wir die positive Einstellung zu Herausforderungen. Beide Bestandteile sind notwendig. Ein Wertsystem, das uns ermutigt, uns anzustrengen, was auch dabei herauskommt, ermöglicht uns, unsere Anstrengungen zu achten. Es auch nur zu versuchen, hebt unsere Selbstachtung schon. Aber dieses Wertsystem reicht noch nicht. Ohne daß wir merken, daß wir es selbst in der Hand haben, haben wir gar keinen Grund, uns anzustrengen. Wenn wir uns hilflos fühlen, helfen uns Prinzipien auch nicht viel weiter. Wenn aber eine Situation beherrschbar aussieht, können wir sie mit Elan anpacken, denn das Bedürfnis nach Erfolg und die Achtung vor unserer Hartnäckigkeit treiben uns an.

Mit einer positiven Einstellung sehen wir Probleme als Herausforderungen und gehen neugierig an sie heran. Wir sehen nicht gleich jede Schwierigkeit als Niederlage. Nur weil der eine Weg versperrt ist, brauchen wir nicht gleich die ganze Reise abzublasen. Wenn die eine Taktik nicht funktioniert, dann eben eine andere. Wir müssen es eben solange versuchen, bis wir die Lösung haben.

Eine positive Einstellung zu Herausforderungen gestattet uns nicht nur, mit den laufenden Schwierigkeiten fertigzuwerden, sie ermöglicht uns auch, zukünftige Schwierigkeiten vorauszusehen. Wenn wir angstfrei sind, kalkulieren wir Schwierigkeiten gleich ein. Ein Schreiner hat das hübsch ausgedrückt. Ich fragte ihn, wie lange es dauern würde, neue Küchenschränke einzubauen. Er sagte: »Das Einbauen dauert zwei Tage, und dann braucht man noch einen dritten Tag, weil immer wieder mal was in die Hose geht, was man richten muß.«

Die verhinderte Erfolgsorientierung

Irgendwo zwischen dem Optimismus in bezug auf die eigene Fähigkeit, die Ereignisse im Griff zu halten, und der erlernten Hilflosigkeit liegt ein mittlerer Bereich, den ich die verhinderte Erfolgsorientierung nenne. Hier sehen wir, statt »möglich« oder »unmöglich« zu sehen, »begrenzte Möglichkeiten«.

Historisch gesehen, haben viele Kräfte die Erfolgsorientierung von Frauen behindert, und trotz gesellschaftlicher Veränderungen üben sie immer noch Druck auf uns aus. Ein wichtiger Faktor ist die Kindererziehung. Unsere Sozialisationspraktiken untergraben teils absichtlich, teils unbeabsichtigt das optimistische Lebensgefühl von Frauen, indem sie 1. Werte unterbetonen, die zur Erfolgsorientierung gehören, 2. die Mädchen daran hindern, zu merken, daß sie Herrin der Lage sein können, 3. die Mädchen nicht genügend ermutigen, sich Herausforderungen zu stellen, 4. sie in ihrer Freiheit, die Umgebung zu erforschen, einschränken und 5. ihnen doppeldeutige Botschaften vermitteln.

Werte

Im Land der Geschlechterrollenklischees sind Macht, Handeln und Herausforderung Teil der männlichen Domäne. Am Extrem des Machismos wird das besonders deutlich. Der Macho kann alles und jedes. Er glaubt, er hätte immer alles im Griff. Selbst bei unüberwindbaren Hindernissen kennt er keine Furcht, keinen Rückzug. Er kämpft bis zum letzten Atemzug und ringt den widrigen Umständen den Sieg ab.

Während die Männer »action« machen, machen sich die Frauen hübsch. Hat der Mann den Auftrag, sich die Erde untertan zu machen, so hat die Frau den Auftrag, zu lieben. Traditionell wurde von Frauen erwartet, in emotionalen Bindungen und Beziehungen Erfüllung zu finden. Handeln und Leistung wurden als der weiblichen Natur fremd, als unweiblich, betrachtet. Die Frauen wurden überredet und gezwungen, von Männern abhängig zu sein, sich auf die Sphäre von Heim und Herd zu beschränken. Infolgedessen hatten die Frauen weniger Gelegenheit, sich das Wertsystem der Erfolgsorientierung anzueignen. Trotz des kulturellen Wandels üben die traditionellen Erwartungen immer noch starken Einfluß aus. Noch immer schätzt und ermutigt die Gesellschaft Handeln und Leistung bei Frauen nicht so wie bei Männern. Eine sehr gescheite Sechsundzwanzigjährige beschrieb ihre Erfahrung: »In meiner Kindheit hat niemand etwas von mir gefordert. Immer nur lächeln, und Papa wird es dann schon machen. Ich mußte nur da sein und lieb sein. Allerdings mußte ich gute Noten heimbringen. Aber das war eigentlich keine Leistung. Es fiel unters Bravsein, meinen Eltern keine Sorgen machen, indem ich etwa nichts könnte. Von außen gewannen die Leute den Eindruck, ich würde etwas leisten, aber eigentlich mußte ich nichts dafür tun. Der Weg war ganz und gar vorgezeichnet.«

In mehreren wissenschaftlichen Arbeiten, darunter auch einer großen, für die gesamten USA repräsentativen Studie, wurde festgestellt, daß die Eltern mehr Leistung, Selbständigkeit, Unabhängigkeit und Verantwortung von den Söhnen erwarten als von den Töchtern (Hoffman 1977). Andererseits erwarteten die Eltern von ihren Töchtern, hübsch, freundlich, wohlerzogen und aufopfernd zu sein und einen guten Mann und brave Kinder zu bekommen.

Diese Erwartungen werden in Handlungen umgesetzt. Die Erwachsenen, besonders die Männer, ermutigen eher Jungen als Mädchen zum erfolgsorientierten Verhalten. In einer Studie beobachteten die Untersucher die Eltern dabei, wie sie ihren Kindern Unterricht gaben (Block u.a. 1975). Die Väter der Jungen kümmerten sich mehr darum, ob die Jungen die Aufgabe bewältigten. Sie legten hohe Maßstäbe an, achteten auf den kognitiven Aspekt der Aufgabe und betonten die Leistung. Im Gegensatz dazu kümmerten sich die Väter der Mädchen nicht so sehr um die Aufgabe selbst, sondern verbrachten mehr Zeit mit Spielen, Späßen, Ermutigen und Beschützen.

In einer weiteren Studie wurde eine ganz verblüffende Richtung eingeschlagen – sie erinnert ein wenig an Shakespeares Komödien (Day 1975). Ein zweijähriges Kind wurde in der ersten Hälfte der Studie als Junge und in der zweiten Hälfte als Mädchen angezogen. Wir können uns jetzt schon denken, daß die Erwachsenen, besonders die Männer, von dem »Jungen« mehr Leistung erwarteten als von dem »Mädchen« und daß sie den »Jungen« mehr für zielgerichtetes Handeln belohnten als das »Mädchen«.

Unser Erziehungssystem, das über Talent und Intellekt unserer Kinder wachen soll, scheint ebenfalls die Herrschaftsorientierung bei Mädchen unterzubetonen. Die Lehrer sehen Jungen und Mädchen verschieden (Guttentag/Bray 1977). In einer Studie legten die Lehrer bei der Beurteilung von Jungen Wert auf Leistung und Fleiß. Bei der Beurteilung von Mädchen legten sie Wert auf freundliches, umgängliches Benehmen. Da dies schließlich eine Schulsituation war und kein Kaffeeklatsch, hätten wir erwartet, daß bei allen Kindern die intellektuellen Fähigkeiten beurteilt würden. Dem war offenbar nicht so. Damit nicht genug: Die Lehrer konnten zwar bei den Jugen Hochbegabte und durchschnittlich Begabte unterscheiden, aber bei den Mädchen trafen sie keine derartige Unterscheidung.

Dr. Jeanne Block, eine Psychologin an der Berkeley-Universität in Kalifornien und eine bekannte Spezialistin für die Thematik der Herausbildung von Geschlechtsstereotypen, arbeitete die Forschungsergebnisse durch und kam zu dem Schluß, daß die intellektuellen Leistungen von Mädchen passiv übergangen und oft aktiv entwertet werden, und zwar auf allen Schulstufen, vom Kindergarten bis zum College (Block 1979).

Kinderbücher und -fernsehprogramme singen das gleiche Lied. Die Jungen handeln, und die Mädchen schauen zu. Die Jungen erfinden etwas, und die Mädchen benutzen die Erfindung. Die Jungen retten, und die Mädchen lassen sich retten. Die Jungen gebrauchen ihren Verstand, um Probleme zu lösen, und die Mädchen brechen in Tränen aus und rennen zu anderen, um sich helfen zu lassen. Bei Jungen wird es belohnt, wenn sie handeln, und die Mädchen werden manchmal bestraft, wenn sie zu aktiv sind. Der Text ändert sich zwar, aber die Melodie bleibt dieselbe.

Wir alle lernen das, was uns explizit beigebracht wird, und aus dem, was wir um uns herum sehen. Wenn man uns ermutigt, uns die verschiedensten Ziele zu setzen und auf sie hinzuarbeiten, dann werden wir wahrscheinlich dem Handeln einen hohen Wert beimessen. Wenn man uns ermutigt, bei dem, was wir tun, nach Höchstleistungen zu streben, dann werden wir die Leistung hoch schätzen. Die Frauen haben die Gelegenheit, sich die Werte der Erfolgsorientierung anzueignen, nur in eben dem Maße, in dem sie die Chance bekommen, das zu lernen.

Bewußte Selbstbestimmung. Jeder, der einmal eine Gruppe Jugendlicher beobachtet hat, wie sie die Straße langstolzieren oder betont lässig durch die U-Bahn laufen, hat gesehen, was *bewußte Selbstbestimmung* ist. Diese jungen Leute wissen, daß ihre Anwesenheit Eindruck macht; sie bleibt nicht unbemerkt.

Männer setzen öfter als Frauen voraus, daß sie ihre Umgebung beeinflussen können, daß die Welt reagiert, wenn sie handeln (Block 1979). Sich potent und tüchtig zu fühlen ist ein wichtiger Teil ihres Selbstbilds. Männer beschreiben sich als energischer, mächtiger, ehrgeiziger und fähiger, die äußeren Umstände zu beeinflussen, als Frauen.

Wie kommt das? Gewiß haben Männer viel mehr politische und wirtschaftliche Macht. Aber wie überträgt sich dieser Sachverhalt auf unsere Wahrnehmung auch in den Bereichen, die nicht unmittelbar mit der Frage der Männerherrschaft zusammenhängen? Das wird klar, wenn wir begreifen, wie wir überhaupt wahrnehmen, daß wir unsere Geschicke bestimmen können. Im Prinzip lernt man das auf zwei Arten: Entweder erfahren wir unsere Macht direkt, oder andere sagen uns, daß wir sie haben.

Wenn wir auf einen Fahrstuhlknopf drücken und dann der Aufzug kommt, erhalten wir eine sofortige Rückmeldung, daß unser Handeln gewirkt hat.

Wir erfahren unsere Macht direkt, wenn wir – wie die Psychologen es nennen würden – folgerichtige Antworten bekommen; wenn spezifische Ursachen – unser Handeln – spezifische Folgen haben. Wir drücken auf einen Knopf, und der Aufzug kommt. Wir nehmen andere in den Arm, und sie tun das gleiche mit uns. Oder wir schubsen andere, und sie schubsen zurück. Jedesmal gibt es eine deutliche Verbindung zwischen dem, was wir selber tun, und dem, was wir zurückbekommen.

Wir alle brauchen unser ganzes Leben lang folgerichtige Antworten. Aber für das in der Entwicklung begriffene Kind sind sie besonders wichtig (Seligman 1975). Ein großer Teil der kindlichen Tätigkeit ist dem Entdecken gewidmet: Wie reagiert die Welt, wenn ich dies oder das tue? Was ist, wenn wir den Wecker auseinandernehmen? Wenn wir die kleine Schwester ans Schienbein treten?

Wenn die Welt voller Aufzüge ist, die kommen, nachdem das Kind auf den Knopf gedrückt hat, wird ihm seine eigene Fähigkeit, etwas zu bewirken, Eindruck machen. Wenn andererseits gar nichts geschieht, wenn das Kind auf den Knopf drückt, wird es von seiner Fähigkeit, Kontrolle auszuüben, viel weniger überzeugt sein. Je mehr folgerichtige Antworten die Kinder bekommen, desto wahrscheinlicher ist es, daß sie überzeugt sind, ihr eigenes Geschick in der Hand zu haben.

Bei Durchsicht der Studien über die Sozialisationspraktiken stellte Dr. Block fest, daß Mädchen weniger folgerichtige Antworten bekommen, ob sie nun in Form von Aufmerksamkeit, Auf-das-Kind-Eingehen, Ermutigung oder Kritik gegeben werden (Block 1979).

Die Unterschiede beginnen fast schon im Säuglingsalter. In einer Studie beobachteten die Forscher Mütter dabei, wie sie ihre Säuglinge fütterten (Ebd.). Es zeigte sich, daß die Mütter von Jungen aufmerksamer die Signale ihrer Babies wahrnahmen als die Mütter von Mädchen. Solche unterschiedliche Behandlung setzt sich die ganze Kindheit hindurch fort. Besonders Väter scheinen ihren Söhnen mehr Feedback zu geben als ihren Töchtern. Ob das Feedback positiv ist – wie Anerkennung, Reden und physische Zuneigung – oder negativ, wie Mißbilligung, Schläge oder Gebrüll –, Mädchen bekommen offenbar weniger davon ab (ebd.). Es ist auch weniger wahrscheinlich, daß die Lehrer auf Mädchen eingehen (Guttentag/Bray 1977). Wenn ein Schüler in der Klasse nicht aufgerufen wurde, dann war es wahrscheinlicher, daß es ein Mädchen war.

Wenn sich die Schüler meldeten, um etwas zu fragen, nahmen die Lehrer Mädchen seltener dran. Taten sie es doch, so halfen sie ihnen weniger und gaben den Mädchen weniger ausführliche Informationen. Selbst Kreativität wurde von den Lehrern bei Mädchen seltener erkannt und anerkannt als bei Jungen.

Auch bei den Spielsachen gibt es Unterschiede – nämlich darin, wieviel das Kind damit anfangen kann. Die Jungen bekommen eine größere Auswahl von interessanten Spielsachen, mit denen man eher etwas bauen und erfinden kann (Block 1979). Wenn wir einen Technikbaukasten mit einer Puppe vergleichen – nichts gegen Puppen, aber wie die meisten Spielsachen für Mädchen bieten sie wenig Gelegenheit, sich selbst etwas auszudenken, und fördern eher die Nachahmung.

Dr. Blocks Folgerung nach Durchsicht einer Unmenge von Studien war denn auch: Es ist vorteilhaft für die Jungen, daß sie mehr folgerichtige Antworten bekommen (ebd.). Unter anderem sind sie dadurch motivierter, arbeiten zielgerichteter und sind sich ihrer Fähigkeit, ihre Umgebung zu beeinflussen, bewußter. Bei Jungen ist es wahrscheinlicher als bei Mädchen, daß sie sich selbst und ihre Welt unter dem Aspekt sehen, Herren ihres Geschicks zu sein.

Wir müssen nicht unbedingt auf einen Aufzugknopf drücken, um zu wissen, daß wir dem Aufzug befehlen können. Das können wir aus jeder glaubwürdigen Quelle lernen. Diese Information wird dann zum Bestandteil unseres Wissensguts und unserer Wahrnehmung, daß wir »es selbst in der Hand haben«.

Eine faszinierende Studie belegt die gewaltige Wirkung dessen, was uns andere sagen. Eine Forschungsgruppe, die über Streß in der Großstadt arbeitete, versuchte die Streßbedingungen experimentell herzustellen, indem sie Großstadtgeräusche abspielte (Glass/Singer 1972). Drei Gruppen von Collegestudenten wurden gebeten, diverse Aufgaben zu lösen, während sie einer Katzenmusik lauter, disparater Geräusche ausgesetzt waren: Einer sprach Armenisch, zwei sprachen Spanisch, eine Schreibmaschine, ein Vervielfältigungsapparat und eine Rechenmaschine klapperten.

Die eine Studentengruppe konnte den Lärm jederzeit abstellen, und sie erbrachte gute Leistungen. Die zweite Gruppe, die den Krach nicht abstellen konnte, schnitt schlecht ab. Sie hatten weniger Durchhaltevermögen, lasen schlecht Korrektur und waren gereizt.

Aber die dritte Gruppe steuerte den eigentlich interessanten Aspekt bei. Man führte sie absichtlich irre. Man sagte ihnen, sie könnten den Lärm abschalten, wenn sie auf einen Knopf drückten (in Wirklichkeit konnten sie das gar nicht), aber man bat sie, das nicht zu tun. Trotz des unaufhörlichen Krachs waren diese Studenten so leistungsfähig wie die, die das Geplärr abgestellt hatten.

Wahr ist das, was wir für wahr halten, bemerkt der Dramatiker Pirandello. Die dritte Gruppe von Studenten benahm sich, als ob sie die Lage beherrschten. Weil man ihnen – entgegen der Realität – suggerierte, daß sie die Kontrolle hätten, konnten sie der schwächenden Wirkung der Hilflosigkeit entgehen.

Bewußte Selbstbestimmung lernen wir durch »Du-kannst-es«-Botschaften. Sie vermitteln, daß eine bestimmte Handlung objektiv möglich und gesellschaftlich akzeptabel ist. »Ja, du kannst alleine einmal ums Karree gehen.« »Klar, ein guter Schwimmer kann den ganzen See durchschwimmen.« »Wenn du groß bist, kannst du versuchen, Bürgermeisterin zu werden.« »Wenn es nicht gleich klappt, versuch es noch einmal.«

Auch Rollenvorbilder können »Du-kannst-es«-Botschaften vermitteln. Die Astronauten beweisen, daß man auf dem Mond landen kann. Berufstätige Mütter beweisen, daß Frauen auch außerhalb des Hauses etwas können. Je mehr Rollenmodelle es gibt und je umfassender ihre Aktivität und ihre Macht ist, desto mehr positive Botschaften bekommen wir. Und umgekehrt – je weniger Rollenmodelle es gibt und je begrenzter ihre Tätigkeit und ihre Macht, desto weniger positive Botschaften bekommen wir.

Auch im Unterricht werden »Du-kannst-es«-Botschaften vermittelt: daß wir lernen *können* und daß wir lernen *sollen*. Deswegen hängt soviel von Lehrern, Mentoren und Tutoren ab, wenn es um die Entwicklung von Fähigkeiten und Talenten geht. Weil sie die Beherrschung des Stoffes gestatten und uns die Mittel dazu an die Hand geben, tragen sie enorm dazu bei, daß wir bewußte Selbstbestimmung lernen.

Letzten Endes besteht die Kindererziehung großenteils daraus, daß wir den Kindern beibringen, was sie tun können und was nicht.

Leider haben die Mädchen zu viele »Du-kannst-nicht«-Botschaften und zu wenige »Du-kannst«-Botschaften bekommen. Es gab nur eine beschränkte Anzahl und einen begrenzten Bereich traditioneller Rollenvorbilder, und auch die damit verbundene Macht war begrenzt. Obwohl uns nicht nach alter chinesischer Sitte die Füße gebunden wurden, bestand ein großer Teil des sogenannten »angemessenen« weiblichen Verhaltens darin, etwas *nicht* zu tun. Eine Dame prügelt sich nicht, versteht nichts von Mathematik, kann keinen Jet fliegen, soll nicht Präsidentschaftskandidatin werden. Ein wenig hat sich das zwar geändert, aber die Doktrin, daß wir dies und das nicht können, hat immer noch großen Einfluß.

»Du-kannst-nicht«-Botschaften können subtil sein. Einige Beispiele haben wir schon bei der weiblichen Gewohnheit des Herunterspielens kennengelernt. Wenn zum Beispiel der Erfolg dem Glück zugeschrieben wird, verleugnet man damit die Tüchtigkeit der betreffenden Frau. Auch wenn wir Zuschreibungsmuster erlernen, die unsere Leistungen und unsere Fähigkeiten heruntermachen, bedeutet das zugleich, daß wir lernen, was wir »nicht können«.

Freiheit. Die französische Schriftstellerin Simone de Beauvoir hat die provozierende These vertreten, daß heranwachsende Mädchen deswegen so abhängig von männlicher Gesellschaft sind, weil ihr Leben so beschränkt und langweilig ist, daß sie einander nicht genügend Anregung geben können. Sie brauchen die Jungen, damit diese ihnen die Aufregung der großen weiten Welt liefern (Beauvoir 1968).

Es gibt keine Untersuchung zur »Ödheit« des Mädchenlebens, wohl aber übereinstimmende Ergebnisse, daß Mädchen weniger Freiheit haben als Jungen, ihre Umgebung zu erforschen (Hoffman 1977). Die Aktivitäten von Mädchen sind eingeschränkter und werden strenger überwacht. Man fordert die Mädchen auf, im oder beim Haus zu bleiben. Wenn man ihnen Arbeiten aufträgt, bekommen die Mädchen eher die im Haus und die Jungen eher die draußen. Von Mädchen erwartet man länger, daß sie Gänge erledigen (obwohl man sie nicht daran hindert, im Haus zu helfen, zum Beispiel Kleider wegzuräumen), aber man erlaubt ihnen weniger oft, selbständig auszugehen. Gewöhnlich dürfen Mädchen nicht weit herumstreifen, ohne um Erlaubnis zu fragen.

Schlagzeilen machen diese Forschungsergebnisse nicht gerade. Sie bestätigen nur, was wir alle schon lange wissen: Mädchen werden kürzer gehalten. Besonders im Jugendalter werden die Zügel angezogen. Selbst Mädchen, die während der Kindheit beachtliche Freiheit hatten, sehen sich der Tatsache gegenüber, daß ihre vorher so liberalen Eltern immer neugieriger werden, was sie treiben, und sie immer mehr einschränken. Gerade, wenn sich dem männlichen Jugendlichen neue Chancen eröffnen, werden die jungen Mädchen eingeschränkt.

Die »Bleib-daheim«-Botschaften beschränken den Horizont. Wenn die Mädchen nicht herumkommen, haben sie weniger Chancen, zu sehen, wie die Welt ist, und daher weniger Gelegenheit, eine Vielzahl von Kulturtechniken zu erlernen und zu üben, Probleme zu lösen und Selbsterkenntnis zu erwerben.

Übermäßige Einschränkungen vermitteln die Botschaft, daß die weite Welt zu schwierig oder zu gefährlich für Mädchen ist, und fördern ausdrücklich das Vermeidungsverhalten als Methode, mit Problemen umzugehen. Solche Botschaften machen Angst, wie man an den erwachsenen Frauen sehen kann, die sich vorm Alleinreisen fürchten. Das Extrem dieser Angst ist Platzangst (überwiegend ein Frauenproblem), wobei die Frauen nicht fähig sind, allein das Haus zu verlassen.

Herausforderung. Welche Denkaufgabe möchten Sie lieber lösen – eine, die Sie schon einmal gelöst haben, oder eine, an der Sie schon einmal gescheitert sind?

In etlichen Studien wurde belegt, daß, wenn man Kindern die Wahl ließ, ein schwieriges Problem weiterzuverfolgen oder zu kneifen, die Jungen eher die Herausforderung wählten und die Mädchen es sich zu einfach machten oder sich ganz entzogen (Hoffman 1972).

Gegenüber Herausforderungen eine positive Haltung einnehmen – was Mädchen offenbar schwerer fällt als Jungen –, das hat etwas damit zu tun, auf Hindernisse zu stoßen, sie anzugehen und hartnäckig genug zu sein, um sie zu überwinden, wenn möglich.

Mädchen werden in fast jeder Hinsicht weniger gefordert. Wie wir schon gesehen haben, kommen sie weniger herum und haben daher weniger Gelegenheit, sich in unbekannte Situationen zu begeben. Auch in der Klasse ist die Arbeit in den Grundschuljahren für Mädchen meist leichter als für Jungen. Und in den Fächern, die Mädchen oft Schwierigkeiten machen, wie Mathematik und Naturwissenschaften, entschuldigt man ihre schlechten Leistungen womöglich damit, daß sie dafür »von Natur aus« unbegabt sind.

Mädchen dürften von den Lehrern weniger oft zu hören bekommen, sie sollten sich doch mehr anstrengen –, erstens, weil die Mädchen ohnehin weniger Aufmerksamkeit bekommen, und zweitens, weil die Lehrer eher annehmen, daß die Mädchen ohnehin schon ihr Bestes tun. In einer Untersuchung wurde festgestellt, daß die Lehrer bei Jungen achtmal so häufig ein Leistungsversagen auf mangelnde Motivation zurückführten wie bei Mädchen (Dweck/Licht 1980). Wenn einem gesagt wird, man solle sich mehr Mühe geben, wird zugleich gesagt, man sei begabt und solle am Ball bleiben.

Gerade intelligente Mädchen dürften am meisten unter dieser Form von Vernachlässigung zu leiden haben. Solange sie gut mitkommen, bemerken die anderen oft nicht, daß sie weniger leisten, als sie könnten. Eine hochintelligente junge Frau, die sich gerade mit den Problemen der Unterforderung herumschlug, beschrieb ihre Grundschuljahre in einem Reiche-Leute-Viertel: »Bis zur siebten Klasse mußte ich gar nichts tun. Als dann plötzlich Anforderungen gestellt wurden, war ich verstört.« Ich habe viele solcher Patientinnen, denen keiner Mut machte, bis an ihre Grenzen zu gehen, und die zu viele Gelegenheiten versäumt haben, sich Problemen zu stellen und sie zu meistern.

Übertriebene Hilfe, zuviel oder zu früh, ist eine weitere Art, Mädchen zu entmutigen. Es ist belegt, daß die Mütter besorgter um Mädchen sind als um Jungen (Block 1979). Nach einer frustrierenden Erfahrung nahmen die Mütter die Mädchen öfter in den Arm oder trösteten sie anderweitig durch Schmusen. In Situationen, in denen die Kinder versuchten, Probleme zu lösen, gingen die Mütter eher darauf ein, wenn die Mädchen sie um Hilfe baten. Während die Mütter von Jungen die Bitten um Hilfe überwiegend ignorierten oder zurückwiesen, gaben die Mütter von Mädchen konstant Hilfe und Ermutigung – auch, wenn sie gar nicht gebraucht wurde.

Frauen, die festhängen, beschreiben oft eine Kindheit von zuviel Hilfe. Besonders deutlich erinnerten sie sich daran, wie Pappi sie gerettet hatte, als eine naturwissenschaftliche Hausarbeit zu schreiben war. Statt *etwas* Hilfe anzubieten, aber zu verlangen, daß die Tochter das Problem alleine löse, schrieben diese Väter die gesamte Hausarbeit selbst. In einer Fernsehkomödie ist eine solche Szene sehr witzig, aber im Leben hat sie gravierende Folgen.

Wenn man Mädchen überbehütet, unterminiert man ihre Fähigkeit, souverän mit Schwierigkeiten umzugehen und Probleme zu lösen. Man behindert die bewußte Selbstbestimmung, eine positive Einstellung zu Herausforderungen und ihre Selbständigkeit, und man fördert die Entwicklung von Vermeidungstaktiken statt Bewältigungstechniken.

Das wird noch verwickelter, wenn diese Passivität mit dem Reizvoll-Weiblichen zusammengebracht wird. Wie mir eine junge Frau neulich sagte: »Es ist nicht attraktiv, sich mit etwas herumzuschlagen. Als Frau ist man viel reizender, wenn man nicht so viel arbeitet, wenn man nur so vor Spontaneität übersprudelt. Blöd soll man nicht sein – aber hilflos. Dann kriegt man, was man will.«

In dem Klischee von der rettungsbedürftigen Prinzessin wird die Hilflosigkeit geradezu verherrlicht. Es ist so schrecklich romantisch, sich von einem Ritter in glänzender Rüstung retten zu lassen. Selbst in einem neueren Film, »Raiders of the Lost Ark«, wird eine scheinbar emanzipierte Heldin, die sich schlägt und die Männer unter den Tisch trinkt, schließlich vom säbelrasselnden Indiana Jones gerettet. Diese Story hat schon einen Bart: Wenn wir Probleme haben, brauchen wir nur zu *warten*, damit sie sich lösen.

Rettet uns aber keiner, dann müssen wir dulden: Alles geht schließlich vorüber. Man lehrt Männer, Mißlichkeiten im Hinblick auf ein Ziel zu ertragen, aber Frauen bringt man nur das Ertragen bei. Viele Frauen haben bemerkenswerte Fähigkeiten darin entwickelt, zu akzeptieren, zu tolerieren, sich abzufinden, das Beste aus miesen Umständen zu machen. Dazu braucht man oft Stärke, und es hilft überleben, wenn man so gut wie keine Wahl hat. Wahrscheinlich haben Millionen Menschen deswegen Krieg, Hungersnot und Krankheit überlebt. Aber zu Zeiten der Chancengleichheit oder des sozialen Wandels kann stoisches Ertragen sogar dem aktiven Problemlösen im Wege stehen.

Ein Wertsystem, das die Passivität im Namen der Weiblichkeit glorifiziert, untergräbt unsere positive Einstellung zu Herausforderungen und fördert unsere exzessive Abhängigkeit von anderen.

Widersprüchliche Botschaften. Ein Mädchen aus der Abschlußklasse der High School schickte einmal einen Leserbrief an die Frauenzeitschreift »Ms.«, in dem sie schrieb: »Meine Freundinnen wollen Medizin und Jura und so studieren, aber ich höre immer noch: ›Du mußt dich blöd stellen, um einen Freund zu kriegen‹ und ›Ich kann kein Mathe, weil ich ein Mädchen bin‹.« (Ms. Magazine, Januar 1983)

Das ist der Knackpunkt eines umfangreichen Problems: verwirrende, widersprüchliche Botschaften, die im gleichen Atemzug befehlen und verbieten. Sei schlau, aber nicht zu schlau. Leiste etwas, aber erlaube dir, dich zu entziehen, wenn's ernst wird. Sei ehrgeizig, aber vergiß dabei nie, daß du eine Frau bist. Auf deutsch: Allzuweit sollst du es nicht bringen.

Es gibt eine breite Palette solcher Vorschriften und Verbote. Sei gut in der Schule, aber komm nachher sofort nach Hause, es könnte dir was passieren. Oder: Tu, was du willst, aber geh aufs College, du mußt etwas gelernt haben für den Fall, daß dein Mann früh stirbt. Jede Frau bekommt ihr eigenes einmaliges Sortiment geliefert. Welche Botschaften das sind, wann sie gegeben werden, wie gründlich und wie konsequent – das alles hat Einfluß auf das Endprodukt.

Das Sortiment, das eine dieser Frauen geliefert bekam, bestand aus einer Reihe roter und grüner Ampelsignale: Als sie ein Kind war, war Leistung ihren Eltern wichtig, und sie erlangte Anerkennung, weil sie ausgezeichnet Klavier spielte. Als sie ins Jungmädchenalter kam, wurde das ganz anders. Besonders ihr Vater wollte, daß sie eine Ballschönheit im Country Club werden solle. Er wünschte, daß sie sich so anzöge wie die Kinder seiner reichen Freunde und gesellschaftlich mit ihnen verkehre. Es war nun das Wichtigste, sich den Vorstellungen ihres Vaters von Weiblichkeit anzupassen. Als sie mit dem College fertig war, bekam sie wieder grünes Licht, trieben ihre Eltern sie zu beruflichen Leistungen, indem sie sie bedrängten, Jura zu studieren.

Frauen, die sehr eindringlichen *und* sehr konsequenten Ge- und Verboten ausgesetzt sind, hängen am ehesten fest und sind am ehesten kreuzunglücklich darüber. Meist kommen diese Frauen aus einem Elternhaus, in dem Leistung theoretisch hochgeschätzt wurde, aber im praktischen Alltag wurde ihre bewußte Selbstbestimmung untergraben. Man sagte ihnen einerseits, sie seien begabt, und erwartete von ihnen – oder setzte sie sogar unter Druck –, Erfolg zu haben. Andererseits wurden sie im Alltag dabei entmutigt, die psychologische Unabhängigkeit zu erwerben, die die Voraussetzung solcher Leistungen ist.

Einer außerordentlich begabten Frau sagte man, sie könne absolut alles erreichen. Sie bekam Ski-, Tennis-, Reit- und Malunterricht und lernte Geige spielen. Man sagte ihr immer, sie könne bei allem brillieren, was sie sich nur aussuche. Aber zugleich erlaubte man ihr nie, eine selbständige Entscheidung zu treffen. Andere planten ihr jede wache Minute des Tages vor. Was sie tat, wie sie sich benahm, was sie anzog, was sie aß, wer ihre Freunde waren – ihr ganzes Leben wurde kontrolliert und reglementiert.

Solche Frauen werden in einer Beziehungsfalle (double bind) gefangen. »Werde nur Astronautin, flieg zum Mond – aber geh ja nicht allein ums Karree.« Oft liegt die geforderte Leistung in einer fernen Zukunft – aber die Alltagsrealität besteht aus Einschränkung.

Die Frauen mit den schwersten Störungen kommen oft aus Familien, die die Unabhängigkeit der Töchter aktiv zerstörten. Im selben Atemzug forderten solche Eltern Leistung von den Töchtern, und zugleich verlangten sie von ihnen, abhängig zu bleiben. Eine hochintelligente Frau wurde bedrängt, Naturwissenschaftlerin zu werden, aber man sagte ihr zugleich, sie sei unfähig, ihr Geld zu verwalten. Gelegentlich gingen die Eltern so weit, anzudeuten, ihre Töchter seien so unfähig, für sich selbst zu sorgen, daß sie vielleicht auf den Strich gehen müßten, um sich überhaupt ernähren zu können.

Erfolg bewundern lernen und ihn erreichen wollen – das ist eine Sache. Die Unabhängigkeit und die Einstellungen erlernen, die den Erfolg erst möglich machen, ist eine ganz andere.

Manche Frauen befinden sich in der Zwickmühle, daß sie zwar willens sind, Erfolg zu haben, ihnen aber die Hände gebunden sind: So empfinden sie es jedenfalls selbst.

Eine der Folgen davon, daß man massive doppeldeutige Botschaften bekommt, ist ein Selbstbild voller Widersprüche.

Wenn Sie eine Frau fragen, wie groß sie ist, wären Sie wohl frappiert, wenn sie Ihnen antwortete: Tja... also... an manchen Tagen bin ich groß und an manchen bin ich klein...« Das ist eine Szene aus »Alice im Wunderland«. Trotzdem schätzen einige Frauen, oft die intelligenten und begabten, so ihre Fähigkeiten ein. In der einen Hälfte des Spiegels sehen wir uns als talentiert, fähig, auf dem Weg zum Ruhm. In der anderen sehen wir uns als wirrköpfig, unfähig, zurückgeblieben... Verschiedene Frauen beschreiben dieses Gefühl verschieden. Die eine Frau sagt: »Ich sehe mich gleichzeitig ganz oben und ganz unten.« Die andere sagt: »Ich habe einen starken Glauben an meine Fähigkeiten, aber gleichzeitig mache ich mir Gedanken, ob meine Angst vorm Versagen nicht wohlbegründet ist.« Eine dritte sprach so über ihre Chancen beim Aufbaustudium: »Ich *weiß*, daß ich es kann, aber ich *glaube* es nicht.« Eine solche Ausdrucksweise ist besonders häufig bei Frauen, die festhängen.

Dieses gespaltene Selbstbild fällt möglicherweise weder uns noch anderen ohne weiteres auf. Manche handeln und fühlen wie »Was kostet die Welt?«. Aber bei näherem Hinsehen kann man die negative Hälfte des Selbstbilds in den relativ begrenzten Zielen erkennen, die wir uns setzen, und auch daran, wie schnell aus unserem Selbstbewußtsein die Luft raus ist, wenn wir Schläge einstecken müssen und nicht alles glattgeht.

Andere sind sich ihrer Gefühle des Ungenügens schmerzlich bewußt, aber an ihren Handlungen läßt sich erkennen, daß ihr Selbstbild nicht ganz und gar negativ ist: Trotz Angst und Selbstzweifeln stürzen sie sich in ihr Aufbaustudium und in die Geschäftswelt und erzielen beträchtliche Erfolge. Das könnten sie nicht, wenn die positive Seite ihres Selbstbilds nicht wäre.

Die Folgen

Die Kindheits- und Jugenderfahrungen von Mädchen tragen dazu bei, daß sie dann im Erwachsenenleben Leistungsschwierigkeiten haben. Ihre verhinderte Erfolgsorientierung macht sie verwundbar und damit anfällig für Probleme beim Übernehmen von Verantwortung, beim Engagement, beim Entscheidungstreffen, bei der Langzeitplanung und beim Streßmanagement.

Verantwortung. Frauen, die festhängen, sagen oft von sich selbst, sie hätten Angst, Verantwortung zu übernehmen. Sie wollen vorwärtskommen, trauen aber gleichzeitig ihrer Fähigkeit nicht, auch mehr Verantwortung zu übernehmen. Das wird dann noch dadurch verkompliziert, daß sie sich diese Angst als persönliches Versagen vorwerfen.

Diese Selbstverurteilung ist nicht gerade überraschend. »Verantwortung« ist zum beliebten Schlagwort geworden – es bedeutet alles mögliche, und es hat einen wertenden Unterton: Es ist gut, Verantwortung zu übernehmen, schlecht, keine zu übernehmen, und ein Zeichen von Unreife, wenn man sich der Verantwortung entzieht. Ein anständiger Mensch trägt die Verantwortung für sein Verhalten und sein Leben.

Eine moralische Wertung macht das Problem jedoch nicht deutlicher und bietet keine Lösung an. Wenn wir den Übeltäter erkennen – verhinderte Erfolgsorientierung – haben wir viel mehr davon.

Ohne jedes Werturteil: Wir übernehmen Verantwortung, wenn wir uns selbst und anderen sagen, daß wir handeln und die Folgen unserer Handlungen auf uns nehmen werden. Das heißt, wir müssen fähig sein, uns in der Rolle des Handelnden zu sehen, als *die* bewegende Kraft, die ein bestimmtes Ereignis verursacht. Diese Rolle zu akzeptieren, wenn wir uns nicht zutrauen, die Ereignisse überhaupt zu steuern, ist ein bestürzender Widerspruch in sich selbst. Es ist schlicht absurd, freiwillig Verantwortung zu übernehmen, wenn wir nicht sicher sind, daß wir überhaupt eine Chance haben, das Ergebnis zu beeinflussen.

Engagement. Eine Geschäftsfrau dachte jedesmal, wenn sie Aufträge verlor, daran, ihre etwas kümmerliche PR-Firma zu liquidieren. Jahrelang machte sie ihren Laden weder zu, noch entschloß sie sich bedingungslos, ihn weiterzufühen. Sie konnte und konnte sich nicht entscheiden, und so hing sie zwischen Himmel und Erde und fühlte sich mies dabei.

Manche von uns hängen in der Arbeit fest, weil wir uns weder mit unserem ganzen Sein engagieren noch sie ganz aufgeben können. Wenn unser Schiff auf Grund läuft, verlassen wir es weder, noch gehen wir mit ihm unter: Wir ziehen einen Teil unserer Gefühlsbindungen von der Sache ab und verschwenden Zeit und Energie mit schädlichen Grübeleien. Dieser Teilrückzug trägt nichts zur Problemlösung bei und setzt uns noch zusätzlich unter Streß, was unser bereits geschwächtes Gefühl, die Angelegenheit im Griff zu haben, noch weiter untergräbt.

Entscheidungen treffen. Eine Personalsachbearbeiterin denkt nach, ob sie die Gehälter kürzen oder Leute entlassen soll. Eine Werbetexterin erwägt, ob sie ihre jetzige Stelle aufgeben und selbst eine Werbeagentur aufmachen soll. Jeder will das Richtige wählen. Jedes Jahr werden Zehntausende dafür ausgegeben, aus Büchern und Seminaren das Geheimnis zu lernen, wie man solide Entscheidungen trifft.

Diese Betonung der Technik des Entscheidens ist zwar notwendig und nützlich, geht aber gelegentlich am Problem vorbei. Für Frauen mit chronischen Entscheidungsschwierigkeiten kommt es gar nicht darauf an, daß sie lernen, zwischen Äpfeln und Birnen zu wählen. In Wahrheit ist das Problem viel fundamentaler. Unsere Verwirrung und unsere inneren Konflikte beziehen sich auf die Frage, ob wir *überhaupt* das Recht haben, Entscheidungen zu treffen. Dürfen wir wirklich selbständig denken und danach handeln? Wie es eine Frau ausdrückte: »Ich frage mich dauernd: Wer bin ich, daß ich so wichtige Sachen entscheide?«

Unsere heimlichen Zweifel setzen uns noch mehr unter inneren Druck, nur ja richtig zu entscheiden. Es ist fast, als ob unser Recht, überhaupt etwas zu entscheiden, jedesmal von neuem auf dem Spiel steht. Wenn wir nicht korrekt entscheiden, haben wir selbst das Recht verspielt, Wahlen zu treffen. Männer zerbrechen sich vielleicht über ganz bestimmte Entscheidungen den Kopf – aber bei uns geht es jedesmal um das Recht, überhaupt irgendetwas zu entscheiden.

Solche Überlegungen ergeben sich ganz logisch aus einer verhinderten Erfolgsorientierung. Entscheidend ist der gedankliche Aspekt des Handelns. Oder anders gesagt, Handeln besteht aus einer Reihe von in die Tat umgesetzten Entscheidungen. Insofern die traditionelle weibliche Erziehung den Gehorsam und die Anpassung zugunsten des Handelns betont hat, hat sie auch verhindert, daß wir Geschick und Selbstvertrauen beim Entscheiden entwickeln.

Planen. »Ich habe mir in meinem ganzen Leben nie ein richtiges Ziel gesetzt«, sagt eine Frau. Sie ist nicht die einzige. Sich langfristige Ziele zu setzen, besonders beruflich, ist vielen Frauen fremd. Mit schöner Regelmäßigkeit sagen die Frauen, sie seien zu ihrem Beruf gekommen wie die Jungfrau zum Kind. Nicht nur das: Sie entdecken erst ziemlich spät, daß sie in dem Beruf, den sie nun einmal haben, ja auch Karriere machen könnten. Die Unternehmensberaterinnen Dr. Margaret Hennig und Dr. Anne Jardim (1976) haben weibliche Manager befragt und festgestellt, daß es in der Regel zehn Jahre Berufspraxis brauchte, bis die Frauen sich bewußt und langfristig den Aufstieg zum Ziel setzten.

Das ist alles durchaus verständlich, wenn wir uns überlegen, daß Langzeitplanung in der traditionellen Ordnung nicht geschätzt wurde. Unsere Ziele waren vorbestimmt: Heirat und Kinder. Die Mittel, sie zu erreichen, waren unspezifisch, um es vorsichtig auszudrücken, und sie waren eine Travestie des Planens. Wir konnten eben nur versuchen, liebreizend zu sein, und uns an einer Stelle aufbauen, wo vielleicht der Märchenprinz vorbeikäme.

In der Jugend, als die Jungen anfingen, ernsthaft darüber nachzudenken, wie sie es zu etwas bringen könnten, waren daher viele von uns damit beschäftigt, genau die richtige Lidschattenfarbe zu wählen. Selbst die, die studieren wollten, hatten keine echten Ziele. Sie würden eben Examen machen und sich dann auf den Heiratsmarkt stürzen. Das hat sich zwar sehr geändert, aber viele junge Mädchen sind immer noch eher wischi-waschi und weniger realistisch, was ihre Zukunftspläne betrifft, als ihre männlichen Gegenspieler.

Langfristige Planung muß erlernt und geübt werden. Man kann sie nur erlernen, wenn man einen weiten Horizont hat, Handeln und Leistung hochschätzt und an seine Fähigkeit glaubt, die Zukunft zu meistern und mit den Hindernissen fertigzuwerden, die sich auch den allerschönsten Plänen in den Weg stellen.

Streßmanagement. Eine hochbegabte Frau, die immer weniger geleistet hatte, als sie hätte können, gestand mir: »Ich bin gar nicht *so* furchtbar ängstlich, aber ich bin seit langem gewohnt, die Angst sofort zu vermeiden.«

Wenn man Mädchen erlaubt, sie gar auffordert, sich vor Herausforderungen zu drücken, sie also keine erfolgsorientierte Einstellung erwerben, dann lernen sie, daß Schwierigkeiten und der damit verbundene Streß ein Signal zum Rückzug sind. Oft finden sie, es sei ganz in Ordnung, die Flucht zu ergreifen und angsterregenden Situationen zu entgehen. Anders als die meisten Jungen, die unter Druck gesetzt werden, der Angst ins Gesicht zu sehen und sie zu meistern, dürfen sich die Mädchen erlauben, es ganz normal zu finden, wenn sie sich drücken. Mädchen, die lernen, sich hauptsächlich auf die Vermeidungsstrategie zu verlassen, um mit Streß umzugehen, sind weniger motiviert und haben weniger

Gelegenheit, mit Streß umzugehen und wirksamere Wege zu finden, um mit der Angst fertigzuwerden.

Wenn Handeln angsterregend wird – und das kommt oft vor –, geraten die, die auf Streß mit Vermeidung antworten, in einen Konflikt, der in der Psychologie Appetenz-Aversions-Konflikt heißt. Manchmal drückt sich das in unrationellem Arbeiten oder in Panikreaktionen vor ganz bestimmten Aufgaben aus: Reden vor Publikum, Lernen, Arbeitssuche. Und manchmal drückt sich der Konflikt eben auch in einem generalisierten Gefühl, festzuhängen, aus.

Deswegen brauchen wir nicht aufzugeben: Unsere Fähigkeit zur Erfolgsorientierung mag verkümmert sein, aber sie ist nicht verschwunden. Die meisten sind jedenfalls in manchen Bereichen optimistisch, daß sie Einfluß auf die Ereignisse haben. In bestimmten Lebensbereichen reißen wir uns darum, etwas zu tun, selbstbestimmt zu handeln, und reagieren positiv aufs Gefordertwerden. Vor allem Frauen, die schon etwas geleistet haben, sind in vielen Bereichen erfolgsorientiert.

Wir brauchen nicht bei Null anzufangen. Wir müssen nur das entwickeln, was wir schon haben. Unsere Aufgabe – wenn wir sie annehmen wollen – ist, unsere Erfolgsorientierung auf immer mehr Situationen auszudehnen, bis sie von einer Antwort auf ganz spezifische Situationen zu einer Haltung gegenüber dem Handeln überhaupt wird.

4

Angst vorm Versagen

Versagen! Ein häßliches Wort. Gar nicht gut für unsere Selbstachtung und unser Leben. Keiner will uns. Und doch gehört das Versagen mit zur Leistung. Wenn wir uns vor dem Risiko, zu versagen, damit schützen, daß wir einfach gar nichts riskieren und jeder ernsthaften Herausforderung aus dem Weg gehen, dann schränken wir unsere Leistung ein. Leistung beruht auf der Herausforderung, die auch die Möglichkeit des Scheiterns mitenthält.

Angst vorm Versagen nimmt verschiedene Formen an. Manche sagen, sie hätten Angst, geprüft zu werden. Aber in Wirklichkeit haben sie Angst, gewogen und für zu leicht befunden zu werden – niemand, der erwartet, daß er siegt, hat Angst vor einer Beurteilung. Manche Leute werfen Versagensangst mit der Angst vor Erfolg in einen Topf. Wenn wir den »Erfolg auf Anhieb« fürchten, weil wir Angst haben, man werde uns immer größere Leistungen abfordern, dann ist das in die Zukunft projizierte Versagensangst. Wir glauben, wir schaffen die erste Hürde, aber bei den folgenden Hürden sind wir uns nicht so sicher: Das ist Versagensangst. In anderen Fällen gestehen sich die Menschen ihre Angst nicht ein, erkennen aber doch die Symptome, wenn es ihnen schwerfällt, Verantwortung zu übernehmen, sich zu engagieren, Risiken einzugehen und Entscheidungen zu treffen. Eine Reihe von Ängsten vor der Arbeit gehört mit in diesen Zusammenhang.

Anscheinend erleben Frauen mehr Versagensangst als Männer. In zahlreichen Studien bekamen Kinder Fragebogen zur Angst vor schlechten Klassenarbeiten vorgelegt (Stein/Bailey 1973). Stets hatten die Mädchen mehr Angst vorm Versagen als die Jungen. Man hat das unter anderem so interpretiert, daß dies eher die größere Bereitwilligkeit von Mädchen, sich Ängste einzugestehen, reflektiert als tatsächliche Unterschiede im Grad der Versagensangst. Ich bin trotzdem derselben Auffassung wie die Psychologinnen Aletha Stein und Margaret Bailey, die in einer ausführlichen, die gesamte verfügbare Literatur heranziehenden Studie zu dem Schluß kommen, daß Frauen sich in der Tat mehr vor dem Versagen fürchten als Männer (ebd.).

Auch in einer anderen Richtung wird geforscht: Möglicherweise haben Mädchen mehr Angst zu versagen, weil man ihnen weniger Angstbewältigungstechniken beibringt. In einer Studie, die Kinder von der Kindheit bis ins Erwachsenenleben begleitete, stellten die Psychologen fest, daß Mädchen, die als Kinder ängstlich waren, es auch als Erwachsene bleiben. Aber ein ängstlicher Junge ist nicht notwendigerweise auch als Erwachsener ängstlich (Kagan/Moss 1962).

Diese Ergebnisse legen den Schluß nahe, daß Jungen im Verlauf der Kindheit eher Erlebnisse haben, die ihre Versagensangst dämpfen. Die Erlebnisse, die es den Jungen gestatten, mit ihrer Versagensangst fertigzuwerden, sind genau die, bei denen sie angemessenes Verhalten dem Versagen gegenüber lernen.

Was tun, wenn wir versagt haben?

Obwohl niemand scharf aufs Versagen ist, überleben es manche Leute besser als andere. Die Überlebenden gehen eher erfolgsorientiert mit dem Versagen um: sie betrachten es als Teil eines Lernprozesses, bei dem sie es eben beim nächsten Mal besser machen können. *Wer auf Versagen hilflos reagiert, läßt sich eher davon fertigmachen und hat daher mehr Angst davor.*

Bei Durchsicht der vorhandenen Forschungsergebnisse stellten die Psychologinnen Carol Dweck und Carol Licht (1980) fest, daß Mädchen zunächst hilfloser gegenüber dem Versagen waren und sich dann auch nicht so leicht davon erholten. Es schien, daß

Mädchen die Folgen des Versagens, z.B. geringere Erwartungen an sich selbst, eher auf andere Situationen übertrugen. Selbst unter veränderten Bedingungen, die sie hätten optimistisch stimmen sollen, stiegen die Erwartungen der Mädchen nicht wieder auf die ursprüngliche Höhe. Einmal auf die Nase gefallen, fiel es den Mädchen schwer, es noch einmal zu versuchen. Und sogar wenn die Mädchen sich zuversichtlich darüber äußerten, was sie in Zukunft leisten würden, war diese Zuversicht fragil und leicht zu zerstören. Sichtlich hatten die Mädchen nicht gelernt, ihr Versagen locker zu akzeptieren.

Wir lernen, unser Versagen konstruktiv zu betrachten, indem wir etwas tun und indem wir Erfolgsorientierung erwerben. Am Beispiel einer Selbstverteidigungsgruppe für Frauen: In der ersten Stunde geht der männliche Ausbilder herum und zieht ab und zu einer Frau den Stuhl unter dem Hintern weg. Nicht gerade graziös und schon gar nicht begeistert landet sie auf dem Boden. Um was zu lernen? Daß es nichts macht, wenn man runterfällt. Man nimmt sich zusammen und steht wieder auf. Mit dem Versagen ist es ganz genauso: Deswegen ist es noch lange nicht aus mit einem. Man hat nur in einem lebenslangen Spiel eine Runde verloren.

Wenn wir aufs Versagen nicht reagieren können, so deswegen, weil wir nicht gelernt haben, verständig übers Versagen zu denken. Das fängt damit an, daß wir als Kleinkinder gelernt haben, Versagen sei, wenn man etwas falsch macht. Wenn ich etwas falsch mache, bin ich böse. Ergo ist Versagen gleich Bösesein. Ich brauche wohl nicht zu sagen, daß Bösesein für kleine Mädchen, die immer die lieben Zuckerpuppen spielen sollen, besonders gefährlich ist. Es gefährdet die Billigung, die wir von den Erwachsenen bekommen, und unseren Status als brave Mädchen. Und so scheint uns schon der Gedanke ans Versagen unerträglich, und wir haben furchtbare Angst davor.

Auch kleine Jungen setzen Versagen mit Ungezogensein gleich. Aber aufgrund der Unterschiede in der geschlechtsspezifischen Erziehung fällt es den Jungen leichter, diese Auffassung zu überwinden und eine flexiblere Auffassung vom Versagen zu erwerben.

Die Jungen lernen es, Herausforderungen zu schätzen, und sie lernen auch den Kampfesmut, der dazugehört und der in der patriarchalischen Gesellschaft verklärt wird. Deswegen haben Abenteuerfilme so oft mehrere Fortsetzungen. Solche Rollenvorbilder werden den heranwachsenden Jungen angeboten, und man setzt sie unter Druck, sich anzustrengen und bis an die Grenzen des Möglichen ihre Kräfte zu erproben. Sie entwickeln den Wunsch, neue Herausforderungen zu suchen und zu meistern. Das treibt sie an, den Mount Everest ohne Sauerstoff zu besteigen oder allein in einem winzigen Boot um die Welt zu segeln.

Eine solche Bewußtseinslage setzt die Erfolgsorientierung mit ihrer konstruktiven Einstellung zum Versagen voraus. Da man bei einer Herausforderung schon definitionsgemäß nicht wissen kann, was dabei herauskommt, und da partielles Versagen unvermeidlich ist, muß man Versagen als einen zeitlich begrenzten Rückschlag betrachten, aus dem man etwas lernen kann. Es wird zum Stichwort, es anders zu versuchen, nicht zum Rückzugssignal. Wenn wir trotz Rückschläge weitermachen, lernen wir schließlich, durchzuhalten, bis wir endlich Erfolg haben. Das wiederum verstärkt unsere optimistische Haltung gegenüber dem Versagen.

Ein männliches Wesen lernt das höchst eindringlich durch Prügeleien und Sport. Auf unbebauten Grundstücken und an Straßenecken lernen die Jungen, daß man sich wieder fangen muß. Manchmal siegt man und manchmal nicht. Ob sie wollen oder nicht –, besiegt werden gehört mit zum Spiel. Jungen müssen das lernen. Ihre Selbstachtung und ihr soziales Überleben hängen davon ab.

Die Jungen lernen das allzu gründlich –, aber die Mädchen zu wenig. Mit Puppen spielen und Schals häkeln lehren uns nicht, elegant auf dem Hintern zu landen und schwungvoll und energisch wieder aufzustehen. Wie wir schon gesehen haben, schirmt uns der traditionelle weibliche Lebensstil gegen das Versagen ab. Wenn es ernst wird, haben wir ein Attest – erst schreiben das andere für uns, und dann schreiben wir es uns selbst. Wenn uns die Abstraktionen in der Mathematik und die komplizierten Zusammenhänge in der Naturwissenschaft einschüchtern, lassen wir es eben, das macht gar nichts. Man erwartet ja sowieso nicht von uns, daß wir analytisch denken können. Wie es eine gescheite Frau, deren Leistungen weit unter ihren Möglichkeiten lagen, formulierte: »Ich habe keine Fächer gewählt, bei denen ich nicht sicher war, gut abzuschneiden, wie Naturwissenschaften. Man ließ es mir durchgehen. Niemand hat mir gesagt, es ginge auch anders.« Sie riskierte wenig und versagte selten – jedenfalls kurzfristig. Aber sie hat, wie viele andere, nicht gelernt, daß man vorm Versagen keine Angst zu haben braucht. Nicht nur überleben wir das, wir können daraus lernen und daran wachsen.

Die hilflose Reaktion

Man könnte sagen, daß die Angst vorm Scheitern diejenige Angst ist, die durch die Möglichkeit des Versagens und gleichzeitig die Erwartung, man werde hilflos reagieren, ausgelöst wird. Obwohl wir über Hilflosigkeit schon gesprochen haben, ist die hilflose Reaktion aufs Versagen so wichtig, daß wir sie uns noch einmal im Detail ansehen sollten.

Dweck und Licht (1980) haben über die Forschungsergebnisse gearbeitet, die die hilflose Reaktion aufs Versagen mit der erfolgsorientierten verglichen. Obwohl diese Experimente mit Schulkindern gemacht wurden, sind die Denkmuster der hilflosen Kinder denen von blockierten Erwachsenen sehr ähnlich. Außerdem ist der Vergleich zwischen der hilflosen und der erfolgsorientierten Reaktion als praktischer Führer – mit Anweisungen – hilfreich.

In diesen Studien wurden den Kindern Denkaufgaben gestellt, für die man Unterscheidungsvermögen und Logik brauchte, ähnlich wie bei Intelligenztests. Zu Beginn der Studie konnten alle Kinder gleich viel. Ihre Testleistung ähnelte sich in bezug auf ihr Tempo, ihre Sorgfalt und den Grad der Differenziertheit, mit der sie Probleme lösten. Aber sobald sie versagten, schieden sich die Wege. Wenn es schwierig wurde, leisteten manche Kinder mehr, andere aber weniger. Manche waren so fertig vom Versagen, daß sie *dieselben* Aufgaben, die sie Minuten vorher richtig erledigt hatten, nun nicht mehr lösen konnten.

Was die Kinder voneinander unterschied, war ihre Einstellung zum Versagen. Um mehr darüber zu erfahren, baten die Untersucher der Kinder, laut zu denken, während sie die Aufgaben bearbeiteten (Diener/Dweck 1978). Die Studie war so angelegt, daß jedes Kind anfänglich Erfolge haben und später versagen würde. Die Ergebnisse waren faszinierend. Während der Erfolgsphase ähnelten sich die Gedanken aller Kinder. Aber wenn das Versagen begann, stellten sich deutliche Unterschiede in den Denkmustern der hilflosen und der erfolgsorientierten Kinder heraus.

Wenn es klar wurde, daß sie etwas falsch machten, bezeichneten die hilflosen Kinder ihre Fehler früher als Versagen als die erfolgsorientierten Kinder. Obwohl die erfolgsorientierten Kinder ihre Fehler zugaben, betrachteten sie ihre Fehler als momentanes Mißgeschick, das man bald ausbügeln könne.

Die hilflosen Kinder bezeichneten ihre Fehler nicht nur voreilig als Versagen, sie gingen noch einen Schritt weiter. Sie versuchten ihre Fehler zu rechtfertigen. Sie schrieben ihr Versagen ihrer Unfähigkeit zu – »Ich hatte noch nie ein gutes Gedächtnis« (ebd.) oder sie machten einen Verlust ihrer Fähigkeiten dafür verantwortlich, zum Beispiel, daß sie so durcheinander seien. Statt zu versuchen, ihre Fehler zu verbessern, dachten die hilflosen Kinder nur noch daran, *daß* sie Fehler gemacht hatten, und dachten sich Entschuldigungen dafür aus. Und ihre Erklärungen dafür besiegelten ihr Geschick: sie konnten nichts dafür, daß sie unfähig waren, und sie konnten nichts dagegen tun.

Die erfolgsorientierten Kinder dagegen verschwendeten keine Zeit damit, sich den Kopf darüber zu zerbrechen, warum sie die Fehler gemacht hatten. Sie versuchten nicht, sich zu rechtfertigen wegen ihres Versagens, denn sie sahen Fehler nicht als Versagen. Sie widmeten ihre Zeit und ihre Energie der Aufgabe herauszufinden, wie sie die Fehler korrigieren konnten.

Als die hilflosen Kinder anfingen, Fehler zu machen, entwikkelten sie negative Gefühle gegen die Aufgaben und wollten nicht mehr daran arbeiten. Sie sagten zum Beispiel: »Das macht keinen Spaß mehr.« (Ebd.) Sie fingen an, ihre Aufmerksamkeit von den Aufgaben abzuziehen. Sie fingen an, über Dinge zu reden, die nichts mit den Aufgaben zu tun hatten. Eins der hilflosen Kinder sagte: »Dieses Wochenende ist eine Talentshow, und ich spiele Shirley Temple.« (Ebd.)

In ausgeprägtem Gegensatz dazu nahmen die erfolgsorientierten Kinder ihre Fehler wahr und dachten gleich positiver über die Aufgaben. Sie drückten Vergnügen aus, daß sie gefordert würden. Sie behielten ihren Optimismus, daß man die Fehler korrigieren könne und daß sie es schließlich doch schaffen würden. Die erfolgsorientierten Kinder engagierten sich nicht weniger, sondern mehr. Sie hielten ein laufendes Selbstgespräch über die besten Lösungsmöglichkeiten aufrecht. Sie gaben sich Anweisungen und munterten sich auf. Sie sagten: »Nun mal hübsch langsam, damit ich das rauskriege« und »Je schwerer es wird, desto mehr muß ich mich anstrengen.« (Ebd.)

Während die hilflosen Kinder auf ihrer momentanen Erfolglosigkeit herumritten und aufgeben wollten, konzentrierten sich die anderen Kinder auf den zukünftigen Erfolg und wollten sich mehr Mühe geben. Erst als ihnen überhaupt nichts mehr einfiel, bezeichneten die erfolgsorientierten Kinder ihre Fehler als Versagen, das man rechtfertigen müsse. Aber selbst dann dachten sie anders. Die erfolgsorientierten Kinder schrieben das Versagen ihrer eigenen ungenügenden Anstrengung zu. Sie entwerteten ihre Fähigkeiten nicht, sie stellten ganz einfach fest, daß sie sich nicht genug Mühe gegeben hatten.

Noch spannender war, daß die hilflosen Kinder nach der Erfahrung des Versagens dieses Versagen gewaltig übertrieben. Wenn man sie fragte, überschätzten sie die Anzahl der Aufgaben, die sie nicht gelöst hatten. Das Versagen schien ihre vorhergegangenen Erfolge völlig auszulöschen –, sie schienen sie vergessen zu haben oder für unwichtig zu halten. Sie benutzten ihre vorhergegangenen Erfolge nicht dazu, zukünftige vorherzusagen. Wenn man sie fragte, ob sie die vorigen Erfolge wiederholen könnten, glaubten nur 65 % der hilflosen Kinder, das könnten sie.

Alle erfolgsorientierten Kinder glaubten, ihre früheren Erfolge ließen sich wiederholen. Im Gegensatz zu den hilflosen Kindern blieben sie trotz des Versagens optimistisch.

Im Alltag kommt die hilflose Reaktion auf Fehler recht oft vor. Sehen Sie sich einmal die Reaktion Julies an. Sie war Sekretärin, fünfundzwanzig Jahre alt und arbeitete bei einer Gruppe von holistisch (ganzheitsmedizinisch) orientierten Ärzten. Obwohl sie gern mit Menschen arbeitete und die geistigen Anregungen in der medizinischen Atmosphäre genoß, fühlte sie sich durch ihre Sekretärinnenrolle zu eingeschränkt. Sie war so angetan von der Ganzheitsmethode, daß sie sich für ein Aufbaustudium als Ernährungswissenschaftlerin bewarb. Um besser mitzukommen, begann sie einen Physiologiekurs. Der Kurs war schwierig und forderte ihr weit mehr ab als alle Seminare, die sie vor dem Diplom gemacht hatte.

Aber das eigentliche Problem war, daß Julie auf Schwierigkeiten hilflos reagierte. Wenn sie in dem Kurs etwas nicht verstand, hörte sie einfach nicht mehr hin. Sie träumte. Sie fing an, sich zu fragen, ob sie unbegabt für die Naturwissenschaften sei. Meist dachte sie, daß man dafür entweder einen Kopf hat oder nicht. Und wenn sie unbegabt war? Und wenn man sie nicht für das Aufbaustudium zuließ? Und ihre Zukunft? War es ihr Schicksal zu versagen? Sie war dabei, in vollem Lauf zu flüchten.

Wie die hilflosen Kinder begann Julie sich mit Unwichtigem zu befassen. Sie konzentrierte sich auf ihre angebliche Unfähigkeit und verlor sich in wilden Katastrophenphantasien. Sie machte sich unnötig unglücklich, indem sie ihre Fähigkeiten herunterspielte und Panik bekam, wenn sie an ihre künftigen Leistungen dachte. Aber damit nicht genug. Weil sie nicht mehr zuhörte, nahm sie keine weiteren Informationen mehr auf. Als sie sich keine Notizen mehr machte, schränkte sie ihre Fähigkeit, in Zukunft mitzukommen, noch weiter ein. Weil sie hilflos reagierte, verdichtete sich ihr psychisches Elend zu handfesten äußeren Problemen.

Wäre Julie erfolgsorientierter gewesen, dann hätte sie vielleicht ganz anders reagiert. Sie hätte sich eine Notiz machen können, daß bestimmte Probleme weiterverfolgt werden müßten. Zum angemessenen Zeitpunkt hätte sie den Lektor etwas fragen können. Oder sie hätte weiter zuhören und mitschreiben können und versuchen, den Faden wiederzufinden. Hätte sie das getan, dann hätte sie bessere Aussichten gehabt, den Stoff doch noch zu lernen, und sich viel weniger mies gefühlt.

Für die, die wie Julie zur Hilflosigkeit neigen, werden Fehler, Irrtümer, Tohuwabohu, verwickelte Situationen und Schwierigkeiten alle miteinander zu Stopzeichen. Im Gegensatz dazu sind sie für einen leistungsorientierten Menschen Signale, es anders zu versuchen. Sie sind Aufforderungen, mehr aufzupassen, mehr und gescheiter zu arbeiten. Dieselben Signale – und ganz andere Reaktionen.

Manche machen es noch schlimmer. Sie geben sich noch extra einen Tritt und werden böse auf sich, wenn sie etwas falsch machen. Sie nennen sich dumm, unfähig und bescheuert. Und mit ein paar bösen Worten hört es noch lange nicht auf. Sie brüten stundenlang, manchmal tage- und wochenlang, über ihren Fehlern. Für sie werden Irrtümer zu Signalen, es nicht einmal mehr zu versuchen und sich statt dessen selbst eine Tracht Prügel zu verabreichen.

Vom Regen in die Traufe

Versagensangst zusammen mit bestimmten anderen Verhaltensmustern kann eine besonders intensive und verstörende Angst ergeben. Bei Leuten, die blockiert sind, machen folgende Elemente aus gewöhnlichen Kopfschmerzen einen Migräneanfall: 1. Ein gespaltenes Selbstbild, 2. Nur an die Zustimmung anderer denken, 3. Alles-oder-Nichts-Denken.

Das gespaltene Selbstbild

Wir kennen wohl alle die Studentin, die sich ganz verrückt macht, was sie wohl für eine Note bekommt, und dann eine Eins hat.

Wenn wir das innere Bild unserer Fähigkeiten nicht gut integriert haben, kann Verwirrung die Folge sein, weil das gespaltene Selbstbild zugleich hohe und niedrige Erwartungen produziert. Während das positive Selbstbild uns erhabene Bilder von ungewöhnlichen Leistungen liefert, kehren wir beim negativen die Straße. Das macht es schwierig, Ergebnisse vorauszusagen. Wir hoffen das Beste, fürchten aber das Schlimmste und haben zum Schluß überhaupt keine klaren Erwartungen mehr. Daß wir dann gar nichts mehr prognostizieren können, macht uns sehr viel ängstlicher, denn wir können uns nicht realistisch auf ein bestimmtes Resultat vorbereiten.

In gewisser Weise ist diese Angst ein Ausdruck der Unsicherheit in einer Situation, deren Ausgang wir wirklich nicht voraussagen können. Aber im weiteren Sinne ist die Angst die Folge einer ständigen Schlacht zwischen positiven und negativen Vorstellungen von unseren Fähigkeiten. Jedesmal, wenn wir mit der Möglichkeit konfrontiert sind, zu versagen, haben wir Angst, daß das negative Bild bestätigt werden wird. Die Angst hat den Zweck, das positive Selbstbild vor Überraschungsangriffen zu schützen. Das gelingt auch, aber der Preis ist hoch.

Beifall

Manche sind übertrieben damit beschäftigt, den Beifall anderer zu erlangen. Wir brauchen dann – mehr als andere – ein Publikum. Es besteht meist aus wirklichen Menschen in unserer Umgebung, der Familie, den Freunden, und einer Phantasie, die wir uns aus all denen zusammensetzen, die unser Leistungsstreben geprägt haben.

Es geht uns nur noch darum, anderen zu gefallen, weil wir so abhängig von positivem Feedback sind. Streicheleinheiten sind wichtig – nicht nur, weil sie guttun, sondern weil sie uns bestätigen, daß wir etwas können. Sie beruhigen uns, daß wir tatsächlich fähig sind, und widersprechen unseren negativen inneren Stimmen. Wie es eine Frau ausdrückte: »Ich will, daß die anderen denken, daß ich gescheit und tüchtig bin. Wenn sie es denken, ist es wahr. Ich will, daß es wahr ist.« Diese Frau weigert sich, auch ohne Beifall an sich zu glauben.

Wir machen uns auch Gedanken über mögliche negative Reaktionen von anderen. Schon der Gedanke an Pfiffe und Buhrufe macht uns ganz krank. Wir bilden uns ein, daß es fürchterliche Folgen hat, wenn uns das Publikum seine Gunst nicht schenkt. Es gibt einige weitverbreitete Phantasien darüber, was passieren wird, wenn die Vorstellung dem Publikum nicht gefällt. Eine davon ist, daß wir verlassen werden. Das Publikum wird in der Pause weggehen und nie wiederkommen –, und wir sind dann ganz allein und ungeliebt. Eine weitere ist, daß wir gedemütigt werden. Eine Frau phantasierte, daß alle, die sie kannte, einen Kreis um sie bilden, mit Fingern auf sie zeigen und sie auslachen würden. Jeder wird merken, daß der Kaiser keine Kleider anhat. Vor der ganzen Welt werden wir in unserer Unfähigkeit bloßgestellt.

Diese Inszenierung hat einen schweren Nachteil. Sie tut uns nicht nur weh, sie hat nichts mit dem Problem zu tun. Wir verschwenden Zeit und Energie damit, ins Leere zu starren, statt uns auf die wenig glorreichen Arbeitsschritte zu konzentrieren, die getan werden müssen. Sich auf diese Art um den Beifall Gedanken zu machen, ist unproduktiv und hindert uns am Handeln.

In Notfällen, wenn wir mit dem Mut der Verzweiflung handeln, vergessen wir das Publikum. Wenn das Haus brennt, kümmern wir uns nicht mehr darum, was die Nachbarn denken, wir konzentrieren uns aufs Löschen. Viel Bummelei erklärt sich durch eine solche Krisenreaktion. Wenn wir bis zur letzten Minute warten, schaffen wir eine so dringliche Situation, daß wir uns selbst ein Feuer unter dem Hintern anzünden. Wir drängen uns in eine Ecke, wo wir das Publikum ignorieren und uns auf die Aufgabe konzentrieren müssen. Es funktioniert, aber es ist stressig und hilft uns nicht, mit dem Publikum klarzukommen.

Alles-oder-Nichts-Denken

Wenn wir uns und unsere Erfahrungen durch die Alles-Oder-Nichts-Brille betrachten, sehen wir alles als total gut oder total schlecht. Die Grautöne dazwischen sehen wir nicht. Hier sind Beispiele für Alles-oder-Nichts-Denken, die in vollem Ernst von

Frauen geliefert wurden, die begabt und normalerweise intelligent waren: »Entweder Erfolg auf der ganzen Linie, oder ich habe versagt. Dazwischen gibt es nichts.« Eine andere erklärte: »Wenn man schlau sein will, muß man alles wissen.« Eine dritte sagte: »Ich habe Angst zu verhungern, wenn ich weniger als $ 25 000 im Jahr verdiene.«

Stellen Sie sich vor, Sie gäben sich ein Zeugnis und würden nur eine Eins mit Sternchen als »bestanden« werten und jede Note darunter als »durchgefallen«. Das klingt unvernünftig, aber es ist genau das, was beim Alles-oder-Nichts-Denken herauskommt. Es funktioniert als Auslesesystem, in dem die Anforderungen so hoch sind, daß es extrem schwierig ist, zu bestehen.

Mit Hilfe des Alles-oder-Nichts-Denkens machen wir aus einer Mücke einen Elefanten. Wenn wir uns mit der Absicht hinsetzen, das allerbeste Referat zu schreiben, sind wir eingeschüchterter, als wenn wir nur ein annehmbares schreiben wollen. Wenn unser Verstand nicht wahrnimmt, daß eine mäßig gute Note immer noch »bestanden« ist, nehmen wir automatisch und unkritisch an, wir müßten eine glanzvolle Arbeit abliefern. Weil wir den Begriff »Erfolg« so eng fassen und den Begriff »Versagen« so weit, haben wir uns selber Hindernisse geschaffen und die Risiken, die wir wahrnehmen, erhöht. Zusammen mit einer Leistungsmotivation weckt dieses Arrangement starke Versagensängste.

Folgen

Versagensangst kann sich massiv aufs Handeln und Leisten auswirken. Wer starke Versagensängste hat, tut oft sonstwas, um der Erfahrung des Scheiterns zu entgehen. Das erreicht man mit zwei Strategien: übermäßigem Ehrgeiz und Vermeidung. Manche wenden nur eine Strategie an, und manche, je nach Zeitpunkt, alle beide.

Manche versuchen die Erfahrung des Scheiterns mit einer gigantischen Anstrengung, Erfolg zu haben, zu vermeiden. Wir setzen uns extrem hohe Maßstäbe und arbeiten unermüdlich, um ihnen gerecht zu werden. Objektiv wird diese pausenlose Anstrengung oft mit wirklichem Erfolg belohnt. Aber wir bezahlen einen hohen Preis dafür: wir müssen übermäßig viel arbeiten und stehen unter Streß. Womöglich verbaut uns das irgendwann einmal den Weg zu noch größerem Erfolg.

Lynn ist übermäßig ehrgeizig. Obwohl sie eine erfolgreiche Anwältin ist, macht ihre Arbeit ihr keinen Spaß. Sie arbeitet doppelt soviel wie alle anderen. Sie erwartet von sich, die Beste zu sein, und zerreißt sich fast, um dieser Erwartung gerecht zu werden. Sie macht sich damit verrückt, lächerlich geringe Fristen einzuhalten, und erlaubt sich nicht, in gemütlichem Tempo zu arbeiten, denn das hält sie für mangelnde Leistungsfähigkeit. Sie hat Angst, sie würde nichts taugen, wenn sie manches nicht so eng sähe. Andererseits braucht sie für alles länger, weil sie so zwanghaft ist. Noch schlimmer, sie weiß nicht, wann man aufhören muß, und arbeitet noch über den Punkt hinaus weiter, an dem nicht mehr viel dabei herauskommt. Sie hat Angst, wenn sie zu früh aufhörte, würde sie versagen.

Lynns übermäßiger Ehrgeiz beeinflußt auch ihre Beziehungen, nicht nur ihre Arbeit. Im Büro fühlt sie sich einsam. Weil sie überzeugt ist, daß soziale Beziehungen leistungsmindernd sind, plaudert sie nicht mit Kolleginnen. Nicht nur sie selbst will keine kostbare Zeit mit Tratsch verschwenden, sie ärgert sich auch, wenn andere das tun. Sie betrachtet es als ungerecht, daß die anderen nicht so viel arbeiten wie sie. Und weil ihr Gehalt ihren übermenschlichen Anstrengungen nicht entspricht, fühlt sie sich ausgebeutet. Es liegt auf der Hand, daß Lynn einen zu hohen Preis für den Erfolg bezahlt.

Wenn übermäßiger Ehrgeiz uns zum Handeln treibt, so hindert uns das Vermeidungsverhalten am Handeln. Schlagen ehrgeizige Menschen, die gleichzeitig Angst vorm Versagen haben, diesen Weg ein, fühlen sie sich schließlich unweigerlich elend und blockiert.

Vordergründig betrachtet, ist Vermeidung sinnlos. Da es vorauszusehen ist, daß sie zum Scheitern beiträgt, warum ist sie dann eine so beliebte Strategie, mit der Versagensangst umzugehen?

Was sie so verführerisch macht, ist die Tatsache, daß sie uns gestattet, unser positives Selbstbild aufrechtzuerhalten, indem sie tatsächliche Leistungen als Indikator für unsere Fähigkeiten entwertet. Wir können auf verschiedenem Niveau etwas leisten, ohne je bis an die Grenzen unserer Leistungsfähigkeit zu gehen. Dem können wir mit diesem Trick auf unbestimmte Zeit ausweichen und müssen uns unseren ehrgeizigsten Träumen nicht stellen.

Es gibt etliche uralte Vermeidungstechniken: 1. Nichtstun, 2. Sichergehen, 3. begrenztes Engagement und 4. nichts zu Ende bringen.

Der einfachste Weg zu vermeiden, daß wir uns der Möglichkeit des Versagens stellen, ist, gar nichts zu versuchen. Nichtstun mindert den Risikofaktor auf Null: wir schicken dem Agenten kein Band mit unserer Gesangsaufnahme, wir machen von uns aus keine Vorschläge, wir bewerben uns um kein Stipendium. Das Problem bei diesem Verfahren ist, daß wir zwar nicht scheitern, aber auch keinen Erfolg haben können.

Eine raffiniertere Art, das Scheitern zu vermeiden, ist, jeder Herausforderung aus dem Weg zu gehen. Wir können auf Nummer Sicher gehen, indem wir neuen Erfahrungen ausweichen und beim Altbewährten bleiben. Oder wir können uns nur Dinge vornehmen, die weit unter unseren Fähigkeiten liegen, und uns Ziele setzen, mit denen wir garantiert Erfolg haben. Uns Professoren suchen, die durch die Finger sehen, Examen im leichtesten Fach machen, einen anspruchslosen Beruf ergreifen –, das sind die Klassiker in der Kunst, zu vermeiden, daß wir gefordert werden.

Beim begrenzten Engagement wählen wir angemessene Ziele (nichts, was peinlich einfach oder offenkundig unerreichbar ist), aber wir sind nicht recht dabei. Wir investieren nicht genug Zeit, Energie oder Geld in die Aufgabe. Das mag den Erfolg untergraben, aber wir haben dann schöne Ausreden. Eine Frau, die in ihrem potentiell gesunden Unternehmen nicht recht die Kurve kriegte, beschrieb sich so: »Ich gehöre zu den Leuten, die aus Angst vorm Versagen nicht für die Prüfung lernen. Wenn ich durchfalle, kann ich mir sagen, ich habe es ja auch gar nicht richtig versucht.«

Eine andere Frau beschrieb eine subtilere Methode, sich zu bremsen. Nachdem sie für die Schulaufsichtsbehörde kandidiert hatte, sagte sie über sich: »Bei der Kampagne habe ich dasselbe gemacht wie früher bei den Schulnoten. Ich habe sehr schwer gearbeitet, und dann habe ich in letzter Minute schlappgemacht. Ich habe es nie geschafft, *alles* zu tun, was ich hätte tun müssen. Ich hatte nie das Gefühl, ich sei richtig vorbereitet.« Wenn wir nicht recht vorbereitet sind, können wir uns leicht sagen, daß unsere schlechten Leistungen keinen Schluß auf unsere Fähigkeiten erlauben.

Ein weiteres beliebtes Verfahren, uns nur begrenzt zu engagieren, ist das Bummeln. Weil wir Angst haben, zu versagen, schieben wir alles bis zur letzten Minute auf. Das war Julies Strategie, um mit der Physiologie klarzukommen: »Physiologie schüchterte mich ein, und ich hatte Angst vor der Prüfung. Also drückte ich mich vorm Lernen. Ich fing erst in letzter Minute an. Ich hatte mir zwar vorgenommen, früher mit dem Lernen anzufangen, aber statt dessen guckte ich Fernsehen.« Das tun viele. Wir gucken Fernsehen, gehen Pizza essen, waschen uns die Haare. Fast alles ist uns recht, um nicht in den sauren Apfel beißen und arbeiten zu müssen. Mit Gottes Hilfe können wir es in allerletzter Minute schaffen. Hilft Gott nicht, haben wir eine Standardausrede. Das war kein Maßstab für das, was wir könnten, denn wir haben es nur halbherzig versucht: zu wenig und zu spät.

Die letzte, aber nicht die unwichtigste Art, uns vor Versagensgefühlen zu drücken, ist, nichts zu Ende zu bringen. Manche driften von ihren Projekten weg – irgendwie verlieren sie das Interesse. Manche hören bewußt auf. Eine künstlerisch begabte Frau vollendete nie ein Bild. Wenn ihr die Arbeit gefiel, hörte sie auf, weil sie Angst hatte, sie zu ruinieren. Sie skizzierte lieber, denn, sagte sie, »eine Skizze ist nie fertig«. Es überrascht nicht, daß sie schließlich die Malerei aufsteckte.

Ein unfertiges Produkt bekommt die Note »unvollständig«. Es ist keine Sechs, es ist keine Eins. Unvollendetes wird nicht bewertet. Man muß sein Urteil darüber suspendieren. Niemand weiß so recht, wie es ausgefallen wäre, wenn es fertig geworden wäre. So hat man das subjektive Gefühl des Versagens vermieden, weil man sich dem Publikum nicht gestellt hat. Keine Pfiffe, kein Zischen, keine Buhrufe. Zwar gibt es auch keine Rosen, aber jedenfalls sind wir noch einmal davongekommen.

Selbst wenn wir für die Unvollendete schließlich eine Sechs bekommen, weil sie nie fertig wird, ist unsere Leistungsfähigkeit nicht geprüft worden. Wir sind nicht an die Grenzen dessen gegangen, was wir können, und die positive Hälfte unseres Selbstbilds bleibt unbefleckt: Es läuft darauf hinaus, daß es nicht als Scheitern zählt, wenn es bloß nicht fertig ist.

Wie wir es auch drehen und wenden – starke Versagensangst kann der Leistung im Wege stehen und sie blockieren. Wenn sie uns im Griff hat, fühlen wir uns mies und sitzen fest. Wenn sie uns nicht mehr fesselt, können wir von unseren Talenten und unseren Ressourcen erst voll Gebrauch machen.

5

Selbstbehauptung

Unser Geschick, und erst recht das, was wir tun und wie wir es tun, hängt oft davon ab, wie wir mit anderen auskommen. Unsere Beziehungen zu andern können fördernd und zerstörend wirken. Am offenkundigsten ist das z.B. bei Verkäufern, bei denen Kontaktfreudigkeit oberstes Gebot ist. Aber selbst wo es nicht darum geht, möglichst geschickt ein Gespräch einzuleiten und zu steuern, kann es entscheidend sein, ob wir andere beeinflussen können.

Selbstbehauptung ist der Schlüssel zu funktionierenden Beziehungen: wir müssen in Wort und Tat unseren Rechten, Gedanken, Gefühlen, Wünschen und Fähigkeiten positiven Ausdruck verleihen. Anders gesagt, wir müssen uns positiv darstellen, und wir müssen uns schützen. Wenn wir geschickt bei der Selbstbehauptung sind, wird das Handeln leichter, und andererseits sind wir viel eher blockiert, wenn wir Schwierigkeiten mit der Selbstbehauptung haben.

Durchsetzungsprobleme

Ein Vorfall, der sich irgendwann in meinem Studium ereignete, hat mich sehr beeindruckt. Ich sprach ein Forschungsprojekt mit einem Professor durch, und weil wir eine Information von einer Frau aus dem Fachbereich brauchten, gingen wir beide zu ihrem Büro. Die Tür war geschlossen, und ich klopfte zart und vorsichtig. Obwohl das schon viele Jahre her ist, sehe ich die Szene wie heute vor mir und höre die Worte des Professors: »So klopft man nicht an eine Tür. Keiner nimmt so ein Klopfen ernst.« Dann ging er hin und trommelte heftig gegen die Tür.

Selbstbewußtes Verhalten hat schon immer zur männlichen Domäne gehört. Wir sind nicht dazu erzogen worden, den Mund aufzumachen, uns selber zu loben und uns zu verteidigen: wir sollten willig und bescheiden sein, besonders im Umgang mit Männern. Jetzt, da sich die Spielregeln geändert haben, haben viele Frauen Probleme mit der Selbstbehauptung, und das steht ihrer Leistungsfähigkeit im Wege.

Die Bereiche, die den meisten Frauen Schwierigkeiten machen, sind folgende: 1. Sich positiv darstellen, 2. sich in Gruppen einbringen, 3. Bitten und Fordern, 4. Neinsagen, 5. die Konfrontation riskieren und 6. Autorität ausüben.

Sich positiv darstellen. Eine Managerin in der Krankenkassenselbstverwaltung wollte in die Privatindustrie. Weil sie besonders am Kreditgeschäft interessiert war, arrangierte sie – um mehrere Ecken – ein Essen mit einem Börsen-Trendanalytiker, um mehr über diesen Beruf zu erfahren. Zunächst hatte sie sich im Griff: sie plauderte, bis das Eis gebrochen war, und stellte kluge Fragen über das Kreditgeschäft. Aber als er sie selbst befragte, kam sie ins Schwimmen. Sie beschrieb ihre jetzige Arbeit nur flüchtig und kam rasch wieder aufs Kreditgeschäft zurück. Später hätte sie sich in den Bauch beißen können, daß sie die Gelegenheit, sich gut darzustellen, verpaßt hatte.

Sich positiv darstellen heißt, anderen vermitteln, daß wir gescheit und begabt sind und uns den Job zutrauen. Es heißt, anderen klarzumachen, daß wir gut sind *und* daß wir das wissen. Konkret bedeutet es, daß wir positiv von unseren Fähigkeiten und Leistungen sprechen können, und zwar locker, sachlich und so ausführlich, wie es die Situation zuläßt. Dazu gehört auch, daß das Timbre unserer Stimme, unser Gesichtsausdruck und unsere Körpersprache die verbal gegebenen Nachrichten bestätigen: Nervosität und Selbstzweifel müssen eisern verborgen werden.

Wer sich so darstellt, erzielt eher Ergebnisse. Wir müssen glaubwürdig sein, andere müssen das Vertrauen haben, daß wir etwas können. Wenn wir nicht gut spielen, nimmt es uns keiner ab. Frauen haben oft Hemmungen, positiv über sich zu reden. Wir versäumen es oft, die Anerkennung zu verlangen, die uns zusteht. Selbst wenn wir von uns reden, sprechen wir von unseren Fähigkeiten und Leistungen zu kurz, zu flüchtig und zu passiv.

Wenn wir doch einmal unsere Vorzüge herausstellen, sind wir dabei oft ängstlich, befangen, fühlen uns nicht wohl. Dr. Pamela Butler, eine Psychologin, die Selbstbehauptungskurse für freiberuflich tätige Frauen abhält, bittet jedesmal die Frauen, sich in positiver Weise selbst darzustellen. Ihrer Erfahrung nach löst diese Übung mehr Angst aus als alle anderen zusammengenommen (Butler 1981).

Was uns dabei so ängstlich macht, ist das Gefühl der Regelverletzung. Irgendwie kommt es uns so vor, als ob wir uns unangemessen benehmen. Eine Frau mit einem Magister der Universität Harvard in Betriebswirtschaft sagte mir: »Ich erwähne Harvard nicht gern, ich habe dann das Gefühl, ich gebe an.« Eine mächtige Managerin in einem Großbetrieb sprach über ihren Wunsch, einiges zu ändern, und sagte: »Mir fällt eine Menge ein, wie ich diese Firma neu organisieren könnte.« Dann schwieg sie plötzlich, sah aus, als ob sie sich geniere, und sagte dann: »Das kommt mir ganz schön aufgeblasen vor, daß ich das sage.«

Die Regeln, die sich viele Frauen zu verletzen fürchten, sind die, die das Aufschneiden verbieten. Bei Männern wird das geduldet, aber bei Frauen kommt es nicht in Frage. Es ist ein eklatanter Bruch mit dem üblichen weiblichen Verhalten: nicht nur ist es unbescheiden, es ist auch egozentrisch und dient nur dem eigenen Vorteil.

Aufschneiderei ist ein derartiger Affront gegen die erlernte Weiblichkeit, daß die Vorschriften, die es verbieten, auf Frauen besonders stark wirken. Vor lauter Eifer, bescheiden zu sein und uns nicht vorzudrängen, haben wir sogar gelernt, es mit Angeberei gleichzusetzen, wenn wir positiv über uns reden.

Nicht jedes Selbstlob ist gleich Aufschneiderei. Aufschneiden ist eine ganz bestimmte Art der Kommunikation, in der Selbstlob mit Feindseligkeit verbunden ist und die der Situation nicht angemessen ist. Aufschneiderei ist ein feindseliges Konkurrenzmanöver in einer Situation, in die feindseliges Konkurrieren nicht hineingehört.

Wenn wir positiv über uns reden, dann bedeutet das aber nicht, daß wir uns feindselig oder unangemessen verhalten; es kann eine Tatsachenfeststellung sein, die nur Informationen über unser Können vermittelt. Wenn Sie gebeten werden, über sich selbst zu reden, und Sie sich positiv äußern, dann ist das kein Aufschneiden. Wenn Sie von sich aus über Ihre Begabungen und Leistungen sprechen, wo das angebracht ist, dann ist das kein Aufschneiden. Deutliche und vollständige Informationen geben, wo das gefragt ist, ist kein Aufschneiden.

Zurückhaltung, Herunterspielen und übertriebene Bescheidenheit sind nicht das Gegenteil von Aufschneiderei. Das sind einfach Formen von unwirksamer Kommunikation. Wirksame Kommunikation über unsere Leistung heißt, sich positiv darstellen.

Sich-Einbringen in Gruppen: Eine leitende Angestellte, die noch nicht lange in ihrer Firma war, nahm zum erstenmal an einer Vorstandssitzung am Hauptsitz des Unternehmens teil. Weil sie neu war, sagte sie wenig. Am Ende der Sitzung nahm sie ein Ranghöherer beiseite und sagte: »Wenn Sie nicht mehr reden, werden die Leute denken, Sie wären die Sekretärin.«

Vom Konferenzzimmer übers Laboratorium bis zur Tanztruppe: Ob wir etwas erreichen, hängt oft davon ab, ob wir in Gruppen Macht haben. Wenn wir nicht selbstbewußt genug sind und uns daher nicht genug in der Gruppe einbringen, haben wir womöglich nicht den Einfluß, den wir brauchen, um etwas zu leisten.

Dr. Gerald Phillips, ein Soziologe, und Dr. Eugene Erickson, ein Kommunikationswissenschaftler, haben gemeinsam eine Reihe von Regeln formuliert, nach denen Gruppen funktionieren (Philips/Erickson 1970). Sie stellten fest, daß der Schlüssel zur erfolgreichen Teilnahme in Gruppen ist, den Mund aufzumachen und sich durchzusetzen. So gewinnt man Einfluß. Weil sich die

Interaktion der Gruppenmitglieder um die zentriert, die am meisten sagen, dominieren sie auch den Entscheidungsprozeß. Je mehr man seine Hemmungen überwindet und sich einbringt, desto wahrscheinlicher gewinnt man Einfluß.

Extrem schüchterne Gruppenmitglieder, die sich aus der Interaktion zurückziehen, werden meist ignoriert. Niemand spricht sie an. Ihre Wünsche werden nicht berücksichtigt. Wenn sie doch einmal versuchen, etwas zu sagen, unterbricht man sie gern. Oft läßt man sie höflich ausreden und übergeht sie dann –, ganz gleich, ob sie etwas Gescheites gesagt haben oder nicht. Ihre mangelnde Teilnahme wird als Signal verstanden, daß sie entweder kein Interesse an der Gruppe haben oder unfähig sind, einen Beitrag zu leisten.

Wenn Männer und Frauen in einer Gruppe zusammen sind, bringen sich die Frauen weniger ein (Gambrill/Richey 1980). Zunächst einmal reden Frauen weniger. Sie machen seltener und kürzere Bemerkungen. Aber darüber hinaus gibt es auch einen Unterschied im Charakter der Beiträge. Frauen sagen eher etwas Unterstützendes als etwas Aufgabenorientiertes. Sie loben eher die Ideen anderer, als selbst Ideen beizutragen. Frauen vertreten weniger oft feste Meinungen, steuern weniger Informationen bei und bieten weniger Lösungsvorschläge an. Auch wenn Frauen aufgabenorientierte Beiträge leisten, unterstützen und verteidigen sie ihre eigenen Vorschläge weniger. In einer Studie wurde ermittelt, daß Männer in 75 % der Fälle ihre eigenen Vorschläge unterstützen, Frauen aber nur in 40 % (Hall 1972).

Diese Forschungsergebnisse geben sehr zu denken. Wenn wir uns nicht behaupten und Informationen, Ideen und Meinungen flüssig und voller Überzeugung zum besten geben, haben wir wenig Macht und wenig Ansehen in Gruppen. Weil wir oft diesen Einfluß brauchen, um unsere Ziele zu erreichen, wird es unsere Leistungsfähigkeit untergraben, wenn wir uns nicht durchsetzen.

Bitten und Fordern. Mary Beth kam in die Sprechstunde, weil sie sich bei ihrer Arbeit hundeelend fühlte und sich nicht entschließen konnte, die Stelle zu wechseln. Einer der Gründe, warum es ihr so mies ging, war, daß sie hart arbeitete, ihre Kolleginnen aber mehr Spaß hatten und mehr freiwillige Zuschläge bekamen. Während sie Kursgebühren erstattet bekamen, auf Firmenkosten essen gehen konnten, wenn sie Überstunden gemacht hatten, und Plusstunden gutgeschrieben bekamen, wenn sie mehr getan hatten als ihre Pflicht, hatte Mary Beth das Gefühl, sie überarbeite sich und werde dafür nicht anerkannt. Bei der Analyse des Problems begriff sie: »Die, die etwas kriegen, sind die, die etwas verlangen.« Sie begriff auch, daß es ihr schwerfiel, etwas zu verlangen. Vielen von uns fällt es so schwer wie Mary Beth, Bitten zu formulieren. Fordern – nachdrücklich oder gebieterisch verlangen – ist noch schwerer.

Für uns selbst zu bitten ist am schlimmsten. Wir mögen imstande sein, für andere zu bitten, aber wird sind gehemmt, wenn wir darum bitten müßten, daß man *uns* etwas gibt. Als Frauen sollen wir auf unsere eigenen Bedürfnisse und Wünsche nicht so achten. Wir sollen anderen etwas geben. Aktiv unsere eigenen Wünsche durchzusetzen, was Männer sich ohne weiteres erlauben können, wird bei Frauen oft als aufdringlich, egoistisch und abstoßend betrachtet. So kommt es, daß uns nicht ganz wohl dabei ist und wir für uns selbst bitten. Wie Mary Beth es ausdrückte: »Als ob ich sage, daß ich Blumen geschenkt haben will.«

Ein weiteres Problem resultiert daraus, daß viele von uns mit der Vorstellung groß wurden: »Wenn ich brav bin, geht alles von allein so, wie ich möchte. Wenn ich fleißig bin und es richtig mache, folgt die Belohnung von selbst.« Daraufhin nehmen wir – manchmal unbewußt – an, daß die Belohnung automatisch kommt, wenn wir gute Arbeit leisten. Wir kommen daher gar nicht auf die Idee, zu bitten, und sind auf einmal in der Situation, daß wir warten, bis sich einer um uns kümmert.

Diese Strategie des Bravseins und Auf-den-Weihnachtsmann-Wartens funktioniert vielleicht bei entzückenden kleinen Mädchen an Weihnachten –, aber bei großen Mädchen draußen in der Welt funktioniert sie eben nicht. In der Welt muß man hinter dem her sein, was man will. Wer imstande ist, den Mund aufzumachen und zu sagen, was er will, kommt voran. Man kann um Arbeit, Geld, Anerkennung, Beförderung, Chancen, sich zu beweisen, Büroräume, Büromöbel, Kursgebührenerstattung, Dienstleistungen, Spesenkonten und alles, was man sonst noch braucht, bitten. Manchmal fällt einem etwas in den Schoß, aber darauf sollte man sich nicht verlassen. Meistens heißt es: Wer hat, dem wird gegeben. Wie die Unternehmensberaterin Betty Harragan, die das Buch »Games Mother Never Taught You« (1977) geschrieben hat, sagte: »Das Geheimnis des Erfolgs ist fragen, fragen und nochmal fragen.«

Neinsagen. Neinsagen gehört für Frauen zu den schwierigsten Arten der Selbstbehauptung, die es gibt. Neinsagen heißt, daß wir uns zuerst um uns und dann um andere kümmern, und das widerspricht glatt den Werten der konventionellen Weiblichkeit.

Wenn Sie »einfach nicht nein sagen können«, kommen Sie womöglich im Büro ins Schleudern. Überlegen Sie sich einmal folgenden Fall: Millie arbeitet bei einer privaten Telefongesellschaft. Zu ihren Hauptaufgaben gehört es, Störungsmeldungen und Bitten um Beratung mit den Technikern zu koordinieren, die die Anlagen anschließen und warten. Millie versucht meistens, am Telefon eine endlose Folge von Problemen zu lösen. Mit den Schreibarbeiten ist sie immer im Rückstand, denn jedesmal, wenn das Telefon klingelt – also den ganzen Tag – läßt sie alles stehen und liegen und bedient den Kunden sofort. In Wirklichkeit könnten die meisten warten, aber Millie versucht ständig, das Unmögliche zu leisten. Sie hat nie das Gefühl, ihre Arbeit im Griff zu haben, und ist immer frustriert.

Wenn wir nicht nein sagen, sagen wir faktisch ja. Wenn wir den Forderungen anderer keine Grenzen setzen, laden wir sie geradezu ein. Wir erklären uns nicht nur in einer bestimmten Situation für einverstanden, daß sie etwas von uns wollen; wir erwecken vielleicht den Eindruck, daß unsere Tür ihnen immer offensteht. Das lädt sie dazu ein, immer wieder daran zu klopfen. Wenn wir wollen, daß das aufhört, müssen wir nein sagen.

Wenn wir unfähig sind, anderen ihre Bitten abzuschlagen, können wir auch unsere Ressourcen an Zeit, Energie und Engagement nicht mehr vor ihrem Zugriff schützen. Viele Frauen, die sich über ihre Arbeit beklagen, beschreiben genau diese Situation. Wie Millie waren sie überarbeitet, frustriert, besorgt und erschöpft. Der Streß übertrug sich auf ihr Privatleben. Sie waren dann innerlich so mit ihrer unmöglichen Arbeitssituation beschäftigt, daß sie ihre Freizeit auch nicht mehr recht genießen konnten.

Prioritäten setzen ist eins der Mittel, unsere Ressourcen zu schützen. Das heißt, manche Aufgaben übernehmen und manche nicht. Als nächstes werde ich *dies* tun und nichts anderes. Wer nicht nein sagen kann, hat oft Schwierigkeiten mit dem Prioritätensetzen. Es fällt uns schwer, Toms Auftrag erst später auszuführen, wenn es uns besser paßt. Je mehr unsere Aufgaben direkt mit anderen zu tun haben, desto eher kann unsere Unfähigkeit, nein zu sagen, die Arbeit stören.

Konfrontation. »Foul!« schreit der Schiedsrichter. Das müssen wir zu anderen manchmal auch sagen, sie für ihre Taten zur Rechenschaft ziehen. Es gibt Situationen, in denen wir andere bitten müssen, sich anders zu verhalten.

Das weckt womöglich Widerstand oder Feindseligkeit. Wenn wir überlegen, ob wir auf Konfrontationskurs gehen sollen, erwarten wir unangenehme Folgen: Zorn, Mißbilligung, Widerwillen oder Ablehnung. Obwohl diese Reaktionen nicht unvermeidlich sind, liegen sie entschieden im Bereich des Möglichen.

Die meisten mögen keine Konfrontation. Besonders Frauen haben oft Angst davor. Anderen etwas entgegensetzen – dabei denken wir an Aggressivität, und die steht im Gegensatz zu der konventionellen Vorstellung von der zerbrechlichen und gefälligen Frau. Und manche empfinden es als so schmerzlich, sich die Mißbilligung anderer zuzuziehen, daß sie sich sonstwas gefallen lassen, nur damit es keine Konfrontation gibt.

Konfrontation ist unvermeidlich. Es gibt zahllose Situationen, in denen ein Mensch einem anderen etwas entgegensetzen muß. Bei den folgenden Beispielen haben Frauen in Erwägung gezogen, auf Konfrontationskurs zu gehen:

☐ Einer Stationsschwester war die ganze Station durcheinandergeraten, weil manche Hilfspfleger schlecht arbeiteten und eine lasche Arbeitsmoral bewiesen.

☐ Eine Soziologin schrieb mit ihrem früheren Mentor zusammen ein Buch, aber weil er nichts tat, verzögerte sich die Veröffentlichung.

☐ Eine leitende Angestellte in einem multinationalen Konzern hatte einen Zorn auf ihren neuen Vorgesetzten, einen erst kürzlich aus einem Büro in Europa versetzten Vizepräsidenten, der den Dienstweg nicht einhielt. Er gab ihren Untergebenen Anweisungen, ohne mit ihr darüber vorher zu reden oder es ihr auch nur mitzuteilen.

Es ist eine Frage der Opportunität, ob wir andere auffordern, ein bestimmtes Verhalten zu unterlassen. Aber um vernünftige Entscheidungen treffen zu können, müssen wir auch diese Möglichkeit haben. Wenn wir zur Konfrontation nicht fähig sind, berauben wir uns automatisch einer wertvollen Handlungsmöglichkeit.

Autorität durchsetzen. »Es fällt mir schwer, Anweisungen zu geben. Ich kann das nicht gut. Ich habe mir das Leben so eingerichtet, daß ich es nicht muß.« Das sind die Worte einer Vermögensberaterin, die sich mit Leistungsproblemen herumschlägt.

Die Forschungsergebnisse, die bisher vorliegen, deuten darauf hin, daß auch andere berufstätige Frauen Schwierigkeiten damit haben, Anweisungen zu geben. In einer Studie füllten 254 leitende Angestellte Fragebögen aus, die die Arbeit von Geschäftsfrauen in Zulieferbetrieben überwachten (Leonard 1983). Es gab etliche Gebiete, auf denen die Leistungen der Frauen hinter den Erwartungen ihrer Kontrolleure zurückblieben. Arbeit zu delegieren, gehörte zu den größten Problemen.

Wenn es schon schwer ist, sich positiv darzustellen – Autorität ausüben ist noch schwerer. Wir müssen den anderen nicht nur mitteilen, daß wir etwas können, sondern auch den Eindruck erwecken, daß wir die Verantwortung haben und uns eine Führungsrolle zusteht. Das Problem ist: Um andere zu überzeugen, müssen wir es selber glauben oder das mindestens erfolgreich vortäuschen.

Vielen von uns fällt es schwer, zu glauben, daß wir ein Recht darauf haben, anderen zu sagen, wo es langgeht, denn Männer sollen führen und lenken. Frauen sollen folgen und sich fügen. Daher glauben manche, daß zwischen Autorität und Weiblichkeit ein Gegensatz besteht. Manche von uns können sich so wenig durchsetzen, daß es uns schwerfällt, überhaupt Autorität auszuüben. Anderen machte es besondere Schwierigkeiten, sie über Männer auszuüben. Wir neigen dazu, es als unangemessen und als Bedrohung unserer Weiblichkeit aufzufassen, wenn wir einem Mann (besonders einem, dessen sozialer Status unserem recht nahekommt) Anweisungen geben sollen.

Wie mächtig diese Vorstellung ist, wurde in einer sehr aufschlußreichen Studie deutlich, in der ein Psychologe eine Gruppe in Paare aufteilte und sie bat, jeweils eine(n) aus dem Paar zum »Anführer« zu wählen (Megargee 1969). Jedoch war es keine Zufallsauswahl von Paaren. Sie waren aufgrund der Ergebnisse eines Dominanztests zusammengestellt worden, den sie zuvor gemacht hatten. Jedes Paar bestand aus einem sehr dominanten und einem sehr wenig dominanten Partner. Man hätte daher erwarten sollen, daß die dominantere Person jeweils »Anführer« wurde. Das war in der Tat in 70 % der Fälle so, in denen beide Teile demselben Geschlecht angehörten.

Aber wenn das Paar aus einem Mann und einer Frau bestand, änderte sich das Bild dramatisch. Wenn ein hochdominanter Mann mit einer wenig dominanten Frau zusammengruppiert wurde, wurde in 90 % der Fälle der Mann »Anführer«. Aber wurde eine hochdominante Frau mit einem weniger dominanten Mann zusammengruppiert, dann wurde nur in 20 % der Fälle die Frau auch »Anführerin«. Noch viel spannender ist aber die Tatsache, daß sich die hochdominanten Frauen meistens entschieden, den Mann zum »Anführer« zu wählen. Offenkundig überwog das konventionelle Rollenbild größtenteils die individuellen Persönlichkeitsunterschiede.

Autorität ist ein männlicher Begriff, denn in unserer Gesellschaft sind die meisten Autoritätsfiguren Männer. Nur im begrenzten Bereich der Kinderpflege und -erziehung hat man Frauen über das Verhalten anderer herrschen lassen. Obwohl sich die sozialen Rahmenbedingungen zu ändern beginnen, trifft das im großen und ganzen immer noch zu. Wir haben nicht genug weibliche Rollenmodelle für Führung in der Außenwelt. Wenn es darum geht, Autorität auszuüben, klafft daher bei vielen von uns eine Lücke in unserem Begriff von Autorität, unserem Selbstbild und unserem Verhaltensrepertoire.

Durchsetzungstechniken

Man kann den Vorgang der Selbstbehauptung in bestimmte Einzelkomponenten zerlegen: Wissen, was man sagen will, den verbalen und averbalen Gehalt einander angleichen, die Spannung im Griff haben und wissen, *wann* man sich durchsetzen muß.

Wenn man sprachlos ist, ist es schwer, sich durchzusetzen. Um wirksam den Mund aufzumachen, müssen wir uns vorher überlegen, was wir sagen wollen und wie wir es am besten formulieren. Wir müssen die richtigen Worte finden und sie in eine vernünftige Reihenfolge bringen. Wie wichtig eine gute Formulierung ist, merkt man am ehesten bei kniffligen Verhandlungen, beispielsweise wenn wir um eine Gehaltserhöhung bitten. Aber auch in weniger dramatischen Situationen pflegt es am meisten zu wirken, wenn man seine Gedanken klar und flüssig formuliert.

Stellen Sie sich vor, Sie versuchen mit hängendem Kopf, hängenden Schultern und auf einen Riß im Fußboden gerichteten Augen Autorität auszuüben. Wenn man will, daß *nicht* auf einen gehört wird, braucht man es nur so zu machen.

Wie jeder Politiker und Schauspieler weiß, lassen sich die Leute durch mehr als nur durch Argumente beeinflussen. Wir alle achten auch auf andere Informationen, die der Sprecher gibt. Manchmal achten wir sogar mehr auf die nicht-sprachlichen Signale: Gesichtsausdruck, Augenbewegungen, Ton und Lautstärke der Stimme, Haltung, Handbewegungen und Kleidung senden alle intensive Botschaften. Wenn sie miteinander harmonieren, wirken wir überzeugend. Wenn Text und Melodie nicht zueinander passen, wird die Darbietung nicht ernstgenommen.

Eine Möglichkeit, diese Harmonie herzustellen, ist Spannungsmanagement. Angespanntheit steht der Verständigung im Wege.

Sie kann den glatten Fluß der Worte unterbrechen und verraten, daß wir verletzlich sind. Was noch schlimmer ist, sie kann anstekken. Unbehagen kann sich von einem zum anderen übertragen, bis alle aus der Haut fahren möchten. Das macht jede sachliche Diskussion zum Hindernisrennen.

Schüchterne Leute wissen oft nicht recht, wann sie den Mund aufmachen sollen und wann nicht. Weil sie das Gefühl haben, sie hätten kein Recht sich durchzusetzen, fragen sie sich in Situationen, in denen andere einfach herausplatzen würden, ob es angebracht sei, etwas zu sagen. Aber weil es ihnen so schwerfällt, das zu unterscheiden, und weil sie wissen, daß sie sich meistens zu wenig durchsetzen, bilden sie sich manchmal ein, sie müßten den Mund auftun, wenn es in Wirklichkeit besser wäre, nichts zu sagen. Selbst patente Frauen haben es manchmal nicht leicht, zwischen Durchsetzungs- und Opportunitätsfragen klar zu trennen.

Wenn Ihnen jemand buchstäblich auf den Fuß tritt und Sie nichts sagen, dann ist das ein Durchsetzungsproblem. Aber wenn Ihnen jemand im übertragenen Sinne auf den Fuß tritt, indem er Ihre Macht, Ihre Selbstachtung oder Ihre Leistungsfähigkeit bedroht, dann ist das ein Opportunitätsproblem, und die Lösung ist nicht so einfach, daß Sie schlicht sagen könnten: Gehen Sie gefälligst von meinem Fuß runter. Bevor Sie etwas sagen, müssen Sie (sehr rasch und manchmal fast unbewußt) die Gesamtsituation abschätzen und sich überlegen, was im Hinblick auf Ihre langfristigen Ziele sinnvoll ist. Wenn es politisch klug ist, sich totzustellen, dann ist das keine Schüchternheit, sondern Pragmatismus. Aber wenn es angebracht wäre, daß Sie sich durchsetzen, und Sie tun es nicht, dann ist das ein echtes Selbstbehauptungsproblem.

Um diese Unterscheidungen treffen zu können, sollte man die offiziellen und inoffiziellen Spielregeln kennen: Was Sie tun sollten und wozu Sie ein Recht haben, wann Ihre Interessen bedroht sind und welche Belohnungen und Strafen Ihr institutioneller Rahmen zu verteilen hat.

Eine Managerin war sich bewußt, daß ihr Büro – wie groß es war, wo es lag und wie es möbliert war – im Machtspiel des Aufstiegs in der Firmenhierarchie wichtig für sie war. Nachdem sie in einem Unternehmen eine Stelle angenommen hatte, erschien sie am ersten Arbeitstag und stellte gleich fest, daß sie nicht nur nicht das gleiche geräumige Büro wie ihr Vorgänger hatte, sondern in ein Kabuff in einem isolierten Teil des Gebäudes einziehen sollte. Diesen Bürotausch sah sie als schlechtes Zeichen: sie würde keine Macht haben. Sie fand, sie hätte keine Wahl, sie müsse einfach etwas sagen. Wenn sie dieser Herausforderung nicht gleich energisch begegnete, würde sie gleich am Anfang ein Handikap haben, von dem sie sich vielleicht nie erholen würde.

Nicht alle können die Machtverhältnisse richtig einschätzen. Manchen sind die Finessen der Arbeitswelt so fremd wie die Rückseite des Mondes. Eine hochintelligente junge Geschäftsfrau, die in einer Macho-Branche Pionierarbeit leistete, sagte wiederholt entsetzt: »Das darf doch nicht wahr sein. Bei denen gibt es keine Regeln. Alles ist erlaubt.«

Als Besucher in einem fremden Land mit seltsamen Sitten wissen wir manchmal nicht, welche Gabel wir benutzen müssen. Aber man kann die Regeln und Rituale lernen, und wenn wir das tun, wird es uns leichter fallen, herauszukriegen, wann und wie wir uns durchsetzen sollen.

Folgen

Selbstbehauptung oder der Mangel daran können unsere Leistungsfähigkeit und unsere Arbeitszufriedenheit enorm beeinflussen. Wenn wir uns nicht genügend behaupten, sind wir möglicherweise nicht mehr sehr effizient, lassen uns ausnutzen, unsere Selbstachtung sinkt, unser Vermeidungsverhalten verstärkt sich und wir kommen eher durcheinander.

Wenn wir nicht bitten, nicht nein sagen und anderen nicht mutig begegnen, wissen die anderen nicht, was wir wollen und erwarten, und das macht es weniger wahrscheinlich, daß wir es auch bekommen. Wenn wir uns nicht positiv darstellen und unsere Meinungen und Vorschläge aussprechen, haben wir weniger Einfluß.

Obwohl schüchterne Menschen sich manchmal beklagen, daß sie sich unfähig und machtlos fühlen, merken sie oft erst, wie sehr ihre Effizienz gelitten hat, wenn sie versuchen, sich besser durchzusetzen.

Eine extrem schüchterne wissenschaftliche Assistentin belegte einen Rhetorikkurs, und man sagte ihr, sie spräche zögernd – als ob sie gar nicht erwarte, ernstgenommen zu werden. (Übrigens ist das, den Forschungsergebnissen zufolge, eher für die Ausdrucksweise von Frauen als für die von Männern charakteristisch; Meuhlenhard 1983.) Die anderen Seminarteilnehmer fanden, sie müsse sich bestimmter und energischer äußern. Sie befolgte diesen Rat und war begeistert vom Ergebnis. Sie merkte, daß sie sich jetzt, wenn sie mit ihren Sekretärinnen sprach, leichter durchsetzen konnte, daß die Dinge erledigt wurden. Sie bekam ihre Schreibarbeiten schneller getippt und mußte es nicht ein paarmal sagen, bis man tat, was sie wollte. Damit nicht genug, die Sekretärinnen schienen sich wohler zu fühlen und mehr Respekt vor ihr zu haben.

Wie bieten uns dazu an, ausgenutzt zu werden oder uns ausgenutzt zu fühlen, wenn wir uns nicht durchsetzen. Es gibt immer Leute, die unannehmbare Forderungen stellen. Wenn wir ihnen keine Grenzen setzen, können wir unsere Interessen und unsere Ressourcen nicht schützen. Wir geben dann mehr, als wir wollen, oder lassen uns mehr gefallen.

Selbst wenn andere nicht bewußt versuchen, uns auszunutzen, fühlen wir uns womöglich am Ende doch ausgenutzt und sind verstimmt, wenn wir nicht nein sagen oder eine angemessene Gegenleistung verlangen können.

Marge arbeitete in einem Tiefkühlkostunternehmen. Sie fing als Sekretärin des Direktors an und übernahm nach und nach immer mehr Pflichten, bis sie faktisch als Einkäuferin arbeitete. Sie genoß zwar den Vorzug, der einzige weibliche Einkäufer in der Firma zu sein, aber auf Geschäftsbesprechungen wurde sie noch immer als Sekretärin des Direktors vorgestellt. Sie kochte innerlich, tat aber nichts, den falschen Eindruck zu korrigieren. Sie sagte nicht, daß sie für den Einkauf in einem ganzen Unternehmenszweig zuständig war. Statt dessen sank ihre Selbstachtung, weil man sie herabsetzte. Sie fühlte sich mies, weil sie dachte, andere entwerteten sie, und sie hatte dazu noch das Gefühl, sie könne nichts machen.

Mangelndes Durchsetzungsvermögen, wie hier bei Marge, kann beträchtliches psychisches Unbehagen auslösen. Weil wir nichts sagen, lassen wir andere die Situation beherrschen und lassen uns womöglich unbewußt entwerten. Das setzt die Selbstachtung herab. Wenn es sich längere Zeit fortsetzt, können psychische Schäden entstehen.

Zu den heimtückischsten Folgen der Schüchternheit gehört es, daß sie zum Vermeidungsverhalten beiträgt. Ein Feld-Wald-und-Wiesen-Beispiel für eine phobische Reaktion im Gefolge von Schüchternheit ist die Ladehemmung, wenn wir einen Lebenslauf zu schreiben haben. Vielen Frauen fällt es entsetzlich schwer, sich hinzusetzen und einen Lebenslauf zu schreiben. Lieber würden sie Ställe ausmisten. Was ist daran so schrecklich? Papier und Bleistift sind es ja wohl nicht. Das Entsetzen wird dadurch verursacht, daß wir es hier mit einer Aufgabe zu tun haben, bei der wir ein glanzvolles Bild unserer Fähigkeiten und Leistungen präsentieren müssen, und dadurch, daß wir uns jetzt schon fürchten, diesem Bild dann auch im Vorstellungsgespräch entsprechen zu müssen.

Wenn wir einen Bogen um Situationen machen, in denen wir uns behaupten müssen, wird ein circulus vitiosus in Gang gesetzt. Das Vermeidungsverhalten hindert uns, Probleme zu lösen und die Sache im Griff zu haben. Bleiben die Probleme ungelöst und werden die notwendigen Fähigkeiten nicht erworben, dann bleiben die Defizite und Hemmungen bestehen. Das wiederum perpetuiert das Vermeidungsverhalten. Dieser Zyklus setzt sich immer weiter fort, und in der Folge leisten wir viel weniger, als wir könnten.

Manche Frauen sind sich durchaus bewußt, wie es ihre Arbeit beeinträchtigt, daß sie es vermeiden, sich durchzusetzen. Eine Frau berichtete, daß sie viele Projekte nicht zu Ende brächte, weil sie sich dann verpflichtet fühlte, sie auch an den Mann zu bringen. Schon der Gedanke daran, sich ins Getriebe zu stürzen, entsetzte sie. Obwohl sie tolle Ideen hatte und mit Genuß Projekte entwickelte, war sie blockiert, weil sie die Selbstbehauptung vermied.

Andere Frauen sind sich ihrer Ängste nicht so bewußt und erleben nur etwas, was sie dann Faulheit oder mangelnde Motivation nennen. Eine Frau drückte das so aus: »Ich habe über meine Motivation nachgedacht. Von mir aus kriege ich meistens die Kurve nicht. Vielleicht hängt das damit zusammen, daß ich jeden Kampf vermeide und jede Situation, wo ich mich durchsetzen muß. Vielleicht ergreife ich deswegen nie die Initiative.« Sie hat ganz recht. Wer nichts tut, hat keinen Ärger und muß sich nicht durchsetzen.

Wieder andere Frauen haben Angstanfälle, stellen aber die Verbindung mit ihrer Angst vor Selbstbehauptung nicht her. Sie wissen nur, daß sie sich in bestimmten Situationen äußerst unwohl fühlen. Eine Frau, die sehr begabt war, am Arbeitsplatz technische Probleme zu lösen, wurde zunehmend dazu herangezogen, andere Firmen zu beraten. Sie schien das gut zu können, aber es war ihr zuwider. Sie hatte kein Vertrauen in sich selbst dabei und wollte deswegen ihre Stelle kündigen.

Als wir das besprachen, begriff sie, daß sie deswegen bei jedem Kundengespräch so angespannt war, weil sie damit rechnete, man würde ihre Autorität in Zweifel ziehen. Sie hatte Angst, sie könne dem nichts entgegensetzen, wenn jemand an ihrem Sachverstand zweifelte.

Manche von uns stellen sich aber auch falsche Diagnosen. Wir glauben, uns fehle das Selbstvertrauen, weil wir nicht genug wissen. Und manchmal ist das auch der Fall. Aber oft verwechseln wir ein Wissensdefizit mit einem Durchsetzungsdefizit. Es ist zwar wahr, daß uns etwas fehlt. Aber es handelt sich dabei um zwischenmenschliche Fähigkeiten, nicht um Know-how. Vielleicht erklärt diese Verwechslung, warum Frauen öfter als Männer bei der Arbeit beaufsichtigt und angeleitet werden wollen und sich öfter weiterbilden.

Ein Indiz für eine solche Fehldiagnose ist, wenn andere sich über unser mangelndes Selbstvertrauen wundern. Wenn sie Vertrauen in unsere Kompetenz haben, wir selbst aber ernstlich daran zweifeln, haben wir Grund zu der Annahme, daß ein Durchsetzungsproblem vorliegt.

Diese Verwirrung kann schmerzlich sein, denn ein falsch diagnostiziertes Problem kann man nicht lösen. Wir können uns weiterbilden, bis wir schwarz werden, und dann immer noch kein Selbstvertrauen haben.

Ursachen

Es ist hilfreich, wenn wir die Ursachen unseres Verhaltens verstehen. Es gibt viele Gründe für schüchternes Verhalten. Die wichtigsten sind: Angst vor den Folgen, Gewohnheit, mangelnde Geschicklichkeit, mangelnde Selbsterkenntnis und geringe Selbstachtung.

Eileen, eine Managerin in einer Computerfirma, hatte einen neuen Assistenten, einen charmanten jungen Mann mit mangelhafter Arbeitsmoral. Er verstand einfach nicht, daß er pünktlich sein müsse. Aber am meisten fiel Eileen auf die Nerven, daß er auch vom Dienstweg nichts zu halten schien. Manchmal lavierte er um sie herum oder wandte sich an die Großkopfeten, als ob sie gar nicht existierte.

Eileen beschloß, mit ihrem Assistenten zu reden. Aber ihr war ungemütlich dabei. Nach dem Gespräch, das recht glatt vonstatten ging, war ihr immer noch mulmig. Hatte sie den jungen Mann zu hart angefaßt? Suchte sie in den Krümeln?

Viele Frauen fürchten, daß es anderen nicht paßt, wenn sie sich durchsetzen. Weil Frauen daraufhin erzogen werden, anderen zu gefallen, kann der Gedanke, die Zustimmung und Zuneigung anderer zu verlieren, unsere Durchsetzungsfähigkeit gewaltig hemmen.

Im allgemeinen haben wir Hemmungen uns durchzusetzen, wenn wir spüren, daß man uns irgendwie dafür bestrafen könnte. Vielleicht fürchten wir nicht nur, die Zustimmung und Zuneigung anderer zu verlieren, sondern haben auch Angst vor Kritik, Demütigung, Zorn und Abweisung. Oder wir fürchten vielleicht, daß wir blöd oder dumm wirken, oder wollen anderen nicht wehtun.

Die Gefahren der Selbstbehauptung sind teils real, teils phantasiert. Manchmal ist es wirklich riskant, den Mund aufzumachen;

wenn wir ins Fettnäpfchen treten, erleiden wir womöglich psychologische, soziale oder wirtschaftliche Verluste. Aber oft projizieren wir auch unsere eigenen unrealistischen Ängste in die Außenwelt. Häufig entdecken wir, wenn wir unsere Interessen vertreten, daß unsere Befürchtungen unbegründet waren.

Ein anderer Grund dafür, daß viele von uns sich nicht behaupten, ist die Gewohnheit. In der Kindheit werden wir für manche Verhaltensweisen belohnt und für andere bestraft. Wir beobachten auch Rollenvorbilder, die uns vermitteln, was wir tun sollten. Schließlich entwickeln wir Verhaltensmuster, die uns zur zweiten Natur werden.

Und wir fühlen uns allmählich mit unseren Gewohnheiten wohl. Wir gewöhnen uns daran, in gemischten Gruppen immer einen Dämpfer zu bekommen, unsere Leistungen herunterzuspielen, ja zu sagen, ohne Rücksicht auf unsere Gefühle. Vielleicht haben wir nicht einmal Angst vor den Folgen des Sich-Durchsetzens, bleiben aber schüchtern, weil uns das vertraut ist und weil es so leicht ist. Um etwas Neues zu machen, braucht man Know-how und muß sich anstrengen.

Ein besonders verbreitetes Verhaltensmuster, das sich enorm auf das Durchsetzungsvermögen am Arbeitsplatz auswirkt, ist, den Männern automatisch den Vortritt zu lassen. Oft nehmen wir, ohne nachzudenken, an, daß Männer schlauer sind und mehr wissen. Auch wenn das offenkundig nicht mit den Tatsachen übereinstimmt, glauben wir immer noch irgendwie, daß Männer im Umgang mit der Welt irgendeine besondere Vollmacht haben. Die Psychoanalytikerin Jean Baker Miller schreibt: »Es handelt sich nicht einfach darum, daß Frauen ausgeschlossen sind, wenn es darum geht, Erfahrungen in der strengen Arbeitswelt zu machen – sie glauben schließlich, daß es eine besondere, angeborene Fähigkeit gibt, die sie nicht haben und nie haben können... Die meisten Frauen sind zeitlebens konditioniert worden, dieses Märchen zu glauben.« (Miller 1976)

Unsere Interaktion mit Männern wird davon beeinflußt. Oft lassen wir ihnen zu schnell den Vortritt. Wir denken nicht oft genug selbständig und bestehen nicht genug auf unseren Auffassungen. Auch die, die sich Männern nicht automatisch unterordnen und sich die Typen erst ordentlich abstrampeln lassen, glauben noch, die Männer seien überlegen.

Eine Frau beschrieb sich so: »Ich kann mit Männern nicht streiten. Äußerlich schlage ich mich tapfer, aber innerlich nehme ich den Gang raus. Ich kann nicht gut denken. Ich gewinne nie.«

Zum Glück spricht diese Krankheit auf Behandlung an. Eine Männeranbeterin auf dem Wege der Genesung beschrieb ihre Fortschritte: »Ich denke leicht, daß die Männer alles wissen. Daß sie immer mehr wissen als ich und es besser haben. Das habe ich früher automatisch gedacht. Jetzt ist es nicht mehr ganz so automatisch. Ich lerne, es zu prüfen und zu zügeln.«

Manche setzen sich nicht durch, weil ihnen einige Techniken dafür fehlen. Ein besonders wunder Punkt bei vielen Frauen ist der Umgang mit der Spannung, wenn sie zornig sind. Eine Frau bemerkte über ihre mangelnde Geschicklichkeit auf diesem Gebiet: »Ich habe Angst, wenn ich zornig bin, explodiere ich echt und sage, was ich denke. Ich habe Angst, ich springe denen an die Kehle, und dann gibt es kein Zurück mehr. Das macht mich verletzlich.« Eine andere Frau machte sich andere Sorgen: »Ich habe Angst, meinen Zorn nicht kontrollieren zu können und in Tränen auszubrechen.«

Weil man uns beigebracht hat, daß Zorn unweiblich ist, und uns aufgefordert hat, ihn zu unterdrücken, haben viele von uns nicht gelernt, mit Zorn wirksam umzugehen. Weil wir erkennen, daß wir im Umgang mit Zorn ungeschickt sind, ist uns mulmig, wenn er gereizt wird. Wir fürchten uns davor, uns selbst zu blamieren, zu aggressiv oder zu emotional zu werden, und scheuen davor zurück, unsere Interessen zu vertreten.

Es ist viel leichter, uns zu behaupten, wenn wir wissen, wer wir sind und was wir wollen. Aber diese Art Selbsterkenntnis ist vielen Frauen neu. Janes Fall belegt das. Janes Boss, der neue Chefredakteur eines Computermagazins, fühlte sich in seiner Stellung nicht so recht wohl. Er brauchte eine Auskunft, die, wie er sehr wohl wußte, der Informant ihm nicht würde geben wollen. Also schob er Jane das Problem zu und bat sie, dieses schwierige Telefongespräch zu führen. Jane tat ihm den Gefallen und bekam die Information.

Der Verleger war davon sehr angetan und erwähnte Janes »charmante Überredungskunst«. Dieses scheinbare Kompliment verstörte Jane, aber sie wußte nicht warum. Nachdem wir es besprochen hatten, merkte Jane, daß sie sich von der Bemerkung gedemütigt fühlte. Sie hatte die Auskunft nicht mit Charme, sondern mit Geschick bekommen. Was immer sich der Verleger bei der Bemerkung gedacht haben mochte –, er hatte Janes Verhandlungsgeschick heruntergespielt.

Jane begriff nur schwer, was sie dabei gefühlt hatte, denn in mancher Hinsicht kannte sie sich nicht gut. Ihr Selbstbild schloß »Verhandlungsgeschick« nicht mit ein. Ohne diesen Begriff konnte sie nicht benennen, was sie getan hatte. Aber jedenfalls war ihr ungemütlich dabei, als es als »Charme« bezeichnet wurde. Wenn Janes Selbstbild deutlicher gewesen wäre, hätte sie ihre Gedanken und Gefühle wohl klarer erkannt und sich wohl eher wehren können; sie spürte ja, daß sie geduckt wurde.

Forschungsergebnissen zufolge vertreten Menschen mit hoher Selbstachtung eher ihre Interessen als solche mit geringer Selbstachtung, wenn alle anderen Merkmale gleich sind (Gambrill/Richey 1980).

Wenn wir uns mit uns selber nicht wohlfühlen, entwerten wir unsere Fähigkeiten, Gedanken und Gefühle eher. Sich-Durchsetzen erscheint uns ziemlich sinnlos. Es kommt uns unehrlich und anmaßend vor, uns positiv darzustellen; Autorität auszuüben erscheint uns lachhaft: »Wer soll schon auf *mich* hören.«

Ein Teufelskreis entsteht. Geringe Selbstachtung führt zu mangelndem Durchsetzungsvermögen, das wiederum zu noch geringerer Selbstachtung führt.

Alles, was unser Selbstwertgefühl verringert, kann die Durchsetzungsfähigkeit beeinträchtigen. Persönliche Probleme, deretwegen wir uns schlecht fühlen, können uns hindern, am Arbeitsplatz unsere Interessen zu vertreten. Das ist umso wahrscheinlicher, wenn es nicht zu unseren festen Gewohnheiten gehört, uns durchzusetzen. Zum Beispiel bemerkten mehrere Frauen, die versuchten, am Arbeitsplatz öfter den Mund aufzumachen, daß sie in die alten Verhaltensweisen zurückfielen, als ihr Liebesleben unbefriedigend wurde.

So ging es Melissa. Statt sie zu befördern und ihr eine Stelle zu geben, die sie ohnehin schon teilweise ausfüllte, stellte Tim, ihr Vorgesetzter, einen Mann ein, der sich als unfähig erwies. Um dieses Problem zu lösen, bat Tim Melissa, einen Teil ihrer vorigen Arbeit wieder zu übernehmen. Melissa lehnte das taktvoll ab; sollte er ruhig in seinem eigenen sexistischen Saft schmoren. Aber beim zweitenmal bat Tim sie, als sie gerade eine verheerende Auseinandersetzung mit ihrem Mann gehabt hatte. Sie war bedrückt und verwundbar, gab nach und erklärte sich bereit, Tim aus der Patsche zu helfen. Obwohl sie das Ansinnen vorausgesehen hatte und es hatte ablehnen wollen, gab sie nach. Mit ihren Worten: »In den letzten paar Wochen habe ich mich gut gewehrt. Aber diesmal bin ich regrediert. All die alte Unsicherheit kam wieder hoch. Ich fühlte mich wieder wie ein kleines Kind. Das hat man an der Arbeit gemerkt.«

Durchsetzungstraining

Durchsetzungstraining steht in der amerikanischen Öffentlichkeit schon seit über einem Jahrzehnt hoch im Kurs. Es gibt Unmengen von Büchern und Workshops dazu. Diese »Bewegung« hat Beträchtliches erreicht: Sie hat die Aufmerksamkeit auf das Problem der Selbstbehauptung gelenkt, schüchternes und selbstbewußtes Verhalten analysiert, hervorragende Strategien entwickelt, um den Menschen zu helfen, sich zu ändern. Darüber hinaus hat man einige spezifische Frauenbedürfnisse erkannt und sie einbezogen. Aber trotz dieses wertvollen Beitrags ist die Art und Weise, wie ein großer Teil der Trainingsbewegung »Durchsetzung« definiert, für Frauen in der Arbeitswelt problematisch.

Meist wird der Begriff »Sich-Behaupten« in dieser Bewegung mit offener, ehrlicher und direkter Kommunikation verknüpft. Hier eine charakteristische Definition aus einem Buch für Ausbilder: »Sich-Behaupten schließt ein, daß wir unsere persönlichen Rechte wahrnehmen und Gedanken, Gefühle und Überzeugungen in direkter, ehrlicher und angemessener Form ausdrücken, ohne die Rechte des anderen zu verletzen«. (Lange/Jakubowski 1976)

Gegen die Vorzüge der Aufrichtigkeit ist nichts zu sagen, aber eine solche Definition stiftet nur Verwirrung. Sie vermischt unnötigerweise die Beschreibung eines Verhaltens mit einem Werturteil. Sie unterstellt, daß nur direktes und ehrliches Verhalten der Selbstbehauptung dient. Das widerspricht dem gesunden Menschenverstand. Selbstbehauptung und Ehrlichkeit sind zwei verschiedene Dimensionen, die nicht notwendigerweise zusammengehören.

Diese Verknüpfung zwischen Sich-Behaupten und ehrlicher Direktheit hat die indirekte Kommunikation in Mißkredit gebracht. Man hat Manipulation als Todsünde betrachtet. Aber Tatsache ist, daß in der Wirklichkeit das offene und ehrliche Verhalten nicht immer das gängige und übliche ist. Es wird eher das Spiel: Wer manipuliert wen? gespielt. Oft gewinnen die die Macht, die am besten manipulieren, und nicht die, die am wenigsten manipulieren.

Den Wörterbuchdefinitionen zufolge sind Sich-Behaupten und Aggressiv-Sein austauschbare Begriffe, sie bedeuten, daß man sich energisch, kraftvoll, kühn oder selbstbewußt ausdrückt – aber die Selbstbehauptungstrainer haben streng zwischen den beiden Begriffen unterschieden. Einen kraftvollen Ausdruck der eigenen Interessen, bei dem die Rechte anderer respektiert werden, nennen sie Sich-Behaupten, und feindselige oder diktatorische Versuche, sich zu behaupten, nennen sie aggressiv.

Diese Unterscheidung wirkt enorm, denn sie gestattet Menschen, die nicht dummdreist sein wollen, den Mund aufzumachen. Sie ist besonders für Frauen wichtig, die davor zurückschrecken, aggressiv zu sein, damit sie ja nicht für unweiblich gehalten werden. Sie mildert die Angst, daß die einzige Alternative dazu, anderer Leute Fußmatte zu sein, die Rolle der bösen Hexe, des Hausdrachens ist.

Aber dieser Ansatz des Selbstbehauptungstrainings geht an einem wichtigen Problem vorbei. In manchen Situationen wird aggressives Verhalten von der Umwelt belohnt, und unaggressives wird womöglich ignoriert oder entwertet. Im Arbeitsleben ist das keine Kleinigkeit.

Eine Schulbuchverlegerin wurde aufgefordert, auf Tour zu gehen, um für ihr Buch zu werben. Sie hatte so etwas noch nie getan. In den Konferenzräumen von Hotels ihr Buch vorzustellen, erwies sich als unerwartet schwierig. Einmal bat sie darum, den Konferenzraum mit Stuhlreihen, einem Diaprojektor, einer Leinwand, Wasser und Gläsern herzurichten. Als sie fünf Minuten vor Beginn der Veranstaltung den Raum betrat, war er leer: Keine Stühle, kein Projektor, keine Leinwand – nichts. Sie bat mehrere Hotelangestellte energisch um Abhilfe und erreichte nichts. Schließlich explodierte diese sonst sehr wohlerzogene Frau. Sie beschrieb es so: »Ich habe gebrüllt, und aus meinem Mund kamen Ausdrücke, die ich gar nicht zu kennen glaubte.« Ihre Kollegen, die sie seit Jahren kannten, waren sprachlos. Sie war selbst ganz platt. Das Hotelmanagement auch. Plötzlich erschienen wie durch Zauberei die Stühle, der Diaprojektor, die Leinwand, ein Krug Wasser und die Gläser auf der Bildfläche.

Eine andere Frau, eine erfolgreiche Pionierin in einem traditionell männlichen Bereich der Industrie, verletzt alle Regeln, »wie sich eine anständige Frau benimmt«. Sie benutzt die aggressive Sprache, die für die Männer in ihrer Branche typisch ist. Sie würzt ihre Rede mit so hübschen Ausdrücken wie: »Hör mal, du Arsch, wenn du nicht klarkommst, schlag' ich die die Fresse ein.« Vielleicht ist sie die einzige Frau, die dabei glaubwürdig wirkt, aber bei ihr klappt es so.

Wir wollen gar nicht die Aggressivität fördern, sondern ein Dilemma aufzeigen, das man nicht einfach wegdefinieren kann. Die Unterscheidung zwischen Sich-Durchsetzen und Aggressiv-Sein löst einige Probleme, aber nicht alle. Wenn Frauen in der Männerwelt mitspielen wollen oder müssen, haben wir uns Grundsatzfragen zu unserem Wertsystem zu stellen. Wie aggressiv oder sogar skrupellos müssen wir sein, um Erfolg zu haben? Können wir das? Wollen wir das? Die Männer stellen sich diese Fragen seit Jahren. Jetzt müssen auch wir sie uns stellen.

Allerdings dürfen wir nicht der Gefahr erliegen, zu glauben, Sich-Behaupten sei ein Ziel an sich. Ganz und gar nicht. Nicht, daß es so toll ist, sich zu behaupten – nur, sich nicht zu behaupten ist so problematisch. Schwierigkeiten mit der Selbstbehauptung behindern uns, während die Fähigkeit, uns zu behaupten, uns erlaubt, mehr Kontrolle über unsere Umgebung auszuüben. Sie ist ein Werkzeug, das uns dabei hilft, unsere Fähigkeiten bis an die Grenze unserer Motivation und unserer Begabung zu entwickeln und zu üben.

Teil II

Wie Frauen sich lösen

6

Grundregeln

Wir haben uns jetzt die inneren Barrieren angeschaut, die Frauen an der Leistung hindern, und gesehen, wie sie zustandekommen. Jetzt wissen wir, *wie* wir blockiert werden. Und wie hören wir auf, herumzutrödeln, damit wir im Rennen des Lebens endlich mitlaufen können?

Manche denken, wir müßten nur unsere Gedanken und Gefühle betrachten, um loszulegen. Wir bilden uns ein, der Prozeß der Selbsterforschung werde von allein dazu führen, die Hemmung zu überwinden, und dann ginge alles glatt. Das funktioniert manchmal –, aber meistens funktioniert es nicht.

Die Selbsterforschung wirkt, wenn sich dadurch unsere Einstellung ändert und wir entsprechend handeln. Obwohl es notwendig ist, daß wir reden und nachdenken, müssen wir letztlich etwas anders *machen,* sonst bleiben wir trotz aller Einsicht blokkiert. Eine Selbsterforschung, die nicht zum Handeln führt, ist zwar an und für sich lohnend und faszinierend. Aber um Leistungsprobleme zu lösen, hat sie wenig praktischen Wert.

Das Heilmittel gegen »Blockiertsein« ist Handeln, Zielesetzen, Pläne zur Erreichung dieser Ziele machen – und diese Pläne dann bewußt und effizient ausführen. Handeln ist das Gegengift gegen die erlernte Hilflosigkeit. Es hilft, weniger Angst zu haben und weniger deprimiert zu sein. Es trägt zur Selbsterkenntnis und zur Lösung innerer Konflikte bei. Unselige Ammenmärchen wie das von der angeborenen Minderwertigkeit der Frauen werden durch Handeln Lügen gestraft.

Der Schluß dieses Buchs ist dazu gedacht, den Frauen eine Starthilfe zu geben und ihnen das Weitermachen zu erleichtern.

Die Verhaltensstrategien und -techniken werden ausführlich beschrieben. Aber ehe wir ins Detail gehen, wollen wir uns noch einige allgemeinere Begriffe ansehen: Die »Ich-kann's«-Annahme, Begrenztes Engagement, Strukturen, Rechenschaft ablegen, Übung, Fortschritt und Beistand.

Die »Ich-kann's«-Annahme

Die vielen inneren Hindernisse auf dem Weg zur Leistung haben alle einen gemeinsamen Nenner: erlernte Hilflosigkeit. Trotz der Verschiedenheit der konkreten Probleme lautet unsere Aufgabe, allgemein formuliert, von hilflosen Reaktionen zu erfolgsorientierten überzugehen. Unsere Mission lautet, unseren Vermutungen, daß wir ohnehin nichts machen können, den Kampf anzusagen. Dafür ist es nützlich, sich das zueigen zu machen, was ich als die »Ich-kann's«-Annahme bezeichne: den Gedanken, daß es immer noch etwas gibt, was wir tun können, um unsere Lage zu verbessern; die Zuversicht, daß jemand öffnen wird, wenn wir nur an genügend Türen klopfen.

Für die, die Hilflosigkeit erlernt haben, bedarf es einiger gedanklicher Gymnastik, sich die »Ich-kann's«-Annahme zueigen zu machen. Wir beginnen damit, daß wir erkennen, wie wir unsere Fähigkeit, bestimmte Probleme zu lösen, unterschätzen. Weil wir notwendigerweise auf diesen Gebieten unrealistisch niedrige Erwartungen haben, dürfen wir uns nicht gestatten, pessimistische Voraussagen unbefragt zu akzeptieren. Wir sollten bei allen Gedanken mißtrauisch sein, die auch nur entfernt wie »Ich kann's nicht« oder »Es geht nicht« klingen. Am besten nehmen wir an, daß unsere Einschätzung der Möglichkeiten immer eine *Unter*schätzung ist. Wenn wir eine Möglichkeit sehen, sollten wir vermuten, daß es noch mindestens drei weitere gibt, und uns auf die Suche danach machen.

Natürlich garantiert das nicht den Erfolg. Wenn wir es jedoch nicht tun, dürfte uns das zu der Erfahrung gründlichen Scheiterns verhelfen. Nicht nur lösen wir dann das Problem nicht, sondern wir werden weiter für die erlernte Hilflosigkeit anfällig bleiben, und so werden wir auf dem Weg zum Ziel noch öfter versagen.

Begrenztes Engagement

Carol arbeitete in einer unmöglichen Situation. Nach dem plötzlichen Unfalltod ihres Freundes stand sie unter Schock, war einsam und verletzlich, und da fing sie eine Beziehung mit ihrem Chef an. Die Affäre hatte ihren Lauf genommen, und jetzt ging sie zu Ende. Inzwischen hatte sie im Geschäft mehr und mehr Verantwortung übernommen, obwohl ihr Gehalt und ihre Stellung in der Hierarchie unverändert blieben. Dieses Wachstum weckte in ihr den Wunsch, weiter voranzukommen. Aber Carol wußte, daß sie in einer Sackgasse angekommen war. Ihr Chef, der sie früher unterstützt hatte, war jetzt rachsüchtig. Er verhielt sich jetzt abwechselnd leicht verführerisch und untergründig kränkend. Es machte sie verrückt. Sie wußte, daß sie gehen mußte. Aber leider hatte ihr Selbstbewußtsein nicht zugleich mit ihrer Verantwortung zugenommen. Der Mangel an Anerkennung und das Trommelfeuer von Kränkungen weckten im Gegenteil endlose Zweifel in ihr. Wie konnte sie weggehen? Was konnte sie nur sonst tun? Wer würde sie wollen? Sie dachte an die Telefongespräche, das Schreiben von Lebensläufen, die Jagd nach Hinweisen auf freie Stellen, die Vorstellungsgespräche, und ihr gefror das Blut. Diese Aufgabe schien zuviel für sie. Sie konnte sich einfach nicht verpflichten, eine Herausforderung anzunehmen, die sie so überwältigte. Carol war blockiert.

Sie war über eins der ersten Hindernisse auf dem Weg zum Ziel gestolpert: die Vorstellung, daß man sich »total« für ein bestimmtes Ziel oder eine bestimmte Handlungsstrategie engagieren müsse, ehe man auch nur einen Schritt täte. Carol bildete sich ein, daß sie alles oder nichts tun müsse.

Es überrascht nicht, daß einige von der Vorstellung des »totalen Engagements« blockiert sind. Das ist ein Grundthema bei der Propaganda, die Frauen aus dem Arbeitsmarkt heraushalten soll. Frauen haben kein Recht auf Arbeit oder auf Führungspositionen, weil sie sich nicht total engagieren. Männer verkaufen ihre Seele, Frauen schlagen nur einfach die Zeit tot. Dann machen sie, daß sie wegkommen, um zu heiraten und Kinder zu kriegen. Das Geld, das man investiert hat, um sie auszubilden, ist verlorenes Geld. Die Arbeitgeber sind die Dummen. Meine Damen, bleiben Sie zu Hause, wo Sie hingehören – so lautet die Botschaft. Kein Wunder, daß manche Frauen denken, sie müßten sich total engagieren, ehe sie überhaupt etwas tun.

Frauen verspüren zwar den Drang, sich total zu engagieren, aber oft fällt ihnen das schwer. Zum totalen Engagement gehört eine gewisse Erfolgserwartung. Wenn uns das Selbstvertrauen fehlt, erscheint uns das totale Engagement nicht nur unmöglich, sondern auch absurd. Der Mißerfolg scheint uns sicher. Weil wir uns nicht imstande fühlen, alles zu bewältigen, tun wir gar nichts.

Aber es ist nicht nötig, sich total zu engagieren. Oft ist es auch unmöglich, weil wir gar nicht ganz überblicken, auf was wir uns eingelassen haben. Oft haben wir zu Anfang einfach noch nicht genug Erfahrung und Wissen. Das totale Engagement ist das Ergebnis einer langen Entwicklung. Es erwächst aus dem Handeln. Totales Engagement ist etwas für den Endspurt, nicht für den Start.

Wenn wir ans totale Engagement denken, vergessen wir meist, daß wir kaum je etwas mit einem einzigen eleganten Schwung schaffen. Unsere Ziele erreichen wir mit einer Reihe kleiner Schritte. Aus jedem von ihnen können wir etwas über unser Projekt und über uns lernen. Jeder verschafft uns die Gelegenheit, zu werten und uns zu entschließen, ob wir weitermachen oder aufhören wollen.

Jeder Schritt, auch die scheinbar kleinen, kann uns verändern. Bei jedem können wir unsere Wahrnehmung dessen, was möglich ist, modifizieren. Wir bemerken Dinge, die wir vorher nicht bemerkt haben. Wir werden uns über unsere Ziele klarer und über die Zweckmäßigkeit unserer Pläne. Wir haben neue Ideen und lehnen alte als unpassend ab. Unsere Perspektive ändert sich und mit ihr unsere Fähigkeit, uns zu engagieren. Schritt fünf sieht von Schritt vier ganz anders aus als damals, als wir nicht einmal den ersten Schritt getan hatten. Was gestern noch undenkbar war, wird heute zur entfernten Möglichkeit und morgen vielleicht sogar machbar sein.

Gewöhnlich engagieren wir uns schrittweise. Wir achten vielleicht nicht besonders auf diesen Prozeß, aber wir sind uns der kritischen Punkte bewußt, an denen wir unser Engagement in Frage stellen oder neu bewerten. Ich erinnere mich, daß ich mir der Selbstverpflichtung, dieses Buch zu schreiben, scharf bewußt wurde, als ich zwanzig Dollar für Schreibmaschinenpapier ausgab. Ich fragte mich, was ich wohl mit 500 Blatt radierfähigem 80-Gramm-Papier und einem halben Dutzend Konzeptblocks anfangen wollte. Würde ich wirklich ein Buch schreiben? Oder warf ich meine 20 Dollar aus dem Fenster?

Ein kritischer Punkt ist dann erreicht, wenn wir mehr Zeit, mehr Energie oder mehr Geld in unser Projekt stecken müssen oder wenn wir entmutigt sind oder uns mit unseren Ängsten auseinandersetzen müssen. Dann stellen wir die Sache in Frage und fangen an, Selbstgespräche zu führen. Nachdem ich einmal so weit bin – will ich denn weitermachen? Ist es die Sache wert? Will ich das überhaupt? Wie wir uns auch ausdrücken – gerade wegen dieser periodischen Kämpfe wird das Engagement stärker.

Anfangs kann unser Engagement begrenzt sein: wir verpflichten uns, es zu versuchen, anzufangen, die ersten paar Schritte zu tun. Nicht mehr und nicht weniger. Zwar brauchen wir ein Endziel, aber nur, um unsere laufenden Aktivitäten darauf abzustimmen, und nicht als etwas, das wir unmittelbar anstreben müßten.

Kehren wir noch einmal zu Carol zurück. Es war ihr einfach zuviel, sich felsenfest vorzunehmen, daß sie sich eine andere Stelle suchen würde. Zum Glück muß sie das aber gar nicht. Sie muß sich nur kleine Dinge vornehmen, um den Prozeß in Gang zu setzen. Zum Beispiel könnte sie sich entschließen, ihren schriftlichen Lebenslauf zu überarbeiten. Wenn sie das schafft, kann sie sich immer noch entschließen, den nächsten Schritt zu tun.

Carol fing tatsächlich damit an, ihren Lebenslauf zu überarbeiten. Sie überlegte sich sorgfältig, was sie alles getan hatte, seit sie zum letztenmal einen Lebenslauf verfaßt hatte. Sie schrieb auf, was sie konnte, wo ihre Stärken und Schwächen lagen, was sie gern und was sie ungern tat. Nach ein paar Wochen kam sie auf die Idee, daß ihr Führungsaufgaben Spaß machten. Dem ging sie nach, las und erkundigte sich und engagierte sich dann wiederum begrenzt. Sie beschloß, sich die Betriebswirtschaftsstudiengänge in ihrer Gegend anzusehen. Nach einigen Wochen Forschung merkte sie, daß es nur einen Studiengang gab, der sie interessierte. Sie beschloß, sich bei dieser einen Akademie zu bewerben, und verpflichtete sich im übrigen zu nichts. Sie war noch nicht bereit, Alternativpläne zu entwickeln, falls die Akademie sie nicht annähme.

Diese wenigen Schritte reichten, damit es Carol besser ging. Ihr Chef war immer noch schwierig, aber es machte ihr nicht mehr soviel aus. Mit einem Fuß war sie schon aus der Tür. Sie wußte, daß sie ein Ziel hatte und sich darauf zubewegen konnte, wenn es soweit war. Carol hatte sich gelöst.

Begrenzte Verpflichtungen verringern den Druck. Wir müssen uns nur soweit engagieren, wie wir es gerade können. Wichtig ist dabei, *etwas* zu finden, was wir können, und uns zu verpflichten, das zu tun.

Lydia war eine gescheite junge Frau, die Ärztin werden wollte, aber nicht viel von sich erwartete. Es war ihr zweifelhaft, ob sie die Intelligenz, die Kraft und die Disziplin hätte, das Medizinstudium zu überleben. Studieren oder nicht studieren, das war die Frage. Jahrelang hing sie in der Luft: Sie bewarb sich weder, noch verzichtete sie auf ihren Traum.

Ich schlug Lydia vor, sich nicht den Kopf darüber zu zerbrechen, ob sie Ärztin werden könne. Als Alternative konnte sie ein begrenztes Engagement eingehen und sich bei den Medizinern *bewerben;* das verpflichtete sie nicht, *das Studium aufzunehmen.* Ihre Aufgabe war, das Zulassungsverfahren bis zum Schluß durchzuhalten. Punktum.

Wenn sie einen Studienplatz hatte, konnte sie sich *immer noch* entscheiden. Würde sie abgelehnt, erübrigte sich der Entschluß sowieso.

Ich versicherte Lydia, daß sie am Ende des Zulassungsverfahrens woanders stehen würde. Sich zu bewerben, würde ihr wichtige Erfahrungen und Feedback verschaffen. Was sie dann wüßte, würde ihre Perspektive soweit verändern, daß sie zu einer Entscheidung fähig wäre.

Die Sache mit dem begrenzten Engagement gefiel ihr: Ihr war ein Stein vom Herzen gefallen. Sie begann mit dem Bewerbungsverfahren, einer scheinbar endlosen Reihe großer und kleiner Einzelaufgaben. Lydia mußte alle möglichen Informationen über verschiedene Universitäten, Bewerbungsfristen, Prüfungen und Finanzierung sammeln. Sie mußte sich entscheiden, wo sie sich bewerben wollte: Westküste, Ostküste oder irgendwo dazwischen?

Nachdem sie ein paar Wochen lang Einzelinformationen in sich hineingestopft hatte, begann ihr der Fummelkram auf die Nerven zu gehen, und sie hatte ein bißchen Angst vor der ernsthaften Arbeit, die vor ihr lag. Sie kam in die Therapiestunde und maulte. Das Ganze war eine alberne Fleißarbeit. Sie wußte nicht, ob sie Ärztin werden wollte. Alle Ärzte waren aufgeblasen, arrogant und geldgierig. Kein vernünftiger Mensch wollte mit Leuten zusammensein, die nur über »Fälle« und Aktienkurse redeten. War das die ganze Anstrengung wert? Das war der erste kritische Punkt im Prozeß von Lydias Engagement. Wollte sie weitermachen oder wollte sie aufhören? Es kam auf sie selbst an. Sie beschloß weiterzumachen. Nach etlichen weiteren arbeitsreichen Wochen kam noch ein kritischer Punkt. Um sich für Medizin zu bewerben, muß man in Amerika den MCAT (Medical College Admissions Test; ähnlich dem Eignungstest, den die deutschen Medizin-Studienbewerber ablegen müssen, d.Ü.) bestehen. Um eine möglichst große Chance zu haben, ihn mit Erfolg abzulegen, mußte sie wohl erst einen Vorbereitungskurs machen, der eigens auf diese Prüfung abgestimmt war. Der Kurs war teuer – vierhundert Dollar. Gleich hatte sie eine Rationalisierung bei der Hand: Das wäre zu teuer, sie könnte auch für sich allein lernen. Aber sie wußte, des Pudels Kern war ihr Engagement. Bisher war es ein Spiel gewesen, sie hatte mit Broschüren und Bewerbungsformularen herumgespielt. Aber jetzt wurde es ernst: War sie bereit, für das, was sie haben wollte, auch etwas zu investieren? Sie quälte sich eine Zeitlang mit der Entscheidung herum, aber dann beschloß sie, den Kurs zu machen.

Stückchenweise nahm das Bewerbungsverfahren seinen Fortgang, trotz Zweifeln und Pausen. Allen ihren Befürchtungen zum Trotz brachte Lydia es zu Ende. Es wirkte Wunder. Lydia war sich ihrer Fähigkeit, etwas zu *tun*, viel gewisser; sie hatte nie geglaubt, daß sie so am Ball bleiben könnte, und es hob ihre Selbstachtung, daß sie anderen Leuten erzählen konnte, sie bewerbe sich um einen Medizinstudienplatz. Ihre Freunde, die sie ermutigt hatten, sich zu bewerben, freuten sich und halfen ihr.

Während des Bewerbungsverfahrens bekam Lydia ein Feedback, das ihr sehr nützte. Beim MCAT schnitt sie sehr gut ab. Sie bekam hervorragende Empfehlungsschreiben. Die besten Universitäten baten sie zum Vorstellungsgespräch. Sie wußte kaum, wie ihr geschah.

Als sie einen Studienplatz hatte, gab es noch eine weitere kritische Phase der Entscheidung: Wollte sie hingehen oder nicht? Konnte sie das? Sollte sie nicht lieber Krankenschwester werden? Was würde es für sie bedeuten? Was wäre mit ihrem Privatleben? Lydia hatte ein weiteres Stadium im Prozeß des Sich-Engagierens erreicht. Sie kämpfte eine Zeitlang mit sich und beschloß dann, Medizin zu studieren.

Die Geschichte, wie Lydia sich engagieren lernte, ist dramatischer als die meisten anderen. Medizin ist schwieriger und erfordert einen höheren Grad an innerem Engagement als andere Berufe. Umso deutlicher zeigt Lydias Geschichte den Wert des begenzten Engagements. Wir müssen nicht schon vorher eine »Friß, Vogel, oder stirb«-Haltung einnehmen. Wir können einfach anfangen und sehen, was dann passiert.

Strukturieren

Es gibt Köche, die nehmen ein kompliziertes, drei Seiten langes Rezept aus einem französischen Kochbuch, und das Ergebnis schmeckt großartig. Andere Köche machen den Kühlschrank auf, greifen sich eine Handvoll von diesem und eine Prise von jenem, und das Ergebnis schmeckt großartig. Jeder hat seine eigene Art, die Dinge zu tun. Manchmal hat der Wahnsinn Methode, aber manchmal ist eher die Methode wahnsinnig. Wenn wir blockiert sind, ist die Methode zu wahnsinnig.

Improvisieren ist schwer, wenn wir kaum den Anfang schaffen. Das Kochen fällt viel leichter, wenn wir ein Rezept haben, in dem genau steht, welche Zutaten wir nehmen und wie wir sie zusammenrühren müssen. Wir alle brauchen eine Struktur, eine Feinabstimmung. Je mehr wir blockiert sind, desto mehr müssen wir strukturieren.

Strukturieren hat enorme Vorzüge für die Wirksamkeit, die Effizienz von Maßnahmen, fürs Streßmanagement und unsere Zufriedenheit mit uns selbst. Wenn wir strukturieren,

☐ geben wir die Richtung vor: Wenn wir wissen, worauf wir uns konzentrieren und was wir links liegen lassen müssen, werden wir nicht durch Unwichtiges abgelenkt. So können wir effizienter arbeiten, haben das Gefühl, die Sache im Griff zu haben, und entwickeln weniger oder gar keine Ängste.

☐ definieren wir die Aufgaben: Je klarer die Aufgabe umschrieben ist, um so eher fangen wir an, bleiben dran und bringen die Sache zu Ende. Und umgekehrt: Je vager die Aufgabe, desto eher trödeln wir oder drücken uns ganz. Und je klarer die Aufgabe, desto leichter ist es, Fortschritte festzustellen oder einzugreifen, wenn etwas schiefgeht.

☐ halten wir Endpunkte fest, die Punkte, an denen wir sagen können: Erledigt. Dann dürfen wir uns entspannen und uns für unsere Leistung belohnen. Ohne klar definierte Endpunkte haben wir nie das Gefühl, fertig zu sein. Wir sind angespannt und entnervt, weil wir Halbfertiges haben liegenlassen, und berauben uns der Befriedigung, etwas geleistet zu haben.

Wer blockiert ist, dem fällt das Strukturieren kurzfristig oder chronisch schwer. Manche sind schlicht kopflos. Sie wissen nicht, wo sie anfangen sollen. Sie haben keinen Plan. Sie packen die Aufgaben an, wie es gerade kommt. Sie arbeiten ungleichmäßig. Andere scheinen systematischer zu arbeiten. Sie haben einen

Plan. Sie haben Listen und Tabellen und gespitzte Bleistifte. Trotzdem wird nichts erledigt. Diese Menschen arbeiten bei näherem Hinsehen dennoch unsystematisch: Ihre Pläne sind nicht wohlüberlegt oder nicht detailliert genug.

Die Ursache von unsystematischem Arbeiten ist ein Mangel an praktischem Geschick. Wer blockiert ist, hat meist Schwächen auf dem Gebiet des Zielesetzens, Planens, Entscheidens oder des Streßmanagements. Diese Defizite können zu kopflosem Handeln, Verwirrung und Angst führen.

Wir können in einen Teufelskreis geraten. Weil uns gewisse praktische Fähigkeiten fehlen, strukturieren wir nicht genug. Die Desorganisiertheit trägt wieder dazu bei, daß wir wenig effektiv arbeiten, was wiederum zu Selbstzweifel und Angst führt. Diese hemmen unsere Fähigkeit, uns die Arbeit einzuteilen, weiter und verewigen den Kreislauf.

Ein Streßsymptom und ein Indiz dafür, daß wir mehr strukturieren müssen, ist, wenn wir uns überwältigt fühlen. Das kommt heutzutage im Leben von Frauen oft vor. Von den einander widersprechenden Anforderungen unserer vielen Rollen kann einem schon mal der Kopf schwirren. Wenn wir uns überwältigt fühlen, glauben wir, wir hätten zuviel zu bewältigen. Manchmal ist das auch der Fall. Aber oft könnten wir sogar noch mehr bewältigen, wenn wir uns unsere Aufgaben nur besser einteilten.

Eins der Geheimnisse guter Organisation ist, uns an die Angst und andere innere Handlungsbarrieren heranzuarbeiten. Wer blockiert ist, kann das nicht gut. Oft kennen wir unsere Schwächen, planen sie aber nicht mit ein. Unsere Pläne erscheinen realistisch, aber wir haben unsere persönlichen Probleme nicht mit einkalkuliert. Wenn wir keine Strategie, mit unseren Schwächen umzugehen, in unsere Planung einbauen, stolpern wir wiederholt über sie und fühlen uns jedesmal noch hilfloser.

Das kann kaum überraschen. Wenn wir überhaupt planen, halten wir uns meist an die Regeln der Effizienz: Das Wichtigste zuerst. Aber wenn wir nervös sind, funktioniert diese Logik nicht richtig. Wichtige Aktivitäten wecken mehr Angst als unwichtigere. Wenn wir zuviel Angst haben, sind wir weniger aufmerksam. Vielleicht sind wir durcheinander oder »können nicht mehr denken«. Unter diesen Umständen sind scheinbar vernünftige Pläne vielleicht undurchführbar.

In Kapitel 8 werde ich zeigen, wie wir unsere Handlungen strukturieren können, so daß wir mit unseren Schwächen umgehen und zugleich auf unsere Ziele hinarbeiten können. Mit den letzteren Erfolg zu haben, hängt vom Erfolg mit den ersteren ab.

Rechenschaft ablegen

Andere Leute sind sehr wichtig dabei, daß wir leistungsfähig sind. Wir geben uns auch für sie, nicht nur für uns Mühe. Aus Verantwortungsgefühl für andere stehen wir auch an jenen Tagen morgens auf, an denen wir lieber im Bett bleiben würden.

Wenn wir blockiert sind, ist es besonders wichtig, daß wir uns jemanden suchen, dem wir Bericht erstatten. Wir brauchen jemanden, der unsere Ziele und Pläne kennt und von uns erwartet, daß wir uns daran halten. Wir brauchen jemanden, der beurteilen kann, ob wir unsere Ziele erreicht haben, und dem es nicht gleichgültig ist, ob wir es schaffen oder nicht.

Normalerweise haben Freunde und Familie nicht diese Aufgabe. Obwohl sie uns bei unseren Anstrengungen möglicherweise untersützen, geben wir ihnen keine ausführlichen Rechenschaftsberichte zu festen Zeiten. Solche Strukturierung und Rechenschaftspflicht brauchen wir aber. Unterstützung als solche genügt oft nicht. Wenn wir blockiert sind, hilft es enorm, regelmäßig einem anderen zu berichten.

Das mag dumm oder sogar kindisch klingen, ist es aber nicht. Es ist ein starker Anreiz dafür, die Kurve zu kriegen. In Selbsthilfegruppen ist das seit Jahren bekannt. Seit kurzem arbeiten immer mehr Diätgruppen nach diesem Prinzip und verlangen von den Mitgliedern, jeden Tag anzurufen und zu berichten, wie viele Kalorien sie zu sich genommen haben, oder sich wiegen zu lassen. Es gibt Kurse, die eine ähnliche Funktion haben. Mehrere angehende Schriftsteller haben mir gesagt, sie nähmen Kurse, damit sie sich gezwungen fühlen, zu schreiben. Wenn sie sich selbst überlassen sind, können sie nicht garantieren, daß sie auch wirklich an der Schreibmaschine sitzen bleiben.

Bei Beratungsgesprächen bitte ich meine Klienten, ihre »Hausaufgaben« mitzubringen und mir ihre Tabellen, Bewerbungen oder Seminarpapiere zu zeigen. Wenn man sich verpflichtet, sichtbare Arbeitsergebnisse vorzulegen, ist es viel schwerer, sich zu drücken oder unbemerkt zu entschlüpfen, falls man sich drückt. Meine Klienten haben mir schon wiederholt gesagt: »Wenn unsere Sitzung nicht gewesen wäre, hätte ich das nicht gemacht.« »Ich habe die Kurve gekriegt, weil ich wußte, daß wir uns treffen würden.« »Ich wollte Ihnen einfach nicht gegenübertreten, ohne es erledigt zu haben.«

Wenn wir versprechen, einem anderen Rechenschaft abzulegen, wird die private Verpflichtung zur zwischenmenschlichen. Damit verändern sich die Folgen. Wenn wir uns etwas vornehmen und es nicht halten, hat das vielleicht wenig Wirkung. Nach solchen gebrochenen Versprechen machen wir uns Vorwürfe, finden Ausreden oder vergessen das Ganze. Sind wir blockiert, dann tun wir das so oft, daß wir uns schon gewohnheitmäßig Vorwürfe machen und Entschuldigungen suchen und schon nicht mehr viel darauf geben.

Einem anderen gegenüber eine Verpflichtung nicht einzuhalten, kann ernste Folgen haben. Wir riskieren, daß der andere enttäuscht ist oder unser Verhalten mißbilligt. Wenn wir es andererseits aber schaffen, können wir uns Billigung und Achtung verdienen, und das sind starke Anreize zum Handeln.

Mancher ist besorgt, daß eine solche Rechenschaftspflicht als Krücke dient. Ganz und gar nicht. Eine Rechenschaftspflicht schafft so wenig eine Abhängigkeit wie Stützräder beim Fahrrad. Wir benutzen die Rechenschaftspflicht als zeitlich begrenzte Hilfe, um die Gewohnheiten und Fertigkeiten zu entwickeln, die wir brauchen, um von uns aus zu handeln und die Dinge zu Ende zu bringen. Nur wenn diese Abhängigkeit länger andauert als nötig, verkrüppelt sie uns.

Obwohl die Rechenschaftspflicht für Männer und für Frauen wichtig ist, ist sie für Frauen besonders nützlich. Beziehungen sind ein traditionell weiblicher Bereich. Es ist ein Grundzug der weiblichen Psyche, mit anderen und für andere zu arbeiten. Manche Psychologen haben sogar die These vertreten, daß Leistung bei Frauen vom Kontaktbedürfnis motiviert ist, während sie bei Männern vom Leistungsbedürfnis motiviert ist. Darüber kann man streiten. Aber es ist durchaus sinnvoll, aus unseren Bindungen an andere Nutzen zu ziehen, damit wir die Kurve kriegen.

Leistungsehrgeiz kann eine einsame Angelegenheit sein. Eine junge Schriftstellerin sagte: »Manchmal muß ich einfach etwas von meinem Verleger hören; ich muß wissen, daß da draußen jemand ist.« Wenn wir einem anderen rechenschaftspflichtig werden, kommt uns die Leistung mehr wie eine Gemeinschaftsanstrengung vor, weniger einsam und dafür befriedigender.

Die Rechenschaftspflicht können wir jedem gegenüber einführen, der uns mag und unser Projekt unterstützt: ein Freund, ein Familienmitglied oder eine Gruppe, der wir regelmäßig über unsere Fortschritte Bericht erstatten. Wir müssen wissen, daß Ann oder Tom oder die Projektgruppe erwarten, jede Woche zu erfahren, was wir geleistet haben. Wir können sogar einen Schritt weiter gehen und Verträge abschließen. Dazu später mehr.

Wir müssen unsere Freunde bitten, mit uns zu arbeiten. Gemeinschaftsarbeit fällt nicht vom Himmel. Es ist gut, im Team zu arbeiten. Sie planen Ihre Arbeitssuche mit Jane zusammen, und Jane plant mit Ihnen zusammen ihre Strategie, wie sie weniger schüchtern wird. Sie erstatten sich gegenseitig regelmäßig Bericht, was sie erreicht haben. Man kann alle möglichen Regelungen treffen, wenn man erst einmal begriffen hat, wie gut die Rechenschaftspflicht tut.

Üben

Üben – dabei denken wir an die Zeit, in der wir gezwungen wurden, Klavier zu spielen, wenn wir draußen mit Freundinnen spielen wollten. Es weckt Erinnerungen an Lehrer, die Sprüche von sich gaben wie »Übung macht den Meister« und scheinbar unvernünftige Perfektionsansprüche stellten. Daraus haben die meisten von uns mindestens eins gelernt: Üben macht keinen Spaß. Schlimmstenfalls ist es unangenehm und bestenfalls langweilig. Wer will schon immer wieder dasselbe tun?

Aber durch Wiederholung werden Verhaltensmuster eingeschliffen. Unsere Gewohnheiten werden etabliert und durchbrochen, indem wir dieselbe Handlung immer wieder ausführen. Jede Wiederholung hinterläßt eine Spur im Gehirn und stellt Verknüpfungen her, durch die die Handlung beim nächstenmal leichter wird.

Aber von Üben können wir nur sprechen, wenn wir etwas innerhalb einer relativ kurzen Zeitspanne immer wieder tun. Wenn wir siebenmal im Jahr versuchen, uns durchzusetzen, dann kann man das nicht »Üben« nennen. Wenn wir es siebenmal in der Woche versuchen, dann schon. Wenn die Zeitspanne dazwischen zu lang ist, dann geht der Vorteil, den wir beim vorigen Mal erlangt haben, wieder verloren; wir vergessen zuviel, und jeder Versuch erscheint uns wieder wie der allererste.

Wiederholen genügt nicht immer. Bei manchen Fertigkeiten brauchen wir Feedback von anderen. Gutes Feedback ist wertvoll, weil es uns hilft, unsere Leistungen zu verbessern und aus dem Üben das meiste herauszuholen. Wir erfahren so, was wir schon können und was noch nicht.

Kritik hört niemand gern. Selbst taktvoll formulierte konstruktive Kritik kann wehtun. Trotzdem ist sie langfristig ein Segen. Sie hilft uns, die Spreu vom Weizen zu trennen, und legt uns nahe, wie wir es besser machen können.

Einer der Nebenvorteile des Übens besteht darin, daß es uns auch gegen irrationale Ängste abstumpfen kann. Beim erstenmal, wenn wir ein Verkaufsgespräch führen oder uns auf eine neue Weise behaupten, zittern uns die Knie. Beim zweitenmal zittern sie schon ein bißchen weniger. Beim zehntenmal haben wir schon vergessen, was uns nervös gemacht hat, und beim hundertsten können wir es im Schlaf.

Viele erkennen die Notwendigkeit des Übens verbal an, glauben aber in Wirklichkeit nicht an das, was sie predigen. Wir bilden uns ein, wir müßten es schon beim erstenmal richtig machen.

Wenn wir dieser Erwartung nicht gerecht werden, sind wir bekümmert und enttäuscht. Dieses perfektionistische Denken ist tödlich. Wenn wir die Notwendigkeit des Übens nicht richtig begriffen haben, schaffen wir uns unnötige Frustrationen und Versagensgefühle. Erkennen wir an, daß wir üben müssen, dann fühlen wir uns weniger hilflos, wenn wir mit unseren Fehlern konfrontiert werden. Statt zu jammern: »Das kriege ich nie hin«, können wir optimistischer sein:» Ich muß noch üben. Rom ist auch nicht an einem Tag erbaut worden.«

Es ist klar, daß die Erlernung mancher Fertigkeiten Übung erfordert. Klavierspielen oder Skilaufen bieten sich als Beispiele an. Es ist weniger offenkundig, daß ein großer Teil unseres Verhaltens aus Gewohnheiten besteht, die wir durch Wiederholung erlernt haben. Manche Leute sind zwar der Auffassung, daß man »es« entweder »im Gefühl hat« oder eben nicht. Es trifft zwar zu, daß einigen wenigen Menschen ihre Begabung angeboren ist, aber trotzdem handelt es sich bei den meisten Dingen um Fertigkeiten, die jeder lernen kann.

Auf Frauen und Männer wird Druck ausgeübt, damit sie unterschiedliche Verhaltensmuster lernen. Um dem Männlichkeitskodex zu entsprechen, müssen die Männer die Fähigkeiten erwerben, die für eine Vielzahl von Leistungen notwendig sind. Und sie erhalten Gelegenheit, diese Fähigkeiten zu üben. Aber Frauen haben nicht die gleichen Chancen. Die Landesliga spielt nicht wie die Bundesliga. Die meisten Frauen haben weniger Gelegenheit, das Toreschießen zu üben. Wir müssen viel nachholen, das Spiel begreifen und am Ball bleiben. Wir haben die Aufgabe zu üben, damit wir gewandter werden und den Umgang mit unseren Schwächen lernen.

Vorwärtskommen

Wir wissen schon, daß der Erfolg nicht vom Himmel fällt, sondern stückchenweise kommt. Dazu gehört auch, daß wir darüber urteilen, wie gut es uns gelingt, auf unsere Ziele hinzuarbeiten.

Fortschritte zu erkennen, erscheint einfach. Aber nur zu oft ist das nicht der Fall. Oft tun wir kleine Veränderungen ab oder unterbewerten sie. In manchen Fällen sehen wir vor lauter Alles-Oder-Nichts-Denken alles als Versagen an, was nicht der totale Erfolg ist. Auch nehmen wir vielleicht einen Fortschritt nicht wahr, weil wir nicht begreifen, wie er zustandegekommen ist.

Der Fortschritt fängt mit dem ersten Schritt, dem ersten Telefonat, dem ersten Satz, der ersten Bewerbung schon an. Wer blokkiert ist, dem macht der Anfang Schwierigkeiten, denn er/sie wird dann zum erstenmal mit den inneren Widerständen *und* der äußeren Wirklichkeit konfrontiert. Diese erste Hürde zu nehmen, das ist bereits Fortschritt.

Nach den ersten paar Schritten sind wir dann oft »high«, angeregt und begeistert. Selbst kleine Schritte können uns optimistischer machen, und nach dieser Energiespritze tun wir weitere Schritte. Wenn wir auch nur mäßigen Erfolg haben, können wir damit weit kommen.

Wenn wir »high« sind, scheint das Ziel ganz nah. Wir müssen nur weitermachen. Aber irgendwann stoßen wir alle auf Hindernisse: wir bekommen die Rolle nicht, für die wir vorgesprochen haben, unsere Kurzgeschichte wird von einer Zeitschrift abgelehnt, jemand ruft uns nicht zurück. Bei diesen unvermeidlichen Rückschlägen entwickeln wir mehr Verständnis dafür, wie schwierig oder wie komplex unsere Aufgabe ist. Wir kommen nicht weiter. Wir werden müde. Wir werden knatschig. Wir wollen raus.

An diesem Punkt sollten wir nicht etwa einpacken. Hier ist es am Platze, ein wenig Abstand zu gewinnen und zu analysieren, was funktioniert und was nicht. Nach der Versuch-und-Irrtum-Methode können wir die Probleme lösen. Es geht uns wieder gut, und wir schreiten vorwärts zu neuen Erfolgen. Dann stoßen wir auf neue Hindernisse. Wieder geht es nicht weiter. Uns ist hundeelend. Wieder lösen wir Probleme und machen weiter. Und so weiter und so weiter.

Es gibt keinen gradlinigen Fortschritt. Es ist wie ein Tanz: Zwei Schritte vorwärts, einer zurück; zwei vor, einer zurück. Wenn wir das Schema kennen, fällt es uns leichter, unsere Fortschritte realistisch einzuschätzen. Rückschläge sind leichter zu ertragen, wenn wir darauf vorbereitet sind. Gewarnt sein heißt gewappnet sein.

Manchmal scheint sich gar nichts zu ändern. Verzweifeln Sie nicht. Es sieht nur so aus, als ob wir wieder ganz von vorn anfangen müßten. In Wahrheit fangen wir bereits in einem neuen Spiel von vorn an – eine Klasse besser. Weil Fortschritt sich in kleinen Schritten vollzieht und die Veränderungen graduell sind, haben wir bereits aus den Augen verloren, wo wir mal angefangen haben.

Beistand

Wir alle brauchen Wärme und Zuwendung, um uns wohlzufühlen. Wenn wir blockiert sind und unsere Kampfmoral niedrig ist, brauchen wir besonders zwei Arten von Beistand: Erlaubnis und Ermutigung. Damit wir uns anstrengen können, müssen wir glauben, daß unsere Ziele annehmbar sind. Aber weil Leistung nicht zur traditionellen Frauenrolle gehört, sind sich viele Frauen noch unsicher, ob ihnen dieses Ziel angemessen ist. Unsere heutige Gesellschaft antwortet auf diese Frage mit gespaltener Zunge. Man hat uns erlaubt, außer Haus zu arbeiten, aber die Schlacht darum, wie weit wir es bringen dürfen, dauert noch an.

Blockierte Frauen glauben oft, sie hätten kein Recht, ihrer Bestimmung gemäß zu handeln. Eine Frau drückte das so aus: »In meinem Bekanntenkreis ist nicht viel Unterstützung zu holen, wenn man vorankommen will. Es scheint nicht viele Frauen zu geben, die versuchen, sich vom Kochen und Stricken in Richtung Leistung zu entwickeln. Ich brauche Unterstützung dabei, und ich kriege sie nirgends.« Eine ehrgeizige junge Schauspielerin bat händeringend: »Ich brauche einfach jemanden, der mir sagt, es ist okay, wenn du's versuchst.« Eine Geschäftsfrau sagte: »Ich fühle mich wie ein kleiner Hund, den man abgerichtet hat, nicht aus der Küche und nicht ins Wohnzimmer zu gehen. Also sitze ich rum und sage: ›Bitte laßt mich ins Wohnzimmer.‹«

Sogar erfolgreiche Karrierefrauen schlagen sich mit diesem Problem herum. Einige haben das Gefühl, sie dürften nur begrenzte Ambitionen haben. Einen Beruf dürfen sie haben, aber reich werden, Macht haben, die Beste sein – das gibt's nicht. Bis wir nicht das Gefühl haben können, daß wir die ehrgeizigsten Träume verwirklichen dürfen, sind wir immer noch benachteiligt.

Letzten Endes müssen wir uns die Erlaubnis dazu selbst geben. Aber bis es soweit ist, hilft es, sich die Erlaubnis von anderen zu »leihen«.

Selbst wenn wir wissen, daß unsere Ziele und Methoden akzeptabel sind, brauchen wir jemanden, der uns aufmuntert, der uns applaudiert. Die dynamischsten Energiebündel brauchen manchmal Ansporn. Die meisten Menschen würden so viel mehr tun, wenn man sie nur ein wenig ermutigte. Das gilt besonders für Frauen.

Traditionell muntern Frauen die Männer auf. Die konventionellen Rollen waren nicht dazu da, auch Frauen Mut zu machen. Während der ganzen Schulzeit und am Arbeitsplatz hieß Weiblichsein: Weniger Ermutigung und mehr Entmutigung. Deswegen brauchen wir die Ermutigung mehr.

In der besten aller Welten hätten wir einen Trainer, der uns den Ehrgeiz erlaubt, uns das Spiel beibringt, uns in die Pflicht nimmt und uns ermutigt. Im wirklichen Leben haben wir meist keine Trainer –, also müssen wir improvisieren.

Erlaubnis holen wir uns von Leuten, die uns in Wort und Tat bestätigen, daß es akzeptabel ist, wenn wir unsere Ziele verfolgen. Wir können sie von Rollenvorbildern in der Familie, in der Schule, am Arbeitsplatz und in anderen sozialen Beziehungen bekommen. Wenn wir keine Rollenvorbilder greifbar haben, können wir sie durchs Kontakteknüpfen finden – übrigens eine ausgezeichnete Methode, mit dynamischen Menschen zusammenzukommen. In jedem Lebensbereich können uns handlungsorientierte Frauen die Erlaubnis geben, etwas zu leisten. Manche Frauen entmutigt es, daß nicht alle Erfolgsfrauen sich gleichzeitig als Heilige erweisen. Das macht aber nichts. Sie führen vor, was man erreichen kann. Mehr wollen wir gar nicht von ihnen.

Auch in den Medien können wir Rollenvorbilder finden. Kinder regt es an, von Helden und Heldinnen zu lesen. Bei uns großen Kindern funktioniert das auch. Mary Kay Ash, die Kosmetikkönigin, hat mit Gott und rosa Cadillacs ein Weltreich aufgebaut. Das heißt nicht, daß wir das auch können, aber es erweitert unsere Wahrnehmung dessen, was möglich ist.

Wir können auch Ermutigung bekommen, indem wir andere an unseren Träumen teilhaben lassen. Wir können ihnen Ideen und Pläne mitteilen, Diskussionen über Geld-, Macht- und Erfolgsfragen anfangen, sie um ihre Meinung, um Vorschläge, um Hilfe fragen, uns nach Selbsthilfegruppen umsehen oder selber eine gründen, im Kollektiv arbeiten. Wenn wir aktiv suchen, werden wir finden, was wir brauchen.

7

Sich konzentrieren

»Führe jede Handlung so aus, als ob sie das einzige auf der Welt wäre, worauf es ankommt... Das ist ein altes Prinzip des Zen: man legt seine Seele, sein ganzes Sein, sein Leben in die Handlung, die man gerade ausführt. Im Zen-Bogenschießen zwingt dein ganzes Sein mit unsichtbarer Kraft den Pfeil ins Schwarze. Das hat nichts mit Gewinnen zu tun oder auch nur mit dem Willen zu gewinnen, es bedeutet, die Alltagshandlungen, die wir alle ausführen, für uns selbst wichtig zu machen.« (Korda 1975)

Der Kern jeder Leistung, der Pfeil, der ins Schwarze trifft, ist Konzentration.

Wenn wir blockiert sind, ist unsere Aufmerksamkeit abgelenkt: Wir denken nicht konzentriert genug über unser Vorhaben nach. Erlernte Hilflosigkeit lenkt unsere Gedanken in andere Bahnen. Wir überlegen uns dann eifrig Vermeidungsstrategien, halten uns mit Versagensängsten auf oder schlagen uns mit Konflikten herum. Manchmal sind wir mit einem einzelnen Hindernis derart beschäftigt, daß wir dabei das Ganze aus den Augen verlieren. Was auch immer die Gründe dafür sein mögen – sicher ist, daß wir uns nicht genügend auf unser Ziel und die dorthin führenden Schritte konzentrieren.

Um einen Anfang zu finden, müssen wir uns genauer auf das konzentrieren, was als nächstes ansteht. Bei einem Forschungsprojekt, bei dem Teilnehmer mit geringen Erfolgserwartungen *ausdrücklich aufgefordert* wurden, der Aufgabe ihre ganze und ungeteilte Aufmerksamkeit zu widmen, wurden ihre Leistungen erheblich besser (Janoff-Bulman/Brickman 1982).

Eine ähnliche Erfahrung habe ich auch einmal gemacht. Das am meisten gefürchtete Seminar in meinem Hauptstudium war Statistik. Von den Studenten der klinischen Psychologie, zu denen ich gehörte, wurde im Gegensatz zu den angeblich „wissenschaftlicher" arbeitenden Studenten der experimentellen Psychologie von vornherein kein gutes Ergebnis erwartet, weil wir, wie es hieß, nicht klar genug denken könnten. Obwohl ich durchaus klar denken kann und auch keine Mathe-Phobie habe, war mir das Fach Statistik unheimlich. Wann immer der Professor sagte: »Es ist ganz offensichtlich, daß...«, eine Wendung, die er häufig benutzte, fand ich gar nichts offensichtlich. Ich verstand ihn einfach nicht.

Da ich dem Kurs nicht genügend Aufmerksamkeit widmete, schnitt ich in den Klausuren schlecht ab, und es bestand durchaus die Möglichkeit, daß ich durchfallen würde. Ich beschloß, daß das auf keinen Fall passieren dürfe, und paukte während der gesamten Weihnachtsferien Statistik. Wieder und wieder las ich die Kapitel. Mindestens zwanzigmal. Ich kannte jedes Wort, jedes Zeichen, jede Zahl auswendig – lange bevor ich irgendetwas davon begriff. Es hätte genausogut Altgriechisch sein können. Aber nach einiger Zeit gab das, was ich las, allmählich Sinn. Nachdem ich mich über einen langen Zeitraum auf Statistik konzentriert hatte, schien mein Gehirn plötzlich in der Lage zu sein, den Stoff aufzunehmen. Es war, als müsse erst einmal genug Information gespeichert sein, damit mein Gehirn sie auch verarbeiten konnte. Das wiederum führte dazu, daß ich den Stoff zu begreifen begann. Und es geschah etwas Merkwürdiges: Statistik machte mir auf einmal Spaß, es kam mir vor wie ein Spiel. Und der größte Knüller war, daß ich bei der Abschlußprüfung in einem Kurs von vierzig Leuten als zweitbeste abschnitt. Alle, mich selber eingeschlossen, waren verblüfft. Ein besonders feinfühliger und charmanter männlicher Student der experimentellen Psychologie sagte: »Wie ist denn das passiert, Susi? Wir hatten doch von dir erwartet, daß du das Schlußlicht bildest.«

Die Moral von der Geschicht' ist klar: Wenn wir blockiert sind und daran etwas ändern wollen, müssen wir uns so lange auf eine Sache konzentrieren, bis unser Gehirn sozusagen auf vollen

Touren läuft. Wir müssen unserem Vorhaben und den Verhaltensmustern, die bei unserer Arbeit eine Rolle spielen, die volle Aufmerksamkeit widmen. Um das zu schaffen, können wir auf einige
altbewährte Hilfsmittel sowie auf neuere Techniken der Verhal-
tenstherapie zurückgreifen.

Auf die Aufgabe konzentrieren

Wenn wir aus dem Fenster starren, statt unsere Hausaufgaben zu
machen, wird unser Wissen nicht geordnet und angewandt. Unsere Überlegungen zu unserem Projekt sind wirr und durcheinander – und das ist wohl kaum eine Einstellung, die zum Handeln führt.

Um aus diesem Durcheinander herauszufinden, müssen wir
unser Vorgehen strukturieren. Beginnen wir beim Ende und
schauen uns zunächst unser Ziel an: Was wollen wir erreichen?
Welches Ergebnis peilen wir an?

Die Zielvorstellungen von Frauen sind so unterschiedlich wie
ihre Kleidung. Aber soweit sie die Arbeit betreffen, lassen sie
sich immerhin in grobe Kategorien einteilen. Die häufigsten Ziele
sind: einen Job finden, sich beruflich verändern, sich selbständig
machen oder ein bestehendes Geschäft ausbauen, sich um einen
Ausbildungsplatz bewerben, eine Fähigkeit erwerben oder verbessern, Produktivität und Effektivität erhöhen, eine bestimmte Aufgabe lösen, mehr Geld verdienen. Frauen, die in großen Unternehmen arbeiten, haben Ziele, die für diesen Rahmen typisch
sind: aufsteigen, die Beziehungen zu Vorgesetzten, Kollegen und/
oder Untergebenen verbessern, Mittel für ihre Abteilung beschaf-
fen, mit politischen Krisen fertigwerden, sich Einfluß verschaffen.

Eine solche Kategorie als Ziel zu benennen, ist natürlich nur
ein Anfang. Ein gut durchdachtes Ziel ist positiv und konkret.
Nehmen wir einmal an, Sie wollen ihren Arbeitsplatz kündigen,
weil die Firma heillos desorganisiert ist. Sie könnten versucht sein
zu sagen: »Ich muß raus aus diesem Irrenhaus, bevor ich selber
verrückt werde.« Aber mit diesem negativ formulierten Ziel be-

schreiben Sie nur, wovor Sie fliehen wollen. Das reicht nicht aus. Sie müssen vielmehr überlegen, was Sie suchen. Sie könnten also sagen: »Ich möchte in einer gut organisierten Firma arbeiten.« Diese Aussage lenkt Ihre Aufmerksamkeit auf das, was Sie wollen, und je genauer Sie sich Ihr Ziel anschauen, desto größer sind Ihre Chancen, es auch zu treffen.

Vage Träume bleiben Luftschlösser. Ein klares Ziel ist *konkret*. Nur wenn wir uns genau überlegen, *was* wir wollen und *wann* wir es wollen, können wir Sackgassen umgehen und unsere Aufmerksamkeit auf Bahnen lenken, die wirklich weiterführen. Ein zeitlicher Rahmen bringt unser Ziel auf die Ebene der gegenwärtigen Wirklichkeit, anstatt es im luftleeren Raum einer unklaren Zukunft umherschwirren zu lassen. Nehmen Sie zum Beispiel an, Sie seien an jedem Monatsende knapp bei Kasse. Sie könnten sich sagen: »Ich möchte mehr Geld verdienen.« Nun, fünf Mark mehr pro Monat wären auch schon mehr Geld, aber das ist wahrscheinlich nicht das, was Sie sich vorstellen. Eine zweckmäßigere Formulierung Ihres Ziels wäre daher: »Ich möchte in den nächsten sechs Monaten zehn Prozent mehr verdienen.« Diese Aussage beschreibt exakt, was Sie wollen, und kann Ihnen so als Wegweiser dienen.

Obwohl es wichtig ist, sich sein Vorgehen genau zu überlegen, kann sich im Prozeß des Handelns das eine oder andere Detail unseres Plans ändern. Wir merken an der Reaktion anderer, ob das, was wir tun, funktioniert oder nicht, ob wir dabei ein gutes oder ein schlechtes Gefühl haben. Diese Information mag uns dann veranlassen, unser Ziel entsprechend zu ändern.

Haben wir unser Ziel positiv und konkret formuliert, müssen wir uns als nächstes überlegen, wie wir dorthin gelangen. Das Einfachste ist, eine Liste zu erstellen. Schreiben Sie alles auf, was getan werden muß, um das Ziel zu erreichen. Wie Sie sich zum Beispiel für ein Aufbaustudium bewerben wollen, könnte Ihre Liste so aussehen:

☐ Vorlesungsverzeichnisse bestellen
☐ Anträge ausfüllen
☐ Zeugnisabschriften abschicken

☐ Referenzen besorgen
☐ Aufnahmeprüfungen machen

Wenn sie bei Ihren Zielen Zweifel haben, können Sie das Listenmachen benutzen, um größere Klarheit zu gewinnen. Fragen Sie sich: *Wenn* ich das erreichen wollte –, was müßte ich alles tun? Es kann Ihnen helfen, Ihre Gedanken und Gefühle zu ordnen, wenn Sie sich an die Hand nehmen und sich in Gedanken durch den gesamten Ablauf führen.

Manchen mag es schwerfallen, ein konkretes Ziel – etwa was das berufliche Fortkommen oder eine Neuorientierung angeht – zu finden. In diesem Fall besteht die Aufgabe darin, genügend Informationen zu sammeln, um ein klares Berufsziel formulieren zu können. Eine solche Liste muß Strategien enthalten, mit deren Hilfe man die Optionen ausfindig machen und prüfen kann. Sie könnte zum Beispiel so aussehen:

☐ Kontaktnetz knüpfen
☐ Lesen
☐ Kurse besuchen
☐ Workshops und Seminare besuchen
☐ Zu Informationsgesprächen gehen
☐ Berufsberatung aufsuchen

Listen zu machen ist einer der ältesten Tricks, die es gibt. Er ist so wirkungsvoll, weil er uns zwingt, Ideen, die vage und ungeordnet in unserem Kopf herumschwirren, zu formulieren, zusammenzustellen und zu analysieren. Vielleicht weil es so banal erscheint, nehmen viele diese Möglichkeit nicht wahr. Andere wiederum machen sich Listen, die nicht detailliert genug sind, um wirkungsvolles Handeln zu ermöglichen.

Details

Je intensiver wir uns konzentrieren, desto leichter ist es, konkrete und spezifische Punkte für unsere Liste zu finden. Je detaillierter die Liste, desto leichter ist es, anzufangen, weiterzumachen und Probleme zu lösen. Man hat festgestellt, daß die, die auf die Details achten, ihre Problemlösungsfähigkeit schneller verbessern als die, die das nicht tun (Pesbrey 1979).

Nehmen wir ein Beispiel. Im fünften Jahr von Kims Tätigkeit in der Marketingabteilung des ABC-Verlags führte eine Reorganisation der Firma dazu, daß sie einen neuen Vorgesetzten bekam. Ihre Beziehung zu ihm fing schon schlecht an und ging dann vollends den Bach runter. Nach sechs Monaten sich ständig verschlechternder Kommunikation bat man Kim, zu gehen. Sie kam sich sehr mies vor, und es fiel ihr schwer, sich eine neue Stelle zu suchen. Da sie Ersparnisse und eine Abfindung hatte, stand sie nicht unter wirtschaftlichem Druck, sich eine andere Stellung zu suchen, und schob die Jobsuche immer wieder hinaus.

Dann nahm sie sich aber zusammen und stellte die folgende Liste auf, was sie tun müßte, um eine neue Stelle zu bekommen:

☐ Lebenslauf schreiben
☐ Kontakte knüpfen
☐ Um Referenzen bitten
☐ Stellenanzeigen durchsehen
☐ Vermittlungsagentur aufsuchen

Eine solche Liste ist ein Anfang, aber man kann sie in sehr viel mehr Einzelschritte aufteilen. Nehmen wir nur das Schreiben des Lebenslaufs und zerlegen das in kleinere Stückchen:

☐ Alten Lebenslauf überarbeiten
☐ Detaillierte Arbeitsplatzbeschreibung für den vorigen Arbeitsplatz schreiben
☐ Rohentwurf tippen
☐ Meinung anderer dazu einholen
☐ Änderungen einbauen
☐ Lebenslauf tippen lassen
☐ Lebenslauf fotokopieren

Wenn wir eine so detaillierte Liste fertighaben, haben wir schon viel klarere Vorstellungen davon, was getan werden muß, können abschätzen, wieviel Zeit und Energie das braucht, und können uns die Arbeiten leicht so einteilen, wie es uns paßt. Kurz, wir haben das Fundament für einen guten Plan gelegt.

Eine genaue Liste hilft uns auch, Denkfehler aufzudecken. Wenn wir nicht präzise sein oder einige Aufgaben nicht ausführen können, müssen wir uns mehr Informationen holen oder unsere Strategien oder Ziele überdenken.

Muriel begriff das, als sie irgendwie mit dem Plan, ihren kleinen Geschenkladen zu erweitern, nicht vorankam. Sie war einverstanden, zwei Listen zu erstellen: eine für die nächsten sechs Monate und eine für die nächsten zwei Jahre. Es machte ihr keine Schwierigkeiten, aufzuschreiben, was kurzfristig getan werden mußte. Aber als sie zur Langzeitplanung kam, war ihre Liste sehr kurz. Sie wurde sich rasch darüber klar, daß sie viel mehr wissen mußte, um einen realistischen Zweijahresplan aufzustellen. Sofort setzte sie »Genauere Prüfung« ganz oben auf die Liste.

In bestimmten Situationen ist es besonders wichtig, eine Liste zu machen – bei einer schwierigen Aufgabe zum Beispiel oder wenn wir im Hinblick auf ein Vorhaben angespannt und ängstlich sind. In solchen Fällen kann eine Liste:

☐ uns helfen, die Verbindung zwischen Zielen und Mitteln herzustellen. Das zeigt uns, daß unsere Handlungen etwas bewirken, und gibt uns das Gefühl, die Zügel in der Hand zu halten.

☐ unserem Vorhaben eine Struktur und eine Richtung geben und dadurch unsere Verwirrtheit und Angst mindern.

☐ uns Abstand gewinnen lassen und uns veranlassen, unser eigenes Denken objektiver zu betrachten. Vor allem kann sie uns dabei helfen, unsere konkreten Aufgaben von den sie begleitenden Ängsten zu trennen. Während wir zum Beispiel die einzelnen Schritte beim Erstellen eines Lebenslaufs detailliert aufzeichnen, können wir merken, daß die Angst, die wir vor dem Lebenslauf haben, nichts mit dem tatsächlichen Organisieren, Schreiben und Tippen zu tun hat. Die Angst kommt von den damit verbundenen Gedanken, zum Beispiel dem Zweifel an unseren Fähigkeiten.

☐ das Ziel in Sichtweite bringen. Wie lang die Liste auch ist, sie hat doch ein Ende. Eine Aufgabe verliert viel von ihrem Schrecken, wenn wir das Licht am Ende des Tunnels sehen.

Sich aufs Verhalten konzentrieren

Eine andere Möglichkeit, zu überwinden, was uns blockiert, besteht darin, die mit unserer Arbeit zusammenhängenden Gedanken, Handlungen und Gefühle genau unter die Lupe zu nehmen. Die Konzentration auf unser Verhalten verschafft uns das so dringend benötigte Gefühl, die Situation zu beherrschen. Wir zeigen uns so, daß wir unser Verhalten steuern und etwas dafür tun können, damit dies so ist. Das hat oft den Nebeneffekt, die Angst zu verringern.

Außerdem verhilft es uns zur Selbsterkenntnis, wenn wir uns auf unser Verhalten konzentrieren. Unsere gesteigerte Wachheit gestattet uns, Züge und Einzelheiten unseres Verhaltens wahrzunehmen, die wir sonst nicht bemerken. Zum Beispiel begann sich eine Frau, die unter einem Mangel an Selbstvertrauen litt, auf ihre weibliche Herunterspielgewohnheit zu konzentrieren. Nachdem sie das eine Woche lang getan hatte, bemerkte sie: »Ich habe gestaunt, wie oft ich denke, daß ich bloß Glück gehabt habe!«

Wir gewinnen Selbsterkenntnis, und dadurch werden die Einzelzüge unserer psychologischen Landschaft scharf herausgearbeitet. Neue Verhaltensmuster werden sichtbar. Wir finden Verhaltensabfolgen mit vorhersagbarem Verlauf. Subtile Verbindungen, die vorher nicht sichtbar waren, tauchen auf. Scheinbar Zufälliges in gewissen Einzelzügen unseres Verhaltens wird plötzlich sinnvoll, gewinnt Bedeutung.

Solche Informationen sind unerläßlich, um Veränderungsstrategien zu planen und auszuführen. Wir erkennen immer mehr Muster und Verbindungen, und dadurch vervielfachen sich unsere Möglichkeiten einzugreifen. Je mehr wir vorhersagen können, desto mehr können wir kontrollieren.

Manchmal sagen die Leute: »Ich habe jetzt dieses ganze Wissen, ich weiß, warum ich das tue, was ich tue, warum ändert sich denn dann nichts?« Der Grund ist einfach. Einsicht ändert, für sich genommen, noch keine Gewohnheiten. Um unser Routineverhalten zu ändern, brauchen wir kein abstraktes Wissen, sondern wir müssen uns unmittelbar dessen bewußt werden, was wir gerade tun. Die Einsicht führt nur dann zu einer Veränderung, wenn sie uns hilft, uns auf die entscheidenden Verhaltensmuster im Alltag zu konzentrieren. Wenn wir sie nicht täglich in die Praxis umsetzen, nützt die ganze Einsicht nichts. Es ist, als ob wir ein Fahrrad kaufen und dann nie damit fahren.

Wie man sich konzentriert

Als ich ein kleines Mädchen war, war ich fasziniert von Autos und amüsierte mich bei langen Autofahrten damit, die Buicks zu zählen. Wieso die Buicks? Früher hatten sie lange Chromstangen am Kühler, die mich an Zähne erinnerten. Weil sie die einzigen Autos mit »Zähnen« waren, konnte ich sie von den anderen unterscheiden. Also ließ ich meinen Blick über alle Autos auf der Autobahn schweifen, und wenn ich »Zähne« sah, zählte ich wieder eins weiter.

Wenn wir uns konzentrieren, tun wir im Grunde etwas dieser Art. Weil wir nicht die ganze Zeit unser gesamtes Verhalten überwachen können – so wenig, wie ich alle Autos auf der Autobahn hätte zählen können –, suchen wir uns ein Verhaltensmuster aus und achten während des Tages darauf. Wenn es uns auffällt, merken wir uns das und achten ganz besonders darauf, was sich dann abspielt.

Mit einigen Hilfen zur Selbstüberwachung – zum Beispiel Tagebüchern – können wir es uns leichter machen, uns konsequent und systematisch zu konzentrieren.

Die Diätgruppen haben dem Tagebuchführen große Aufmerksamkeit gewidmet. Wer Diät macht, schreibt alles auf, was er am

Tag ißt, damit er sein Gewicht leichter kontrollieren kann. Dieses Prinzip kann man auf jedes Verhalten anwenden. Sie suchen sich aus, worauf Sie sich konzentrieren wollen – das *Zielverhalten* –, und schreiben auf, wann es während des Tages vorkommt.

In der Praxis ist das ganz einfach. Kaufen Sie sich ein Notizbuch, in das Sie leicht schreiben und das Sie leicht mit sich herumtragen können. Suchen Sie sich eins aus, das Ihnen gefällt – je wohler Sie sich beim Schreiben fühlen, desto eher werden Sie dabeibleiben.

Jedesmal, wenn Sie ein bestimmtes Verhalten an sich beobachten, tragen Sie es ein. Tun Sie das gleich oder so bald wie möglich. Lassen Sie nicht etwa mehrere Stunden vergehen, bis Sie es eintragen.

Seien Sie genau. Beschreiben Sie Einzelheiten des Zielverhaltens, und, wenn möglich, beschreiben Sie die Situation, die Umstände, die dem Verhalten vorausgingen, und seine Folgen oder die Ereignisse, die danach kamen.

Aufschreiben hat mehrere Vorteile. Zum einen macht es den Prozeß des Sich-Konzentrierens zu einer wichtigen Handlung, die Priorität hat und in die wir Anstrengung investieren müssen. Das macht es weniger wahrscheinlich, daß sie wieder, wie so viele gute Vorsätze, in Vergessenheit gerät.

Zum zweiten ist die Selbstbeobachtung präziser, denn sie gestattet es uns, unser Verhalten systematisch zu beobachten und festzuhalten. Jede Frau, die Diät macht, kann ein Lied davon singen, welche Diskrepanz zwischen dem besteht, was sie »glaubt« zu essen, und dem, was sie tatsächlich aufschreibt. Man vergißt nicht nur leicht, sondern unsere Erinnerung kann von unseren Wünschen und Bedürfnissen verzerrt sein. Das Aufschreiben zwingt uns, genauer zu beobachten, um an die Details zu kommen, die wir brauchen. Das wiederum macht es leichter, Veränderungsstrategien zu entwickeln und unsere Fortschritte einzuschätzen.

Drittens können genaue und detaillierte Aufzeichnungen auf Ursachen und sogar auf Lösungen hinweisen. Connies Erfahrung belegt das.

Connie, eine siebenundzwanzigjährige Computerprogrammiererin, kam in die Sprechstunde und beklagte sich, sie hätte bei der Arbeit kein Selbstvertrauen. Sie war ein schwerer Fall von weiblicher Herunterspielgewohnheit. Todernsten Gesichts deutete sie an, ihren Collegeabschluß in Mathematik hätte sie nur mit Charme und guten Umgangsformen geschafft. Das glaubte sie selbst nur halb, aber das war schon genug, um ihr Selbstvertrauen zu untergraben.

Das zeigte sich auch bei der Arbeit. Sie war ein wenig schüchtern und sagte bei Sitzungen selten etwas. Sie war so hilfsbereit, daß es an Passivität grenzte. Sie tat, was man ihr sagte, und stellte nichts in Frage. Sie hatte Angst, unbequeme Fragen – oder überhaupt Fragen – zu stellen, weil sie dachte, dabei käme heraus, daß sie eigentlich doch dumm sei. In dem Weiterbildungskurs, den sie – als Teil ihrer Arbeit – besuchen mußte, machte sie es genauso. Wenn der Ausbilder etwas fragte, murmelte sie die Antwort leise vor sich hin, sagte aber nichts laut.

Trotz aller Unsicherheit verstand Connie aber etwas von ihrem Fach und wurde respektiert. Meistens konnte sie ihre Schwachstellen verbergen. Aber ihre Schwierigkeiten mit dem Selbstbewußtsein verschärften sich akut, als sie bei einer Prüfung schlecht abschnitt und nur mit knapper Not bestand. Weiterbildung gehörte mit zu ihrer Stellenbeschreibung, und also ging es um mehr als nur um ihre gekränkte Eitelkeit. Sie hatte Angst, ihr mangelndes Selbstvertrauen gefährde ihre ganze Karriere.

Weil ihre Prüfungsangst das akuteste Problem war, sahen wir uns die näher an. Wir wußten schon etwas über diese Angst und ihre Folgen. Mit ihren Worten: »Ich bin verkrampft bei Prüfungen. Ich werde nervös, verlese mich, verstehe die Dinge falsch, stelle sie auf den Kopf.«

Was wir noch nicht wußten, war, wie diese Abfolge ausgelöst wurde. Connie war einverstanden, vor und, soweit möglich, während der Prüfung ihre Gedanken zu überwachen. Weil sie nicht alle Gedanken aufschreiben konnte, beschränkte sie sich auf die Gedanken, die im weitesten Sinne negativ waren.

Das Ergebnis ließ tief blicken. Sie entdeckte, daß sie vor und während dem Examen hilflose Gedanken, kombiniert mit nutzlosen Vergleichen, hegte. Hier ist ein Auszug:

Vor der Prüfung:
- ☐ Kurz vor der Prüfung ging ich an meinen Schrank und dachte, ich wüßte bestimmt die Zahlenkombination zum Öffnen nicht mehr.
- ☐ Unmittelbar vor der Prüfung dachte ich: Eine Eins kriege ich nie.
- ☐ Ich fragte mich, wie lange Michael (der Klassenstar) wohl gelernt hatte.

Während der Prüfung (sie schrieb das nach der Prüfung auf):
- ☐ Ich überflog die Aufgabe bloß und sagte mir schon: »Das kann ich nicht«.
- ☐ Ich überlegte mir, bei welcher Aufgabe Michael jetzt wohl sei.
- ☐ Wie kann Jeff schon fertig sein? Ist er so gut, oder hat er die Arbeit verhauen?

Diese eine Übung in Selbstüberwachung gab Connie eine Fülle von Informationen. Sie verstand sofort, wie sie sich selbst im Wege stand. Sie dachte sich in die Hilflosigkeit hinein. Und sie lenkte sich mit Unwichtigem ab –, es kam nicht darauf an, was Michael und Jeff taten. Es kam nur darauf an, daß *sie* ihr Bestes tat.

Nachdem sie einmal eine Ursache für das Problem erkannt hatte, wurde sogleich eine Lösung sichtbar: Aufhören mit den defaitistischen Gedanken, den hilflosen Kommentaren und den fruchtlosen Vergleichen.

Connie begriff das, überwachte weiter ihre Gedanken und war leicht in der Lage, sich zu bremsen. Als sie mehrere Wochen später die Abschlußprüfung machte, unterließ sie die negativen Bemerkungen und Vergleiche. Und nachdem sie einmal angefangen hatte, das Problem anzugehen, wuchs langsam ihr Selbstvertrauen. Nicht jede Frau kann schlechte Gewohnheiten so leicht ablegen wie Connie, aber jeder kann aus dem Prozeß der Selbstbeobachtung etwas lernen.

Connie konnte ihr defaitistisches Denken einfach dadurch reduzieren, daß sie sich darauf konzentrierte und es aufzeichnete. Tatsächlich bemerkte sie gleich am ersten Tag, daß sie sich schon weniger mit anderen verglich.

Ihre Erfahrung ist kein Einzelfall. Psychologen haben herausgefunden, daß allein schon der Akt des Aufschreibens *an und für sich* Veränderung bewirken kann. Weil das beobachtete Verhalten auf die Beobachtung zu reagieren scheint, nannte man den Prozeß *Reaktivität*.

Die Veränderung in dem beobachteten Verhalten ist nicht beliebig. Wenn wir ein Verhalten beobachten, das für uns wichtig ist, wird das tendenziell eine Veränderung in die »richtige« Richtung bewirken. Das wurde in einer beträchtlichen Anzahl von Studien gezeigt (s. Watson/Tharp 1981). Wer Diät machte und Kalorien zählte, dessen Kalorienaufnahme verringerte sich. Raucher, die Aufzeichnungen übers Rauchen machten, rauchten weniger, und die, die sich immer über alles Sorgen machten, machten sich weniger Sorgen. Menschen mit nervösen Ticks wie Armzucken berichteten über weniger Zuckungen, wenn sie Aufzeichnungen machten. Wenn andererseits schweigsame Schüler sich bei ihrer Beteiligung am Unterricht beobachteten, sprachen sie mehr. Und wenn Menschen mit Phobien (z.B. Angst vor Tieren, vor weiten oder geschlossenen Räumen) sich beobachteten, steigerte sich ihre Fähigkeit, die Situationen zu ertragen, die ihnen Angst machten.

Es ist faszinierend, und man ist sich nicht ganz klar darüber, wie es funktioniert. Aber die Moral der Geschichte ist klar: Wenn wir uns Aufzeichnungen über unser Verhalten machen, haben wir bessere Aussichten, es in den Griff zu bekommen.

Karen benutzte die Selbstbeobachtung, um im Büro ihren Zorn zu kontrollieren. Sie arbeitete in demselben Büro wie ihr Ex-Freund Fred – ihre Schreibtische standen sogar nebeneinander. Solange sie eine Liebesbeziehung hatten, war das ein schönes Arrangement. Aber nach der Trennung wurde es zum Horror. Zum einen konnte Karen Freds verliebte Plaudereien mit seiner neuesten Flamme mithören. Noch schlimmer war Freds häßliche Angewohnheit, Karen eins auszuwischen. Obwohl sie gleichberechtigt waren, hatte Fred eine Art, Karen in Gegenwart des Chefs wie seine Assistentin zu behandeln. Das brachte sie auf. Diese Spielchen konnten sie stundenlang stinksauer machen, und wenn Fred es besonders wüst trieb, war ihr der ganze Tag verdorben. Einmal explodierte sie und machte sich in den Augen ihres Vorgesetzten lächerlich. Und sie hatte zum Schaden noch den Spott – Fred genoß es offenbar.

Sie merkte, daß der ganze Gefühlsaufruhr ihr Selbstvertrauen und ihre Leistungsfähigkeit unterminierte, und hatte das Gefühl, sie müsse dringend etwas tun. Sie war einverstanden, die Episoden in ihrem Tagebuch aufzuzeichnen. Sofort nach einem irritierenden Zusammenstoß mit Fred schrieb Karen alles auf, Schlag auf Schlag, wie es verlaufen war. Fred hat... Karen hat... Fred hat... usw. Karen merkte, daß sie sich mit dieser Methode gleich viel weniger elend fühlte. Konzentration und Aufschreiben verhalfen ihr zu einer gewissen Distanz, und sie konnte den Sturz ins Bodenlose, der sie früher immer zorniger und zorniger gemacht hatte, aufhalten. Karen schloß die ganze Folge von Gedanken, die sie elend machten, per Selbstbeobachtung kurz.

Sofortige Erfolge zu erwarten, ist unrealistisch, und ich warne die Leute für gewöhnlich davor. Spontane Problemlösungen kommen aber oft genug vor, um Erwähnung zu verdienen. Das geschieht, wenn wir unser Denken oder unser Tun sofort modifizieren können, sobald wir das Problem erkannt haben. Hätten wir uns nicht darauf konzentriert, hätten wir die Schwierigkeit gar nicht gesehen. Ist aber der Störenfried erkannt, können wir auf der Stelle etwas tun.

Helen, die sich auf die weibliche Herunterspielgewohnheit konzentrierte, nannte das folgende Beispiel:

»Es war ein Regentag, und mein Auto, das bei nassem Wetter manchmal Mucken hat, wollte nicht anspringen. Ich brauchte das Auto aber verzweifelt, weil ich mitten im Umzug war. Schließlich kriegte ich es mit einem Kabeltrockner an. Später habe ich meinem Freund die Geschichte erzählt und erwischte mich dabei, daß ich sagte, ich hätte Glück gehabt. Dann habe ich plötzlich gedacht: Ich kann mit Autos umgehen. Sonst habe ich so ein Selbstbild, daß ich nichts von Autos verstehe, aber das stimmt nicht. Ein bißchen was weiß ich schon.«

Helen paßte ihr Selbstbild sofort an. Natürlich wird ein einzelnes Ereignis das Selbstbild eines Menschen nicht total verändern. Aber viele Erfahrungen machen mit der Zeit schon etwas aus.

Indem wir uns konzentrieren, geben wir uns Gelegenheit, unser negatives Selbstbild zu bekämpfen. Indem wir das tun, entwickeln wir ein richtigeres Bild von uns und gewinnen an Selbstvertrauen.

Vielseitigkeit

Jedes Verhalten, das man beobachten und klar definieren kann, kann man auch aufzeichnen. Tagebücher kann man einsetzen, um sich auf die verschiedensten Situationen zu konzentrieren:

Wenn wir schüchternes Verhalten bei uns selbst beobachten, können wir einen allgemeinen oder einen speziellen Ansatz wählen. Wenn wir nicht sicher sind, wo die Schwierigkeit liegt, können wir erst einmal mit einem allgemeinen Überblick anfangen. Während einer oder zwei Wochen beobachten wir uns in allen Situationen, in denen wir uns nicht durchsetzen können oder uns mulmig ist. Wenn es uns ungemütlich wird, dann bedeutet das nicht immer, daß es sich um ein Durchsetzungsproblem handelt, aber es ist ein nützlicher Hinweis. Manchmal merken wir erst nachträglich, daß wir uns nicht durchgesetzt haben, aber sogar indem wir uns auf das konzentrieren, was wir nicht gesagt haben oder gerne hätten sagen wollen, können wir etwas lernen.

Meistens haben wir sehr wohl Bereiche, in denen wir stark sind und uns ohne weiteres durchsetzen können, und daneben Bereiche, in denen wir verwundbar sind und Sich-Durchsetzen schwierig ist. Manche können bitten, aber nicht nein sagen. Manche können positiv über sich reden, aber keine Auseinandersetzung führen. Wieder andere können vor einer großen Gruppe von Fremden, aber nicht vor einer kleinen Gruppe von Kollegen reden. Es ist individuell verschieden. Der Zweck einer allgemeinen Bestandsaufnahme ist, festzustellen, wo es genau hapert.

Wenn wir andererseits schon wissen, wo unsere Schwachstellen sind, können wir uns genauer auf diese konzentrieren. Wir suchen uns ein bestimmtes Selbstbehauptungsverhalten aus und beobachten uns im Verlauf der Woche dabei. Nehmen wir Lucy, eine Collegedozentin und Teilzeit-Unternehmensberaterin, der es schwerfiel, um etwas zu bitten. Es war schwer für sie, Honorare festzulegen und Bezahlung für ihre Beratertätigkeit zu fordern. Subtil schlich sich dieses Problem auch in ihren Alltag ein, bis sie unfähig und untüchtig war. Besonders schwer fiel es Lucy, am Telefon um etwas zu bitten. Daher drückte sie sich oft vor Telefongesprächen oder schob sie hinaus, und das war geschäftsschädigend.

Sie entschied sich dafür, ihr Durchsetzungsverhalten beim Bitten zu beobachten. Sie schrieb sowohl auf, wenn sie um etwas bat, wie auch, wenn sie um etwas bitten wollte, es aber nicht tat. Hier folgt das, was sie in der ersten Woche aufschrieb:

Montag, 14. März
Im Büro wegen genauerer Auskünfte zum Austauschprogramm für Professoren angerufen. Kurzes Spannungsgefühl, während das Telefon klingelte. Mit der Sekretärin gesprochen; sie schickt mir Informationen.

Dienstag, 15. März
Freundin gefragt, ob ich ihrer Sekretärin etwas Eiliges zum Schreiben geben könnte. Kein Problem.

Mittwoch, 16. März
Brian Rogers wegen des Vertrags angerufen, den er mir schicken wollte. Hatte es eine Woche vor mir hergeschoben. Mich gefreut, daß er nicht da war. Nachricht hinterlassen.

Nicht gemacht:
Gastredner für mein Seminar anrufen. Hätte diese Woche anrufen sollen. Jetzt muß ich das verschieben und den Lehrplan umbauen.

Anrufen, um einen Termin mit der Regierungs-Dienststelle wegen eines möglichen Projekts auszumachen.

Um Alufolie für die Fleischreste für den Hund gebeten, als ich auf einer Hochzeit eingeladen war. Andere Leute haben gefragt.

Nicht gesagt, in welchen Film ich gerne gehen wollte, obwohl ich einen bestimmten Film gern gesehen hätte. Gesagt, es sei mir egal.

Als Lucy diese Sammlung beruflicher und persönlicher Erfahrungen auswertete, schloß sie, daß ihr die Selbstbeobachtung geholfen hatte, einige Telefongespräche zu führen und einige Bitten auszusprechen. Sie hatte aber das Gefühl, sie müsse noch mehr an dem Problem arbeiten.

Selbstbeobachtung per se hilft schon, wenn die Trägheit alter Gewohnheiten hauptsächlich daran schuld ist, daß wir uns nicht durchsetzen. In solchen Situationen gibt uns die Konzentration auf unser Verhalten einen Anstoß, die Dinge zu tun, von denen wir wissen, daß wir sie können. Aber wenn es um starke Ängste oder einen Mangel an den notwendigen Fertigkeiten geht, dann brauchen wir eine zusätzliche Taktik.

Uns darauf zu konzentrieren, was wir mit unserer Zeit machen, ist ebenfalls eine Methode, Kontrolle über unser Verhalten zu gewinnen. Das ist besonders nützlich, wenn wir zu wenig tun und/oder ineffizient arbeiten. Die Zeit können wir auf verschiedene Arten aufzeichnen, je nachdem, welchem Zweck das Aufschreiben dienen soll.

Leslie ist eine zweiundzwanzigjährige Frau, die nach dem College bei ihrer Arbeitssuche blockiert war. Sie ist hochintelligent und hat wenig Durchhaltevermögen. Wenn sie nicht gleich Erfolg hat, schließt sie daraus, daß die Situation hoffnungslos ist, und gibt auf. Das Ergebnis war, daß sie nach einigen Monaten sporadischer Stellensuche einfach aufhörte zu suchen. Weil sie zu Hause bei großzügigen Eltern lebte, konnte sie die Arbeitslosigkeit ohne allzugroße wirtschaftliche Einschränkungen überstehen.

Aber trotz der Befriedigung ihrer kreatürlichen Bedürfnisse war es Leslie bei diesem Lebensstil nicht wohl. Den Tag zu verschlafen und abends auf Parties zu gehen, begann sie zu demoralisieren. Sie wollte arbeiten, konnte sich aber nicht wieder in Schwung bringen.

Etwas zögernd erklärte sie sich bereit, Tagebuch darüber zu führen, wie sie ihre Zeit verbrachte. Es gefiel ihr nicht, denn sie war nicht gerade scharf darauf, sich darüber klarzuwerden, wie sie lebte. Trotzdem schrieb sie in Abständen von einer Stunde auf, was sie tat. Hier ist eine Probe vom ersten Tag:

Dienstag, 3. Februar

12 Uhr –   Aufgestanden, geduscht, Haare gewaschen und getrocknet, angezogen.

13 Uhr –   Gegessen, mit Mutter geschwatzt.

14 Uhr –   Ins Einkaufszentrum gegangen, etwas erledigt, Schaufensterbummel gemacht, heimgegangen.

15.30 –   Zeitung gelesen, ferngesehen.

16 Uhr –   dito

17 Uhr –   dito, Freundin angerufen, Pläne für den Abend gemacht.

18 Uhr –   Mutter beim Abendbrotmachen geholfen, gegessen.

19 Uhr –   Zu Jeannie gegangen.

20 Uhr –   Mit Jeannie und ihrer Mitbewohnerin in den Club.

21 Uhr –   Etwas getrunken, mit den Typen geredet.

22 Uhr –   dito

23 Uhr –   Jeannie hat einen Typ getroffen, fing an, mich zu langweilen, bin heimgegangen.

24 Uhr –   Ferngesehen.

0.30 –   Bett.

Es war Leslie so peinlich, als sie auf diese Weise aufschrieb, was sie mit der Zeit anfing und wie wenig sie leistete, daß sie etwas unternahm. Nachdem sie eine Woche Tagebuch geführt hatte, nahm sie die Arbeitssuche wieder auf. Das brachte andere Probleme mit sich, aber jedenfalls hatte sie sich in Bewegung gesetzt.

Eileen hatte andere Probleme mit der Zeit. Sie nutzte sie nicht richtig, und das verschlimmerte ihre sonstigen Schwierigkeiten. Sie war beim Aufbaustudium und hatte große Angst zu versagen, und sie hatte Schwierigkeiten, sich auf ihr Studium zu konzentrieren. Nach relativ kurzer Zeit fing sie an zu träumen, und dann stand sie vom Schreibtisch auf. Wenn sie nicht sehr aufpaßte, endete das in der Küche, und statt des Wissens übers Kreditgeschäft stopfte sie Kartoffelchips in sich hinein.

Obwohl auch sie Zeiten aufschrieb, konzentrierte sich Eileen darauf, wie lange sie tatsächlich lernte. Sie schrieb auf, wenn sie anfing zu lernen; und wenn sie anfing zu träumen, schrieb sie auf, daß sie aufgehört hatte zu lernen. Hier ist ein Auszug aus ihren Aufzeichnungen.

Donnerstag, 17. November

Angefangen	Aufgehört
20 Uhr	20.20
20.23	21.10
21.30	22.15
22.30	23.02
23.03	23.45

Eileen fand, daß sie bei der Arbeit besser aufpaßte, wenn sie die Zeiten aufschrieb, zu denen sie lernte. Indem sie sich zwang, zu merken, was sie tat, konnte sie sich viel schneller als früher in die Wirklichkeit zurückholen. Sie beobachtete weiter ihr Verhalten und merkte, daß ihre Konzentrationsfähigkeit sich verbesserte.

Joyce haßte es, Entscheidungen treffen zu müssen. Sie ging einmal im Monat in einen kleinen Lebensmittelladen einkaufen, wo alles überteuert war, um dem Alptraum zu entgehen, im Supermarkt zwischen fünfzig Sorten Käse und dreißig Sorten Crackers wählen zu müssen.

Trotzdem war sie scharf auf einen Job, der ihr etwas abverlangte, und war begeistert, als man ihr eine Stelle als Geschäftsführerin in einem großen Rehabilitationszentrum für psychisch Kranke anbot. Kaum fing sie dort an, wurde ihr klar, warum man sie so gut bezahlte. Die Zuschüsse wurden gekürzt, und es gab nichts als Ärger. Sie mußte vor einem ständig wechselnden Hintergrund Hunderte von Entscheidungen treffen. Von der Wahl des Schreibpapiers bis zur Gehaltsfestsetzung, alles hatte sie zu verantworten. Und das in einer Einrichtung, in der die Mitarbeiter ständig Machtkämpfe und Streitigkeiten austrugen.

Sie beschrieb das so: »Vorher hatte ich nie eine Stellung, in der meine Entscheidungen wichtig waren. Jetzt muß ich große Entscheidungen ohne klare Richtlinien treffen. Es macht mich sehr nervös. Ich merke mir, was ich falsch entschieden habe und was zweifelhaft war, aber die richtigen Entscheidungen vergesse ich. Aber das Schlimmste ist, daß viele Entscheidungen irgendwie einfach in der Luft hängen bleiben und die Sache nie endgültig gelöst ist.«

Um ihre Entscheidungen in den Griff zu bekommen, begann Joyce ein Tagebuch zu führen, in das sie schrieb:

☐ Datum
☐ Situation und zu entscheidender Sachverhalt
☐ Alternativen
☐ Vor- und Nachteile jeder Möglichkeit
☐ Gründe ihrer Entscheidung

Zum Beispiel ergab sich ein Problem, weil das Zentrum in ein kleineres Gebäude umzog. Die neuen Mieter des alten Gebäudes wollten einen Teil der Möbel übernehmen. Es war zu entscheiden, ob die Möbel verkauft werden sollten oder nicht. Joyce schrieb auf:

3. August 1980
Entscheiden: Möbel verkaufen oder nicht?

Vorteile beim Verkauf:
1. Sofort mehr Geld zur Verfügung
2. Gebotener Preis ist gut
3. Leicht – wir müssen nicht eigens einen Käufer suchen

Nachteile:
1. Unsicher, ob wir die Möbel in den neuen Büros nicht doch noch brauchen; das hängt von anderen, noch zu treffenden Entscheidungen ab.
2. Wenn sie am Ende etwas verkauft hätten, was sie noch brauchten, müßten sie neue Möbel kaufen, das wäre teurer.

Vorteile beim Nichtverkaufen:
1. Möbel im neuen Büro verfügbar, ohne Mehrkosten.

Nachteile:
1. Verlust des potentiellen Kaufers. Müssen später Zeit und Energie investieren, einen Käufer zu finden.
2. Bekommen vielleicht nicht so einen guten Preis geboten.

Entscheidung und Begründung:
Beschlossen, nicht zu verkaufen. Bequemlichkeit und Gewinn wären das damit verbundene Risiko nicht wert.

Fast sofort, nachdem Joyce anfing, Aufzeichnungen zu machen, hatte sie eher das Gefühl, die Sache im Griff zu haben. Für sie war das Tagebuchführen eine Bestätigung, daß sie das Recht hatte, Entscheidungen zu treffen. Und natürlich fühlte sie sich klarer im Kopf. Statt daß ihr viele Entscheidungen im Kopf herumschwirrten und sie noch angespannter machten, weil sie sich merken mußte, hatte Joyce sie alle hübsch säuberlich an einem Ort beisammen.

Als sie ihr Tagebuch auswertete, merkte Joyce, daß sie trotz ihres gegenteiligen Eindrucks sehr wohl Entschlüsse gefaßt hatte. Einige davon waren sogar gut. Wenn sie doch Fehler machte, waren ihre Überlegungen – im Rahmen der ihr zugänglichen Informationen – vernünftig gewesen. Material zu sammeln, das belegte, daß sie logisch denken konnte, auch wenn manche Entscheidungen verkehrt waren, machte Joyce sicherer. In einem über Monate andauernden Prozeß hörte sie auf, sich für »fürchterlich schlechte Urteilsfähigkeit« zu beschimpfen, und wurde selbstbewußter.

Widerstand

Manchmal sagen mir die Leute etwa: »Ich mag keine Aufzeichnungen machen« oder »Das ist mir zuviel Arbeit«. Oder »Sowas kann ich nicht gut«. Oder manchmal erklären sie sich bereit, etwas aufzuschreiben, und tun es dann doch nicht. Mit anderen Worten, es widerstrebt ihnen, sich auf ihr Verhalten zu konzentrieren oder Informationen darüber zu sammeln.

Für diesen Widerstand gibt es zwei typische Gründe. Der erste ist Trägheit. Wir wollen uns einfach die Mühe nicht machen, uns nicht noch mehr Arbeit aufhalsen. Der zweite ist Vermeidung: Lieber spielen wir Vogel Strauß und nehmen unser wirkliches Verhalten nicht zur Kenntnis. Diese beiden Gründe werden oft verwechselt. Was als Faulheit erscheint, ist in Wirklichkeit ein Vermeidungsverhalten, aber das geben wir nicht zu.

Es ist möglich, sich auf sein Verhalten auch ohne Aufzeichnungen zu konzentrieren und daraus etwas zu lernen, jedoch ist es bei den meisten Leuten unwahrscheinlich, daß sie sich dann lange oder genau genug auf ihr Verhalten konzentrieren. Wer sein Verhalten notiert, hat viel bessere Aussichten, es zu ändern.

Was die Vermeidung betrifft, so ist es außerordentlich schwer, unser Verhalten zu ändern, wenn wir nicht bereit sind, es uns einzugestehen. Um unsere Gewohnheiten zu ändern, ist es erforderlich, daß wir uns ihrer bewußt sind, während wir ihnen nachgehen. Das ist der Eintrittspreis.

Wenn konzentrieren nicht reicht

Oft können wir uns mit der Konzentration auf Aufgaben und Verhaltensmuster mit Hilfe von Listen und Tagebüchern einen hinreichenden Schubs geben, damit wir in Gang kommen. Indem wir aktiv daran arbeiten, auf den Ball zu schauen, können wir ihn fangen und damit losrennen. Manchmal braucht es gar nicht mehr. Einmal in Schwung, nutzen wir ihn und machen weiter.

Manchmal geht es aber nicht so leicht. In solchen Situationen brauchen wir etwas mehr. In den nächsten Kapiteln werden wir uns Strategien und Techniken ansehen, wie wir am Ball bleiben.

8

Eine Aufgabe anpacken

»Ja, aber von hier kommen Sie da nicht hin«, ist der klassische Schlußsatz des Tölpels in der englischen Komödie, der gerade einem Reisenden ausführlich erklärt hat, wie er hätte fahren müssen, um an sein Ziel zu kommen. In der Realität ist das gar nicht komisch. Wir haben dieses Gefühl, wenn wir blockiert sind: »Von hier komme ich da nicht hin.« Vielleicht gehen wir los, aber wir glauben nicht, daß wir auch ankommen werden. O doch, wir können. Der Trick ist, nach dem Weg zu fragen und uns eine Karte zu zeichnen. Oder genauer, uns einen Plan zu machen.

Mit dem Plan haben wir schon angefangen, als wir die Liste anlegten. Jetzt müssen wir ins Detail gehen. Wir müssen uns das Projekt in Schritte einteilen, uns diese Schritte in einer sinnvollen Reihenfolge ordnen und sie in unseren Alltag einbauen. Diese Grundausstattung müssen wir nun noch um spezielle Strategien ergänzen, die es uns leichter machen, eine Aufgabe anzupacken und dabei möglichst wenig Angst zu haben. Wenn wir diesen Plan fertig haben, sind wir soweit: Wir können damit auf Tournee gehen.

Schritte

Viele Leute schüchtert schon der Gedanke ein, ein Buch zu schreiben. Natürlich ist es Schwerarbeit. Aber es ist schon weniger zum Fürchten, wenn wir uns überlegen, daß eigentlich niemand ein Buch schreibt: Was wir schreiben, sind Sätze. Aus den Sätzen werden Absätze, aus den Absätzen längere Passagen, aus denen wieder Kapitel.

Das läßt sich auf alles anwenden, was wir tun. Wenn wir unser Ziel formuliert und uns überlegt haben, wie wir es erreichen wollen, müssen wir die Aufgaben in kleine Schritte einteilen und »Miniziele« schaffen, die wir eins nach dem anderen angehen. Stückchen für Stückchen, von einem Meilenstein zum andern, arbeiten wir uns bis zur Ziellinie vor.

Das Geheimnis dabei, wie man ans Ziel kommt, ist: Unsere Schritte *klein genug* zu halten, um sie mit möglichst wenig Anstrengung und möglichst schmerzlos zu erreichen.

Der häufigste Fehler ist, einen zu großen Schritt zu tun. Die Augen sind dann größer als der Magen. Leider bilden wir uns aber ein, wir hätten uns vernünftige Ziele gesetzt. Wenn wir sie nicht erreichen, geben wir unserer Unfähigkeit die Schuld und sind entmutigt. Wenn das ein paarmal passiert ist, sind wir blockiert.

Manchmal ist es einfach mangelnde Erfahrung, wenn wir uns zuviel vornehmen. Wir unterschätzen, wieviel Arbeit, Zeit oder Energie wir in ein bestimmtes Projekt stecken müssen. Manchmal haben wir auch ein schlechtes Gewissen, weil wir denken, wir machten es uns zu leicht. Wir halten uns für faul oder unmotiviert.

Aber am vertracktesten wird es, wenn wir uns von dem verwirren lassen, was wir tun »müßten«. Wir machen zu große Schritte, weil wir unsere Pläne danach aufstellen, was wir können »sollten«, und nicht nach dem, was wir tatsächlich können.

Dieses Problem stellt sich oft, wenn wir ängstlich sind oder Phobien haben. Wir richten unsere Pläne danach aus, wie wir handeln würden, wenn wir keine Angst hätten. Weil wir unsere Angst nicht mit einplanen, versuchen wir schließlich Riesenschritte zu machen und bilden uns ein, sie seien vernünftig. Zum Beispiel könnten wir uns einbilden, wir »müßten« imstande sein, alle Unterlagen fürs Aufbaustudium innerhalb einer Woche abzuschicken. Tja – vielleicht wäre es in der besten aller Welten kein Riesenschritt, Zulassungsanträge auszufüllen. Aber wenn wir große Versagensängste haben, *ist* es ein Riesenschritt, und wenn wir nicht entsprechend damit umgehen, fallen wir entweder voll auf die Nase oder tun vor lauter Angst gar nichts.

Linda ist eine siebenundzwanzigjährige psychiatrische Sozialarbeiterin in einer staatlichen Klinik. Sie wollte sich als Therapeutin weiterbilden und bat bei verschiedenen Einrichtungen um Bewerbungsformulare. Nach und nach kamen sie an. Sie stapelten sich auf dem Bücherregal, aber Linda konnte sich nicht überwinden, sie auszufüllen. Die Tage vergingen. Jedesmal, wenn ihr die Bewerbungen wieder einfielen, wurde sie nervös, und plötzlich fielen ihr andere Dinge ein, beispielsweise, daß die Wäsche gewaschen werden müßte.

Ich schlug vor, Linda solle sich die Aufgabe in extrem kleine Schritte aufteilen. Der erste war, auf allen Formularen ihren Namen einzutragen. Sie lachte. Es war ein so absurd kleiner Schritt, daß man ihn kaum ernst nehmen konnte. Aber sie tat den Schritt. Nachdem sie ihren Namen eingetragen hatte, war es nicht so arg schwer, auch ihre Adresse und Telefonnummer dazuzuschreiben. Nachdem sie erst einmal so weit war, war es relativ schmerzlos, den restlichen Teil der Fragebögen auszufüllen, soweit es sich nur um nackte Tatsachen handelte. Natürlich war es viel schwerer, Aufsätze über die Freuden der therapeutischen Ausbildung zu verfassen. Aber als sie den Rest des Formulars fertig hatte, dachte sie schon optimistischer über ihre Fähigkeit, die Sache zu Ende zu bringen.

Wenn sie dieses Beispiel hören, lachen die Leute immer – aber sie kapieren. Wenn wir uns blockiert fühlen, müssen wir uns die Aufgabe in kleine Schritte einteilen – klein genug, daß wir *etwas* tun können.

Je schwieriger die Aufgabe, je größer unsere Angst oder unsere Vermeidungstendenz, desto kleiner die Schritte. Es ist immer besser, langsam vorzugehen. Kein Schritt ist zu klein.

Kleine Schritte mildern die Angst und machen es uns leichter anzufangen, denn sie machen unsere Pläne handhabbarer und weniger überwältigend. Sie haben auch noch andere Vorteile. Kleine Aufgaben sind leichter, und wir haben bessere Erfolgschancen. Und falls wir es nicht schaffen, ist nicht viel verloren, und wir fangen uns schnell wieder.

Weil wir mit kleinen Schritten schneller fertig sind, haben wir die Genugtuung, es geschafft zu haben, ebenfalls rascher. Oder anders ausgedrückt, wir müssen nicht warten, bis ein großes Stück Arbeit fertig ist, um uns wohlzufühlen. Wir haben früher und öfter Erfolgserlebnisse. Dieses Gefühl, es geschafft zu haben, ist deswegen besonders wichtig, weil es uns anspornt, weiterzumachen.

Kleine Schritte erlauben es uns auch, effizienter zu planen. Man kann sie in die gerade verfügbare Zeitspanne einpassen. Zum Beispiel nähte die Inhaberin eines Stoffgeschäfts in ihrer Freizeit besonders schöne Kissen und verkaufte sie dann. Es dauerte mehrere Stunden, ein ganzes Kissen zu nähen, und sie hatte nur wenige solcher »Blöcke« kontinuierlicher Freizeit. Aber wenn sie sich das Projekt einmal in Schritte aufgeteilt hatte – Schnittmuster ausschneiden, vier Nähte nähen, Reißverschluß einnähen, Kissen füllen –, konnte sie diese Schritte einbauen, wenn gerade nicht so viel los war, und konnte so viel mehr Kissen produzieren.

Mit kleinen Schritten können wir uns die Stunden eines jeden Tages und die Erfolge gleichsam vermehren.

Die Reihenfolge: Der Weg des geringsten Widerstands

Wenn wir Kuchen backen, ist die Reihenfolge, in der wir die Zutaten mischen, ganz entscheidend. Beim Salatmachen ist es dagegen egal, ob wir die Gurken vor oder nach den Tomaten kleinschneiden. Wenn es eine festgelegte Reihenfolge gibt, müssen wir das respektieren. Aber bei den meisten Arbeiten haben wir etwas Spielraum und können uns zumindest einige Schritte so einteilen, wie es uns am besten gefällt.

Wenn wir blockiert sind, gibt es eine Leitlinie, wie wir uns unsere Schritte einteilen können. Sie läßt sich am bündigsten so ausdrücken: Mach's Dir leicht.

Das scheint dem gesunden Menschenverstand und dem Wertsystem der Arbeitsethik zuwiderzulaufen, aber es funktioniert. Unter anderen Umständen wären uns vielleicht Termine oder Effizienz wichtiger. Aber wenn wir keinen Anfang kriegen, ist der Weg des geringsten Widerstands der beste.

Eine Frau im mittleren Management fing bei ihrer Suche nach einer neuen Stelle mit den Stellenanzeigen an. Sie erwartete nicht ernsthaft, über die Zeitung eine neue Stelle zu finden, aber es war ein vernünftiger und *leichter* erster Schritt. Eine andere Frau, die wegen Krankheit und Drogenmißbrauch mehrere Jahre nicht gearbeitet hatte, konnte sich kaum überwinden, die Zeitung auch nur anzusehen. Ihr erster Schritt war, eine Seite Stellenanzeigen zu überfliegen. Schrittweise arbeitete sie sich bis zum Überfliegen des gesamten Stellenteils vor. Nach mehreren Wochen tat sie den nächsten großen Schritt: sich Stellen anzustreichen, die vielleicht für sie geeignet wären. Eine dritte Frau, eine selbständige Unternehmensberaterin, hatte Angst davor, auf Tour zu gehen und dringend benötigte Aufträge zu akquirieren. Sie begann ihre Kampagne damit, daß sie liegengebliebene Korrespondenz aufarbeitete. Das würde ihr keine neuen Kunden einbringen, aber es war eine sanfte Art, sich für den großen Schub in Schwung zu bringen.

Wir finden die ersten Schritte, indem wir uns unsere Liste von Aufgaben anschauen und uns zum Beispiel fragen:

☐ Was kann ich sofort tun?
☐ Was ist am leichtesten für mich?
☐ Was geht am schnellsten?
☐ Was macht am meisten Spaß?
☐ Was schüchtert mich am wenigsten ein?

Es ist entscheidend, einen Anfang zu finden. Wenn wir etwas tun, haben wir wieder eher das Gefühl, die Dinge im Griff zu haben, und fühlen uns weniger hilflos. Das Erfolgserlebnis, selbst eine scheinbar triviale Leistung erbracht zu haben, kann uns Optimismus verleihen und den Wunsch wecken, weiterzumachen. Genauso planen wir auch die nächsten Schritte. Bei welcher der Aufgaben, die uns noch verbleiben, fühlen wir uns am wohlsten? Und bei welcher am zweitwohlsten?

Es ist enorm unterschiedlich, was verschiedene Menschen als leicht oder schwer empfinden. Für manche ist es technisch schwierige Arbeit, und bei anderen wieder ist es der psychische Streß. Oft ist es irgendeine unschlagbare Kombination von beidem. Manche kriegen die Panik, wenn sie Zahlen sehen, manche, wenn sie einen Satz von mehr als fünf Worten formulieren sollen. Wer beim Vorstellungsgespräch geradezu souverän war, ist vielleicht bei einer Prüfung starr vor Angst. Wieder ein anderer würde lieber den Fußboden mit der Zahnbürste schrubben als telefonieren. Es ist individuell verschieden. Wie wir uns die Schritte einteilen, kommt darauf an, wobei *wir* uns wohlfühlen.

Theoretisch sollte der gesamte Spielplan schon vorher festgelegt sein. In der Praxis funktioniert das nicht immer. Manchmal wissen wir zu Beginn eines Abenteuers noch nicht genug. Manchmal sind wir zu überwältigt oder haben zuviel Angst, über die nächsten Schritte klar zu denken. Das ist ganz in Ordnung. Zu Beginn brauchen wir nur einen Überblick, um uns die Schritte im groben festzulegen. Wenn wir den haben, brauchen wir ein detailliertes Aktionsprogramm für die nächsten paar Schritte. Sind wir damit fertig, dann geht es an die Feinabstimmung oder um die Neubewertung der nächstfolgenden Schritte. Wenn wir erst einmal ein paar Aufgaben hinter uns gebracht haben, geschieht zweierlei: Wir haben mehr Selbstvertrauen, und der Berg Arbeit ist kleiner geworden. Infolgedessen ist das ganze Projekt leichter zu bewältigen.

Stundenplan

Es ist leicht, zu vergessen. Es ist leicht, sich mit etwas anderem zu beschäftigen. Es ist leicht, müde zu werden. Wenn wir nicht eigens Zeit für unser Projekt einplanen, verkocht uns womöglich die Suppe auf der hinteren Herdplatte, während wir vorne die Spezialität des Hauses zubereiten.

Es gibt ein paar Tips zur Stundenplanung, die besonders nützlich sind, wenn wir blockiert sind:

Die doppelte Zeit. Nicht genug Zeit einzuplanen ist ein häufig vorkommender Fehler. Wenn wir Angst haben, brauchen wir oft länger als sonst, denn Angst setzt die Leistungsfähigkeit herab. Um sicherzugehen, daß wir genügend Zeit haben, wenden wir am besten die folgende Faustregel an: Schätzen Sie die Zeit großzügig und rechnen Sie dann doppelt soviel. Das deckt dann Angst, Verschätzen, Störungen und unerwartete Krisen ab und hilft, Streß auslösenden Zeitdruck zu verringern.

Beste Sendezeit. Wenn möglich, sollten wir schwierige oder streßige Aufgaben mit unserer »besten Sendezeit« abstimmen. So nennt der Zeitmanagement-Berater Allan Lakein (1972) diejenige Tageszeit, zu der wir am meisten Energie haben, uns am besten konzentrieren können und das meiste wegschaffen. Wenn wir uns schwierige Aufgaben für Zeiten vornehmen, an denen wir ein Leistungstief haben, können wir uns unnötig unter Streß setzen und uns selbst die Leistung verpatzen. Es hat wenig Zweck, bis in die Nacht zu arbeiten, wenn uns um zehn Uhr abends immer die Augen zufallen.

Teestunde. Wenn eine Aufgabe regelmäßig erledigt werden muß, hilft es sehr, wenn wir immer die gleiche Zeit dafür festsetzen. Wenn Sie zum Beispiel regelmäßig lernen müssen, könnten Sie »jeden Tag von acht bis zehn Uhr abends« dafür einplanen. Dann müssen Sie nicht mehr mühselig Entschlüsse fassen und nehmen leichter Gewohnheiten an –, beides spart Ihnen Energie und erhöht die Leistungsfähigkeit. Zeitmanagement ist vielen Frauen neu. Wir haben nicht gelernt, unsere Zeit als wertvoll zu betrachten, als kostbares Gut. Gewohnt zu springen, wenn andere etwas von uns wollen, betrachten wir unsere Zeit nicht als Konsumgut, das uns gehört und über das wir ein Verfügungsrecht haben oder haben sollten. Deswegen sind wir oft ungeschickt in der Zeitplanung und merken es nicht einmal. Es kann einen elend machen, wenn man nicht mit der Zeit umgehen kann. Es kann dazu führen, daß wir uns überwältigt fühlen oder ineffizient arbeiten, und es kann unsere Freizeit einschränken. Diese Probleme vervielfachen sich, wenn wir unser Unglück fehldiagnostizieren. Wenn wir nicht merken, daß unsere schlechte Zeitplanung zu unseren Problemen beiträgt, sind wir imstande und schreiben sie unserem

Mangel an Begabung zu. Geschieht das, dann wird das Zeitmanagement-Problem übersehen und bleibt ungelöst, und wir verstrikken uns in unserer Hilflosigkeit beim Versuch, unser Leben in den Griff zu bekommen.

Laura, eine einunddreißigjährige Jurastudentin, hatte schon lange Schwierigkeiten wegen ihrer Versagensangst und deren Begleiterscheinung, der Trödelei, gehabt. Sie war ein hochbegabtes Kind gewesen, das, obwohl es kaum lernte, Einsen bekam. Diese lässige Einstellung zur Schule setzte sich fort, als sie aufs College ging, wo sie recht anständige Noten bekam, weil sie in letzter Minute büffelte.

Obwohl ihre Noten gut genug waren, daß sie fürs Jurastudium zugelassen wurde, waren ihre Lerngewohnheiten nicht mehr angemessen, um Erfolg zu garantieren. In letzter Minute ochsen, das funktionierte bei Jura einfach nicht, und das wußte Laura ganz genau. Sie versuchte, regelmäßig zu lernen, hatte aber Schwierigkeiten damit. Ihre Unfähigkeit, die Lernsituation im Griff zu behalten, führte dazu, daß sie sich generell unfähig fühlte, und ihre Selbstachtung sank.

Eine der Hauptursachen für das Problem war, daß sich bei Laura ein unbefriedigender Ablauf eingespielt hatte. Sie kam um fünf Uhr nach Hause. Sie duschte, kochte Abendessen, aß und räumte auf. Um acht fing sie an zu lernen. Um neun war sie schon unruhig und begann in ihrer Wohnung herumzulaufen. Unweigerlich bleib sie in der Küche stehen, um eine Kleinigkeit zu essen, und setzte sich dann vor den Fernseher. Um halb elf ging sie wieder an ihre Bücher und arbeitete bis halb eins weiter. Bis dahin hatte sich ihre Angst gelegt, und sie konnte effizient lernen.

Unwillkürlich hatte Laura etwas einreißen lassen, was ihr Leben unnötig schwer machte. Sie plante eine extrem lange Lernzeit ein, von acht bis halb eins, und sie brachte sich unnötig in Konflikte, indem sie sich vornahm, während ihrer Lieblingssendung zu lernen.

Als sie das erkannte, konnte Laura das Problem lösen, indem sie ihren Stundenplan änderte. Nach dem Nachhausekommen ließ sie sich eine halbe Stunde Zeit, um sich zu entspannen. Von halb sechs bis acht lernte sie. Dann duschte sie sich, aß, räumte auf und sah fern. Um halb elf fing sie wieder an zu lernen und arbeitete bis halb eins. Laura konnte also mehr lernen, nachdem sie ihren Stundenplan ihren Bedürfnissen angepaßt hatte.

Gute Zeitplanung hat etwas mit Selbsterkenntnis, mit Kenntnissen über Zeitmanagement und ein bißchen »Versuch und Irrtum« zu tun. Es ist individuell ganz verschieden. Die beste Methode ist die, die *für Sie* richtig ist.

Zusatzstrategien und -techniken

Die Grundstrategie – das Projekt in kleine Schritte aufteilen, sie in eine sinnvolle Reihenfolge bringen und sich einen Stundenplan dafür machen – ist täuschend einfach. Sie funktioniert aber nur, wenn man sie auch in die Tat umsetzt. Oft braucht es Versuch und Irrtum und einige Übung, bis wir es heraushaben. Manchmal brauchen wir eine Zusatztaktik, um innere Widerstände zu überwinden.

Aufwärmen

Manche Frauen, besonders die mit Versagensängsten, haben Schwierigkeiten damit, einen Anfang zu finden. Wir trödeln, verschwenden Zeit, und dann haben wir Schuldgefühle deswegen.

Damit können wir umgehen, indem wir zum Beispiel Aufwärmtechniken anwenden. Wie Tänzer und Sportler Lockerungsübungen machen, um ihren Körper auf die Höchstleistung vorzubereiten, können wir das mit unserer Seele tun. Statt uns direkt in die Aufgabe hineinzuknien, können wir uns nach und nach näher heranführen, indem wir etwas tun, was uns das Umdenken erleichtert. Eine Frau bereitete sich zum Beispiel aufs Lernen vor, indem sie Kreuzworträtsel löste. Was wir tun, liegt bei uns. Alles, was funktioniert, ist in Ordnung.

Als ich dieses Buch schrieb, habe ich zwei sehr verbreitete Techniken angewandt. Wenn ich den Kopf voller Einfälle hatte und nicht wußte, wo ich anfangen sollte, war die Aufwärmtechnik das Aufräumen.

Ich machte den Schreibtisch sauber, sortierte Papiere und stellte die Ordner und Bücher um. Zu den Zeiten, als ich mich zum Denken anregen mußte, überflog ich Bücher und Artikel und tippte Notizen. Beide Tätigkeiten halfen mir, in Gang zu kommen.

Aufwärmtechniken kann man auch für zwischenmenschliche Situationen gebrauchen. Der Psychologe Charles Garfield (1983) hat herausgefunden, daß die, die Höchstleistungen erbringen, gewisse Schlüsselsituationen vorher im Kopf proben. Ehe sie in eine hochwichtige Konferenz, zu einem entscheidenden Vorstellungsgespräch oder auf eine außerordentliche Außendiensttagung gingen, stellten sich die besonders Leistungsfähigen die Situation mit allen Einzelheiten und dem erwünschten Resultat vor und programmierten sich auf erfolgreiches Handeln.

Das können wir auch. Vor einem wichtigen Telefongespräch oder Treffen können wir uns darauf konzentrieren. Wir können den Sachverhalt, die Darsteller und ihre Ansichten, die verschiedenen möglichen Wendungen, die das Gespräch nehmen könnte, und unsere eigene Rolle in dem Schauspiel noch einmal durchgehen. Manchmal ist es sogar nützlich, einen Text aufzuschreiben und unsere Rolle zu üben. Wenn wir zum Beispiel um eine Gehaltserhöhung bitten, kann es hilfreich sein, wenn wir die Gründe, die Antwort, die wir erwarten, und die Gegenargumente, wenn der Chef nicht begeistert ist, vorher aufschreiben.

Die Selbstmanagement-Tabelle

Sie ist eine weitere einfache Lernhilfe, um uns auf unsere täglichen Aufgaben zu konzentrieren. Die Tabelle soll uns daran hindern, bestimmte Aufgaben zu vergessen oder uns vor ihnen zu drücken. So legen wir vor uns selber Rechenschaft ab.

Am Anfang der Woche legen Sie sich jeweils eine Tabelle an, mit Rubriken für die Wochentage und für die Tätigkeiten, auf die Sie sich in dieser Woche konzentrieren wollen. Am Ende jedes

Tages haken Sie ab, was Sie erledigt haben. Schreiben sie als eine der Tätigkeiten auch auf, *daß* Sie sich die Tabelle angesehen haben, und legen Sie eine Rubrik dafür an.

Judy, eine Disponentin in einem Kaufhaus, wollte die Stelle wechseln, und es war notwendig, daß sie Freunde und Kollegen anrief, um ihnen mitzuteilen, daß sie nach einem neuen Job suchte. Es war ihr ungemütlich dabei, diese Anrufe zu erledigen, denn sie bildete sich ein, ihr Wunsch, die Stellung zu wechseln, deute irgendwie auf ein Versagen ihrerseits hin. Also schob sie das Anrufen auf oder vergaß es während ihres arbeitsreichen Tages. Sie benutzte die Selbstmanagement-Tabelle, damit sie besser auf das Kontakteknüpfen achten könnte. In der ersten Woche sah ihre Tabelle so aus:

Selbstmanagement-Tabelle Nr. 1

	Tabelle angesehen	*Kontaktpersonen angerufen*
Montag	x	
Dienstag	x	
Mittwoch	x	
Donnerstag	x	x
Freitag	x	x

Weil sie unter der Woche das Telefonieren aufgeschoben hatte bis zum Donnerstag, hakte sie Donnerstag und Freitag ab und ließ die Rubrik für die anderen drei Tage leer. Obwohl sie nicht jeden Tag telefonierte, sah sie sich doch jeden Tag die Tabelle an und hakte das jeden Tag ab.

Eine Schwesternschülerin, die Schwierigkeiten mit dem Lernen hatte, benutzte die Tabelle als Hilfe beim Lernen. Sie sah so aus:

Selbstmanagement-Tabelle Nr. 2

	Mo	Di	Mi	Do	Fr	Sa	So
Tabelle angesehen	x	x	x	x	x	x	x
Pharmakologie gelernt				x		x	
Pläne für die Gesundheits-							
vorsorge durchgearbeitet	x	x	x		x	–	–
Psychologie-Hausarbeit	x	x	x	x	x	–	–

Sie hat ihre Tabelle anders angelegt, aber der Grundgedanke ist derselbe. Sie hat ihre Lernaufgabe in mehrere Projekte eingeteilt und angekreuzt, wenn sie an einem gearbeitet hatte. Dadurch sah sie, in was sie ihre Energie steckte und was sie vermied. Sie lernte zwar, hatte aber nicht genug Pharmakologie gemacht, und die Tabelle half ihr, sich damit zu konfrontieren.

In gewisser Weise ist die »Tabelle angesehen«-Rubrik die wichtigste von allen, denn sie wurde eigens eingebaut, weil sie eine Gegenmaßnahme gegen das Vermeidungsverhalten darstellt. Wenn wir gar nichts sonst tun, können wir immer noch die Rubrik »Tabelle angesehen« ankreuzen. Das ist gewiß keine reife Leistung, aber wir müssen uns dadurch doch auf unsere Aufgaben konzentrieren und unser Vermeidungsverhalten bekämpfen. Wenn wir das lange genug tun, kommen wir schließlich auch dahin, die Projekte selber anzugehen.

Die Selbstmanagement-Tabelle ist sehr vielseitig. Sie kann so lang sein, wie wir wollen, und jede Tätigkeit einschließen. Wenn wir uns realistische Ziele stecken und die Tabelle jeden Tag durchlesen, wird uns das helfen, das Ziel im Auge zu behalten.

Belohnung

Wenn die Psychologen von Belohnung oder Verstärkung sprechen, stellen wir uns oft Kinder vor, die Schokolade bekommen, wenn sie runde Stäbchen in runde Löcher stecken, oder wir denken an weiße Ratten, denen man Futter gibt, wenn sie in ihrem Käfig Knöpfe drücken.

Während Süßigkeiten und Futter vielleicht nötig sind, um Kinder und Ratten zu motivieren, würde es den meisten Erwachsenen nicht einfallen, sich auch selbst systematisch zu belohnen.

Trotzdem gibt es viele Forschungsarbeiten, die belegen, wie wichtig die Verstärker bei der Verhaltenskontrolle sind. Eine Forscherin stellte zum Beispiel fest, daß Frauen, denen man beibrachte, sich für aktives Verhalten in der Gruppe zu belohnen, aktiver waren als Frauen, die Durchsetzungstraining ohne die Verstärker-Komponente erhielten (Gambrill/Richey 1980).

Vom Standpunkt der Frauenbewegung her gesehen, gibt es noch einen weiteren Grund, Belohnungen einzusetzen, die uns helfen, die Dinge durchzuhalten. Verstärker sind eine ausgezeichnete Methode, uns *Anerkennung* zukommen zu lassen. Wir nehmen dann zur Kenntnis, daß wir Schritte gemacht und Ziele erreicht haben. Wir konzentrieren uns damit auf unsere Leistungen und erkennen uns dafür an. So knacksen wir die weibliche Gewohnheit des Herunterspielens an.

Wir sollen Belohnungen wählen, die realistisch und motivierend, aber nicht unverzichtbar sind. Wenn die Belohnung zu kostbar ist, sind wir womöglich versucht, zu mogeln und unsere guten Vorsätze über den Haufen zu werfen. Und wir sollten uns für erwünschtes Verhalten belohnen und uns die Belohnung *versagen*, wenn wir dieses Verhalten nicht an den Tag legen.

Bei Belohnungen haben wir eine fast unendliche Auswahl. Hier sind nur ein paar Beispiele:

☐ Musikhören
☐ Fernsehen
☐ Einkaufen
☐ Gartenarbeit
☐ Mit einem Freund essen gehen
☐ Zur Kosmetikerin gehen
☐ Unser Lieblingsessen essen
☐ Ins Kino gehen
☐ Auf eine Party gehen

☐ Reisen
☐ Schmuck kaufen
☐ Lesen
☐ Uns massieren lassen
☐ Tanzen
☐ Ins Konzert gehen
☐ Sport treiben
☐ Nichtstun

Verstärker wirken am besten, wenn sie möglichst schnell auf das erwünschte Verhalten folgen. Wenn Sie sich zum Beispiel belohnen wollen, daß Sie auf der Betriebsversammlung etwas gesagt haben, sollten Sie sich lieber gleich belohnen, statt einen oder zwei Tage zu warten. Das sofortige Belohnen ist dann besonders wichtig, wenn sie etwas sonst Angsteinflößendes getan haben oder eingeschliffene Gewohnheiten ändern wollen.

Hier stellt sich natürlich gleich ein Problem. Meistens ist es nicht praktikabel, daß wir uns sofort belohnen. Wir können nicht mittendrin aufhören und zur Kosmetikerin gehen oder uns Ohrringe kaufen.

Zum Glück können wir dieses Problem umgehen. Erstens können wir uns mit Lob belohnen. Wir können unsere Leistung im Selbstgespräch anerkennen. Wir können zum Beispiel zu uns sagen: »Ich hab's geschafft!« oder »Gut gemacht«! oder »Gut, daß ich durchgehalten habe, es hat sich wirklich gelohnt.«

Uns selbst zu beglückwünschen, hat einen gewaltigen Einfluß, und wir können das jederzeit haben. Und was auch wichtig ist: Mit dem Herunterspielen ist es nicht vereinbar. Es schlägt zwei Fliegen mit einer Klappe: es verstärkt das erwünschte Verhalten und untergräbt die weibliche Herunterspielgewohnheit.

Wir können das Problem mit der sofortigen Belohnung auch umgehen, indem wir Symbole benutzen, um die Zeit zwischen jetzigem Verhalten und künftiger Belohnung zu überbrücken. Wissen Sie noch, wie wir in der Schule Preise bekommen haben? Wir können uns Punkte geben und sie bei günstiger Gelegenheit »einlösen«. Wenn Sie sich zum Beispiel besser durchsetzen lernen wollen, geben Sie sich einen Punkt für jede selbstbewußte Handlung. Wenn Sie vorher den Wert jedes Punktes festlegen, können Sie das für Kleinigkeiten »ausgeben«, wie etwa für Maniküre, oder Sie können Ihre Punkte für eine große Belohnung horten: zehn Punkte für eine neue Handtasche oder fünfzig Punkte für eine Reise nach Italien. Oder Sie können beides tun – sich täglich belohnen *und* dann ein besonders tolles Extra, wenn Sie einen bestimmten Meilenstein auf Ihrer Straße hinter sich haben.

Wenn Sie Verstärker einplanen, sollten Sie auch daran denken, daß man Belohnungen »früh und oft« geben soll. Zuerst sollten wir uns auch für die allerkleinsten Schritte belohnen. Wenn zum Beispiel unsere erste Aufgabe nur ist, unseren Namen auf ein Bewerbungsformular zu schreiben, sollten wir uns dafür loben *und* uns Punkte geben. Das versüßt uns die nächsten Schritte schon ein wenig. Im Laufe der Zeit können wir unsere Anforderungen erhöhen, aber denken Sie daran, daß man lieber zuviel als zuwenig belohnen soll.

Selbst wenn wir kein formelles Belohnungssystem errichten, sollten wir uns für Leistungen ausdrücklich loben. Das hebt die Selbstachtung, und wir sind dann nicht mehr so auf die Billigung anderer angewiesen.

Rechenschaft ablegen

Wir haben schon gesehen, wie nützlich es ist, wenn wir das »Rechenschaft-Ablegen« in unsere Planung mit einbauen und regelmäßig jemandem Bericht erstatten, der mit uns zusammenarbeitet. Am besten ist es, das gleich zu Beginn des Projekts festzulegen und die Kontaktperson zu einem Teil des Plans zu machen.

Im großen und ganzen sollten Sie so planen, daß Sie einen Termin die Woche bei Ihrer Kontaktperson haben. Wenn die Aufgaben aber besonders schwierig oder anstrengend sind, ist es vielleicht gut, noch Zusatztermine zu vereinbaren. Wenn wir wissen, daß ein anderer von uns häufige Erfolgsmeldungen erwartet, spornt uns das oft an – wenn auch vielleicht nur deswegen, weil wir uns sonst genieren würden.

Sie können sich das Rechenschaft-Ablegen leichter machen, wenn Sie mit Ihrer Kontaktperson ein schriftliches Abkommen schließen, das Sie beide unterzeichnen. Wenn Sie keine Kontaktperson haben wollen, können Sie das Abkommen mit sich selbst schließen. Der Vertrag sollte enthalten: 1. Ihr Ziel, 2. was Sie tun wollen, 3. wann oder wie oft Sie das tun wollen und möglicherweise auch 4. wie Sie sich belohnen wollen, wenn Sie sich an das Abkommen halten, 5. Folgen bei Vertragsbruch.

Den Forschungsergebnissen zufolge scheinen die, die schriftliche Verträge abschließen, besser auf ihr Ziel hinarbeiten zu können als die, die das nicht tun. In einer Studie wurde festgestellt, daß Schüler, die man bat, Verträge aufzusetzen, in denen sie sich selbst gegenüber verpflichteten, für die vielen Klassenarbeiten im Kurs zu lernen und sie mitzuschreiben, mehr Arbeiten mitschrieben und besser vorbereitet waren als die anderen, die keine schriftlichen Abkommen geschlossen hatten (Griffin/Wattson 1978).

Fit bleiben

Handeln kann anstrengend sein. Oft hat der Erfolg beim Dranbleiben etwas damit zu tun, wie gut wir mit unserer Energie haushalten und mit Streß umgehen. Leider ist eine der häufigsten Beschwerden moderner Frauen, sie seien erschöpft. Viele von uns sind oft zu müde. Das ist keine Kleinigkeit. Autos bleiben stehen, wenn der Tank leer ist – und wir auch. Drei hervorragende Methoden, um energisch zu bleiben, sind Gymnastik, Muskel-Tiefenentspannung und gute Ernährung.

Gymnastik. Schwimmen, Joggen und Tanzen gehören zu den Uraltformen der Gymnastik, die Spannungen abbauen. Sie helfen nicht nur beim Entspannen, sie lösen biochemische Veränderungen aus, die Angst und Depression bessern und verhüten können.

Zusätzlich zu ihrer günstigen Wirkung auf den Körper kann Gymnastik auch insofern dazu beitragen, daß wir uns wohler fühlen, als wir auch hierbei das Gefühl haben, wir hätten »die Sache im Griff«. Wenn wir merken, daß wir unseren Körper besser beherrschen können, führt das oft zu größerem Selbstbewußtsein und einem positiveren Selbstbild. In einem Forschungsprojekt wurde festgestellt, daß sportliche Collegestudentinnen ihr Selbstbild positiver einschätzen als andere Frauen (Vincent 1976).

Durch Gymnastik werden wir energischer und selbstbewußter, und dadurch können wir auch leistungsfähiger werden. Es gibt Forschungsergebnisse, die darauf hindeuten, daß sie die Hirnleistung verbessert und sogar die Phantasie anregt (s. Williams/Long 1979). Dieser Zusammenhang ist wichtig für die, die sich um ihre Produktivität Gedanken machen. Nicht nur aus Menschenfreundlichkeit gehen immer mehr Großbetriebe dazu über, ihren Mitarbeitern Sporthallen und Fitneßprogramme anzubieten. Die Leitenden betrachten das als Investition, die sich in steigender Arbeitsmoral und gesteigerter Produktivität auszahlt. So sollten wir das auch sehen.

Entspannung. Haben Sie schon einmal Magenkrämpfe gehabt? Ein verkrampftes Genick? Einen verkrampften Rücken? Wenn Ihnen das zu oft so geht, dann ist Muskel-Tiefenentspannung das Richtige für Sie. Diese Technik ist in den letzten Jahren populär geworden und ist routinemäßig in viele Streßmanagement-Programme eingebaut worden.

Der Grundgedanke ist, bestimmte Muskelgruppen erst anzuspannen und dann zu entspannen. Dadurch entspannen sich die Muskeln tiefer als vor der Anspannung. Es macht uns auch bewußter, wie sich Muskelspannung anfühlt, so daß wir sie im Alltag leichter erkennen können.

Mit etwas Übung ist es möglich, unsere Muskeln so zu kontrollieren, daß wir uns auf Kommando entspannen können, und zwar schon beim ersten Anzeichen von Spannung.

Um das zu lernen, müssen Sie einmal täglich an einem ruhigen Ort auf einem bequemen Stuhl oder Bett üben, wo Sie nicht gestört oder unterbrochen werden.

Atmen Sie tief ein, halten Sie bewußt fünf bis sieben Sekunden den Atem an und entspannen Sie sich dann zwanzig bis dreißig Sekunden lang. Die folgenden Übungen dauern etwa eine halbe Stunde:

1. **Hände**
   a. Dominante Hand zur Faust ballen
      Entspannen
   b. Andere Hand zur Faust ballen
      Entspannen
2. **Arme**
   a. Oberarm und Schulter auf der dominanten Seite anspannen
      Entspannen

b. Oberarm und Schulter auf der anderen Seite anspannen
Entspannen

3. Gesicht

a. Brauen so weit wie möglich hochziehen
Entspannen

b. Mit geschlossenen Lidern die Augen nach oben, dann nach unten rollen
Entspannen

c. Mit geschlossenen Augen die Lider runzeln
Entspannen

d. Nase runzeln
Entspannen

e. Mit geschlossenem Mund von einem Ohr zum anderen grinsen
Mund entspannen

f. Zunge gegen die Zähne pressen
Loslassen

g. Zähne zusammenbeißen
Entspannen

4. Hals

a. Kopf auf linke Schulter legen
Wieder aufrichten

b. Kopf auf rechte Schulter legen
Wieder aufrichten

c. Kopf zurückrollen
Aufrichten

d. Kinn auf den Hals drücken
Aufrichten

5. Brust

a. Schultern ganz zurückdrücken
Arme locker hängen lassen

b. Schultern ganz nach vorn ziehen
Arme locker hängen lassen

6. Magen

a. Anspannen
Entspannen

7. Hinterteil
   a. Anspannen
      Entspannen
8. Beine
   a. Rechten Oberschenkel anspannen
      Entspannen
   b. Linken Oberschenkel anspannen
      Entspannen
   c. Rechten Unterschenkel anspannen
      Entspannen
   d. Linken Unterschenkel anspannen
      Entspannen
   e. Zehen nach oben biegen
      Entspannen
   f. Zehen nach unten biegen
      Entspannen

Wenn Sie die Übungen gut können, können Sie das Anspannen und Entspannen verschiedener Muskelgruppen auch in anderen Situationen üben. Suchen Sie sich aus, wo Sie es probieren wollen; Sie haben die Wahl.

Entspannungstechnik kann man oft gebrauchen. Nehmen Sie sie, um nach der Arbeit wieder zu sich zu kommen, oder ehe Sie ins Bett gehen. Oder als Allheilmittel vor anstrengenden Tätigkeiten, wie Vorstellungsgesprächen, Konferenzen und Prüfungen.

Muskel-Tiefenentspannung ist nicht etwa die einzige Methode, sich zu beruhigen. Ihre Vorteile liegen aber in ihrer Vielseitigkeit und darin, daß sie einem in verschiedenen Streßsituationen jederzeit zugänglich ist.

Ernährung. Joan, eine dreißigjährige Managerin, kam in die Sprechstunde und beklagte sich, sie leide bei der Arbeit unter zu wenig Selbstvertrauen. Daß es ihr so schlecht ging, hing mit ihrer unangenehmen Lage zusammen: eine kleine Gruppe von Angestellten war unzufrieden mit ihr und machte sie systematisch schlecht.

Joan wunderte sich, was sie daran so fertigmachte. Ihre Vorgesetzten standen voll hinter ihr, und ihre vierzehn anderen Untergebenen auch. Intellektuell war ihr klar, daß sie sich nichts daraus zu machen brauchte. Das konnte sie aber nicht. Joan neigte nicht zum Grübeln, aber jetzt beschäftigte sie sich noch in der Freizeit mit diesem Sturm im Wasserglas.

Eine weitere Klage war, sie sei immer so erschöpft. Manchmal konnte sie sich nicht einmal mehr etwas zu essen machen, wenn sie von der Arbeit kam, und aß gar nichts. Abends um acht war sie bettreif.

Als Joan darüber sprach, was sie aß, wurde klar, warum sie so erschöpft war und ihre Streßtoleranz so niedrig. Sie beschrieb, was sie an diesem Tag zu sich genommen hatte: zwei Tassen Kaffee, drei Dosen Diätlimonade und ein paar Handvoll Erdnüsse. Zum Abendessen wollte sie sich eine Diät-Fertigmahlzeit heißmachen. Und das war auch noch ein repräsentativer Tag – sie hatte seit Jahren so gegessen.

Joan ist wie viele Frauen, die nicht richtig auf ihre Ernährung achten. Wenn die Zeit knapp ist, wird die richtige Ernährung oft zuerst geopfert. Selbst Frauen, die auf ihre Ernährung achten, sind oft mehr mit Abnehmen als mit gesundem Essen beschäftigt. Früher oder später rächt sich das durch Erschöpfung, Gereiztheit, mangelnde Leistungsfähigkeit und Erkrankung.

Es liegt auf der Hand, daß hier die Lösung ist, ordentlich zu essen. Wenn wir an größeren Projekten »dranbleiben« wollen, sollten wir uns wie Sportler im Training betrachten. Wir sollten essen, was uns die meiste Energie verleiht, und alles meiden, was uns Energie entzieht, wie raffinierten Zucker, Getränke mit Koffein und Alkohol. Frauen, die Probleme mit Angst, Depression oder Unterzucker haben, sollten besonders vorsichtig bei ihrer Diät sein.

Man hat gesagt, daß der Erfolg einer Armee durch den Magen geht. Das ist bei uns genauso.

Bewertung

Wenn wir wissen wollten, wie weit es von New York nach San Francisco ist, würde es uns nicht weiterhelfen, wenn wir quer über den Kontinent messen. Das klingt zwar absurd, aber es gibt wirklich Leute, die ihren Fortschritt mit dieser Methode bewerten.

Sie messen die Entfernung zwischen ihrem jetzigen Standort und ihrem Fern- (und manchmal Ideal-) Ziel. So erfahren sie aber nur, was sie noch erreichen müssen, und *nicht, was sie schon geschafft haben*. Andere denken nicht gern darüber nach, wo sie angefangen haben, weil sie sich davon mies fühlen. Aber welchen Grund man auch dafür hat, es gibt ein falsches Bild, und es untergräbt die Selbstachtung, weil es Fortschritte für nichts achtet.

Es gibt nur eine Art, unsere Fortschritte zu messen, und das ist, unseren jetzigen Standort mit dem zu vergleichen, an dem wir angefangen haben: Wie weit sind wir vom Startloch aus gekommen?

Viele geraten auch in die Falle, ihre Fortschritte zu unterschätzen, denn wir passen uns einem höheren Leistungsniveau leicht an. Bescheidene Anfänge vergessen wir schnell und halten unser jetziges Leistungsniveau für selbstverständlich, wie Marathonläufer, die vergessen haben, wie sie sich einmal japsend und keuchend über die ersten Kilometer gequält haben. Fast ohne daß wir es merken, verschieben sich mit unseren Leistungen auch unsere Erwartungen nach oben. Wir streben höheren, neuen und größeren Herausforderungen entgegen, ohne zu merken, wie sehr unsere Fähigkeiten gewachsen sind.

Um korrekt zu werten, sollten wir uns unsere Tagebücher und Tabellen ansehen und uns etliche Fragen stellen:

Wo habe ich angefangen?
Wo bin ich jetzt?
Habe ich meine Ziele erreicht?
Habe ich mir alle Zeichen angesehen, die auf Besserung hindeuten?
Habe ich etwas gelernt?

Wenn wir mit unseren Fortschritten zufrieden sind, können wir weitermachen und jede Woche oder nach Bedarf weiter werten.

Wenn es Schwierigkeiten gab, müssen wir sie beseitigen:

Was ist mir dazwischengekommen, daß ich mein Ziel nicht erreicht habe?
Wo und wann bin ich auf Probleme gestoßen?
Wie könnte ich sie in Zukunft vermeiden?
Habe ich mein Bestes getan?
Waren meine Ziele realistisch?

Nachdem wir unsere Schwierigkeiten benannt haben, können wir unseren Plan so abändern, daß wir Hindernisse überwinden können.

Kurze Zusammenfassung

Um die beiden letzten Kapitel kurz auf einen Nenner zu bringen: Wenn wir blockiert sind, müssen wir folgendes tun, um einen Anfang zu finden und eine Aufgabe anzupacken:

1. Ziele positiv und präzise formulieren.
2. Uns auf die Aufgaben konzentrieren, indem wir eine detaillierte Liste für alles, was zu tun ist, anlegen.
3. Die Aufgaben in kleine Schritte einteilen und Miniziele setzen.
4. Diese Schritte in einer Reihenfolge arrangieren, wobei der bequemste Schritt zuerst kommt, der unbequemste zuletzt.
5. Stundenplan machen.
6. Aufwärmetechnik benutzen.
7. Sich mit der Selbstmanagement-Tabelle auf die Aufgaben konzentrieren.
8. Belohnungen einbauen.
9. Einem anderen Menschen Rechenschaft ablegen.
10. Mit Gymnastik, Entspannung und guter Ernährung den Energiespiegel hoch und die Spannung niedrig halten.
11. Korrekt werten.

All das kostet Zeit und Mühe. Aber wir haben einen Plan, und wir kommen von hier aus dorthin, wo wir hinwollen.

9

Gedankenmanagement betreiben

Normalerweise nehmen wir unser Denken als selbstverständlich hin. Aber wenn es darum geht, mit schwierigen Aufgaben fertigzuwerden, erzeugt das Gehirn manchmal unproduktive Gedanken, die als vernünftige Ideen daherkommen. Da diese trügerischen Gedanken unseren Fortschritt bremsen, ja, ihn oft sogar vollends zum Stillstand bringen, müssen wir lernen, sie zu beherrschen.

Manchen mag der Versuch, die eigenen Gedanken zu steuern, unnatürlich erscheinen. Sie verklären den Geist als eine mystische Kraft, mit der man nicht einfach umspringen kann, wie man möchte. Die Idee, das eigene Denken zu strukturieren, betrachten sie als künstlich und einengend. Das Gegenteil ist der Fall: Selbstzerstörerische Gedanken loszuwerden ist eine befreiende Erfahrung.

In diesem Zusammenhang ist es nützlich, sich das Denken einfach als eine weitere Form des Verhaltens vorzustellen. So können wir Verhaltenstechniken des Selbstmanagements, die sich bei der Veränderung anderer Formen des Verhaltens als erfolgreich erwiesen haben, auf unsere Gedanken anwenden.

Selbstgespräche

Mit dem Begriff »Selbstgespräche« sind hier die (meistens) stummen Dialoge gemeint, die jeder Mensch ununterbrochen mit sich selber führt – die laufenden Kommentare, mit denen wir unser Tun Tag für Tag begleiten; die Anweisungen, die wir uns Minute für Minute geben; und die Urteile, die wir Minute für Minute über unser Verhalten und unsere Umwelt fällen. Stellen Sie sich zum Beispiel vor, Sie spielten gerade Tennis. Sie könnten dann etwa zu sich selber sagen:

– »Schlag so hart du kannst«, während Sie aufschlagen;
– »Ziel auf ihre Rückhand, die ist schwächer.«
– »Guter Aufschlag«, nachdem Sie aufgeschlagen haben;
– »Mist, ich hab wohl ein Loch im Schläger«, als Sie den Return verfehlen.

Oder ein anderes Beispiel. Sie fahren mit Ihrem Auto auf eine Kreuzung zu, da springt die Ampel auf Gelb um. Sie könnten etwa zu sich selber sagen:

– »Ich muß abbremsen.«
– Oder: »Schnell Gas geben, damit ich noch bei Gelb über die Kreuzung komme.«

Ein Selbstgespräch ist keine geistreiche Konversation. Es besteht vielmehr aus ganz alltäglichen, normalen, immer wiederkehrenden Gedanken. Und weil diese so zur Routine gehören, nehmen wir sie über weite Strecken des Tages gar nicht mehr wahr. Dennoch sind Selbstgespräche kein unbewußter Prozeß; es sind nicht Jahre der Psychoanalyse notwendig, um sie ans Tageslicht zu holen. Selbstgespräche sind Gedanken, die wir zu ignorieren gelernt haben, damit wir unsere Aufmerksamkeit ganz auf unsere Tätigkeiten konzentrieren können. Wie wir noch sehen werden, können wir uns jedoch, wenn wir wollen, unserer Selbstgespräche bewußt werden.

Hilflose Selbstgespräche. Das größte psychologische Hindernis, wenn es darum geht, wirkungsvoll zu handeln, sind ohne Zweifel hilflose Selbstgespräche. Erfolgreiche Frauen unterscheiden sich von solchen, die trotz vergleichbarer Bedingungen und Fähigkeiten steckenbleiben, vor allem durch den Grad erlernter Hilflosigkeit. In den Köpfen derjenigen unter uns, die gern alles auf später verschieben, gar nicht erst anfangen oder Schwierigkeiten haben, am Ball zu bleiben, spuken viel zu viele hilflose Gedanken herum.

Claudette zum Beispiel wollte an einem zweiwöchigen Kunstseminar teilnehmen. Obwohl der Kurs schon voll war, legte man ihr nahe, sich zu bewerben und auf eine Warteliste setzen zu lassen. Aber sie konnte sich nicht dazu aufraffen. Ihre Selbstgespräche sahen etwa so aus: »Es hat ja doch keinen Sinn. Ich komme sowieso nicht mehr in den Kurs hinein. Die Warteliste ist viel zu lang. Und selbst wenn ein Platz frei würde, käme ich nicht in Frage. Meine Arbeiten sind nicht gut genug, ich arbeite einfach nicht professionell genug.«

Immer wenn motivierte Frauen es nicht schaffen, eine Sache in Angriff zu nehmen oder sie zu Ende zu bringen, führen sie solche hilflosen Selbstgespräche. Das eine folgt auf das andere so sicher wie die Nacht auf den Tag. Hunderte von Frauen aller Altersgruppen und verschiedenster Herkunft und Bildung, Frauen mit den unterschiedlichsten Lebensstilen, Zielen und Projekten, haben mir ihre Gedanken mitgeteilt. Trotz aller Unterschiede laufen ihre Selbstgespräche alle im wesentlichen auf dasselbe hinaus: »Ich kann das nicht. Es geht nicht.«

In unserem täglichen Leben wirkt sich erlernte Hilflosigkeit so aus, daß sie unsere Selbstgespräche mit dem automatischen Gedanken infiziert, wir könnten wenig tun, um unsere Ziele zu erreichen. Das Schlüsselwort ist »automatisch«. Während konstruktive Selbstgespräche eine angemessene Bewertung der gegenwärtigen Wirklichkeit widerspiegeln, stellen automatische Gedanken einen Kurzschluß im Bewertungsvorgang dar. Anstatt neue Informationen aktiv zu verarbeiten und daraus vernünftige Urteile abzuleiten, schaltet das Gehirn auf Automatik um und leiert das alte Lied der erlernten Hilflosigkeit herunter, das da heißt: »Ich kann das nicht«. Und wir glauben dann, daß wir eine angemessene Einschätzung der Lage erhalten. Wir gehen davon aus, daß unsere Selbstgespräche uns vernünftige Richtlinien an die Hand geben, und handeln danach. Oder besser gesagt: Wir handeln nicht; wir fangen gar nicht erst an oder brechen vorzeitig ab. Würden wir die Informationen richtig verarbeiten, könnte dabei natürlich ebenfalls herauskommen: »Es geht nicht.« Aber das wäre dann eine gesicherte Schlußfolgerung, zu der wir erst gelangt wären, nachdem wir ernsthaft versucht hätten, das Problem zu lösen.

Erlernte Hilflosigkeit führt dazu, daß der Vorgang des Problemlösens unterbrochen und stattdessen auf eine automatische Antwort zurückgegriffen wird. Das übereilte »Es geht nicht« hindert uns daran, die Lage richtig einzuschätzen, und nimmt uns so die Chance, zu entdecken, was wir in Wirklichkeit alles erreichen könnten.

Hilflose Selbstgespräche bilden das Kernstück unproduktiven Denkens, aber es gibt noch ein paar andere damit zusammenhängende Gewohnheiten, die uns ebenfalls im Wege stehen: sich Sorgen machen, Dingen aus dem Weg gehen, übertriebene Selbstkritik üben.

Sich Sorgen machen. Hilflose Selbstgespräche führen und sich Sorgen machen sind eng verwandte Verhaltensweisen. Beides sind Formen unproduktiven Denkens. Während hilflose Gedanken sich jedoch auf eine aktuelle Situation beziehen, sind diese Sorgen in die Zukunft projizierte Hilflosigkeit. Wer sich Sorgen macht, führt Selbstgespräche über etwas, das noch gar nicht geschehen ist, aber irgendwann geschehen könnte. Solche Selbstgespräche sehen folgendermaßen aus:

– »Was ist, wenn ... geschieht?«
– »Was soll ich dann bloß tun?«

Die erste Frage suggeriert, daß das gefürchtete Ereignis sehr wahrscheinlich ist. Das ist sehr häufig eine fragwürdige Annahme. Aber selbst wenn sie ihre Berechtigung hat, stellt die zweite Frage nicht den Ausgangspunkt dar, um das Problem kreativ zu lösen. Sie ist vielmehr schlicht eine Variante des klassischen hilflosen Gedankens: »Ich kann es nicht schaffen.«

Ruth, eine Frau, die Silberschmuck entwirft und fertigt, macht sich häufig Sorgen ums Geld. Sie verdient gerade genug, um sich über Wasser zu halten, und beschreibt sich selbst als jemanden, der »nicht den Schritt ins große Geschäft wagt« und »sich mühsam voranschleppt«. Sie ist eine zurückhaltende Frau, die ungern nach draußen geht und ihre Sachen verkauft, aber ebensowenig gefällt ihr dieses Leben von der Hand in den Mund, wie sie es jetzt führt. Also wandte Ruth die im achten Kapitel beschriebenen Strategien an und bewarb sich um die Teilnahme an verschiedenen angesehenen kunsthandwerklichen Ausstellungen.

Trotz harter Konkurrenz wurde sie zu den zwei besten Ausstellungen zugelassen. Zunächst war sie euphorisch, doch dann setzte die Panik ein. Sie wurde von allen möglichen Sorgen bestürmt: »Ich möchte es so gern schaffen. Kann ich das? Kann ich ein richtiges Geschäft führen? Ausstellungen sind so teuer. Das wird mich mein letztes Hemd kosten. Was ist, wenn das Auto wieder mal streikt? Eine Reparatur könnte ich mir nicht mehr leisten. Und wenn die Ausstellungen kein Geld einbringen? Dann bin ich dran. Ich kann nicht schon wieder meine Schwester fragen. Die braucht ihr Geld selber. Ich bin sechsundvierzig Jahre alt und finanziell überhaupt nicht abgesichert. Was mache ich nur, wenn ich bei dieser Ausstellung kein Geld verdiene?«

Wir haben vielleicht den Eindruck, daß wir mit dieser Art von Selbstgespräch einen Teil unseres Problems lösen, indem wir uns mit zukünftigen Schwierigkeiten auseinandersetzen – nach dem Motto: Wer gewarnt ist, ist gewappnet. Aber es ist ein himmelweiter Unterschied, ob man versucht, ein Problem konstruktiv zu lösen, oder sich nur Sorgen macht.

Wer erfolgsorientiert ist, glaubt, daß er oder sie eine gute Chance hat, Schwierigkeiten zu meistern, führt Selbstgespräche, die der Kreativität förderlich sind und neue Ideen hervorbringen, und sucht aktiv nach Lösungen. Alle Energie ist auf produktives Handeln gerichtet. Und wenn man dabei vielleicht auch nicht außer sich sein mag vor Begeisterung, so hat man doch immerhin das Gefühl, lebendig zu sein.

Wenn wir dagegen eine von ständiger Sorge gekennzeichnete Einstellung haben, glauben wir nicht daran, daß wir die Situation, die wir auf uns zukommen sehen, in den Griff bekommen können. Wir sagen uns dann im Kopf nur immer wieder von neuem das betreffende Problem vor, anstatt kreativ zu werden und uns irgendetwas zu seiner Lösung einfallen zu lassen. Wir stehen unter Hochspannung, unsere Energie ist nicht gebündelt, und wir fühlen uns ausgelaugt.

Weil sie möglicherweise glauben, ihr Problem auf diese Weise zu lösen, ersetzen manche die Arbeit durch alle möglichen sorgenvollen Spekulationen. Anstatt Schmuck zu fertigen, einen Jahresbericht zu schreiben oder Staatsrecht zu pauken, denken sie über die Folgen nach. Was passiert, wenn der Schmuck sich nicht verkauft, wenn der Chef den Bericht nicht akzeptiert oder ich die Staatsrechtsprüfung nicht bestehe? Aber: Es ist etwas anderes, ob man über mögliches Versagen oder über die Arbeit an sich nachdenkt. Das mag selbstverständlich klingen, aber vielen Frauen ist es eben doch nicht klar. Wir nehmen an, daß wir schon produktiv sind, wenn wir nur über einen beliebigen Aspekt unseres Arbeitslebens nachdenken. Das ist nicht der Fall. Wenn wir uns Sorgen über mögliches Versagen machen, denken wir nicht über Schmuck, Berichte oder Recht nach. Befürchtungen in bezug auf die vor einem liegende Aufgabe sind gleichbedeutend mit Nichtstun.

Einer Sache aus dem Weg gehen. Die Angst vorm Versagen fungiert, wie schon besprochen, bei einigen von uns als Motiv, die Arbeit zu meiden. Es ist, als zöge uns eine innere Kraft von unserer Aufgabe fort, so wie ein Sog einen Schwimmer vom Ufer fortzieht. Wenn wir diese Kraft nicht bekämpfen, gehen unsere Vorhaben unter.

Unsere Selbstgespräche können, wenn wir einer Aufgabe aus dem Weg gehen wollen, dieses Vermeidungsverhalten sowohl kaschieren als auch erleichtern. Wenn wir nicht aufpassen, können wir uns selber täuschen. So war es zum Beispiel bei Shelley, einer Studentin. Sie sagte zu sich selber: »Ich bin zu müde, um nach dem Abendessen noch den ganzen Weg zur Bibliothek zurückzugehen. Ich arbeite heute abend zu Hause. Es ist heute sowieso so ungemütlich draußen.« Indem sie »vergaß«, daß sie nur in der Bibliothek konzentriert arbeiten kann, machte Shelley sich selber glauben, daß sie zuhause arbeiten würde, obwohl sie sich in Wirklichkeit einfach drücken wollte.

Die auffälligste Form solcher Selbstgespräche ist die Rationalisierung. Wir beschließen ganz bewußt, etwas nicht zu tun, was wir eigentlich tun wollten – einen Bericht schreiben, ein Telefonat führen, einen Mitarbeiter maßregeln – und haben dann für unseren Stimmungswechsel scheinbar plausible Erklärungen parat. Typische Ausreden sind: »Ich bin zu müde«, »Ich habe jetzt nicht genug Zeit«, »So wichtig ist es auch wieder nicht«, »Es kann warten« und »Ich habe schon fast den ganzen Abend vertrödelt, jetzt ist es zu spät, noch damit anzufangen.«

Anstatt uns Ausreden auszudenken, können wir auch »ganz zufällig« etwas anderes zu tun finden. Meg zum Beispiel sagte sich, während sie sich mit ihrer Steuererklärung abmühte: »Ich verstehe das nicht. Es langweilt mich zu Tode. Mal sehen, ob von der Apfeltorte noch was da ist.« Sie stand auf und ging damit, jedenfalls für den Augenblick, der Steuererklärung aus dem Weg. Essen, Fernsehen und Lesen sind altbewährte und beliebte Methoden häuslichen Vermeidungsverhaltens; aber auch im Büro haben wir unsere Mittel und Wege. Wenn alles andere versagt, sind die an uns selbst gerichteten Sätze »Ich brauche jetzt unbedingt eine Tasse Kaffee« oder »Ich muß mal zur Toilette« gut geeignete Methoden, um den Rückzug anzutreten.

Schließlich können unsere Selbstgespräche auch die Form der chronischen »Existenzkrise« annehmen. Solche Ablenkungsmanöver hören sich dann etwa so an: »Warum fällt mir diese Arbeit eigentlich so schwer? Ist es nicht ein sinnloses Unterfangen? Was mache ich mit meinem Leben? Habe ich die Weichen richtig gestellt? Wäre ich vielleicht glücklicher, wenn ich etwas anderes täte?« Diese Art des Dialogs läßt sich beliebig fortsetzen und kann neu aufgenommen werden, wann immer es brenzlig wird. Anders als eine echte Krise, die selten auftritt und bei der unser jeweiliges Vorhaben dann auch eine korrekte Neueinschätzung erfährt, wird bei der chronischen Existenzkrise lediglich ein altes Band abgespult, das uns dazu bringt, der anstehenden Aufgabe aus dem Weg zu gehen.

Übertriebene Selbstkritik üben. Es ist eine Sache, alles, was wir tun, zu analysieren und konstruktiv zu kritisieren. Etwas ganz anderes ist es, uns jedesmal automatisch zu verdammen, wenn wir nur um Haaresbreite an der perfekten Leistung vorbeischliddern. Unnötig harte Selbstkritik läuft auf Gewalt gegen sich selbst hinaus. Hier einige Beispiele:

- »Meine Güte, ich habe ja wohl überhaupt keine Kontrolle über das, was ich sage. Man sollte mich knebeln, bevor ich unter die Leute gehe.«
- »Diesmal habe ich wirklich alles vermasselt. Ausgerechnet beim wichtigsten Projekt der Abteilung muß ich so unvorsichtig sein. Ich hätte den Fehler unbedingt bemerken müssen. Statt dessen habe ich nur wieder einmal bewiesen, wie unfähig ich bin.«
- »Warum bringe ich nicht ein bißchen Leben in dieses Gespräch? Es ist meine Schuld, daß alle sich langweilen. Ich verstehe von Gruppendynamik soviel wie ein Schnecke.«

Stellen Sie sich vor, wie Sie es fänden, wenn jemand anders Sie als unfähig bezeichnen würde. Es ist keinen Deut angenehmer, wenn Sie es selber tun. Wenn Sie nicht sicher sind, ob Sie sich mit Ihren Selbstgesprächen selber Gewalt antun, fragen Sie sich: »Würde ich das zu einem anderen Menschen sagen, an dem mir viel liegt? Und wenn ich es täte, wäre er oder sie dann verletzt?«

Kritische Selbstgespräche können Streß verursachen. Das wurde bei einem einfachen Experiment sehr schön bewiesen. Eine Gruppe von Studenten wurde gebeten, sich selber kritische Aussagen vorzulesen, eine andere Gruppe bekam neutrale Aussagen vorgelegt (Sanford/Donovan 1985). Während sie lasen, wurden physiologische Messungen gemacht, die den Streß aufzeichneten. Nur die Studenten, die die kritischen Aussagen lasen, zeigten emotionale Reaktionen. Obwohl sie lediglich von einem Fremden verfaßte Sätze in einer neutralen Situation lasen, reagierten sie mit Streß.

Hilflose Selbstgespräche und solche, mit denen man sich selber Gewalt antut, gehen häufig Hand in Hand. Wenn uns Gefühle der Machtlosigkeit und Verletzlichkeit bedrängen, können unsere hilflosen Gedanken dazu führen, daß wir auf uns selber herumhacken. So war es zum Beispiel bei einer Frau, der man gekündigt hatte. Während sie über ihre Arbeitssuche nachdachte, sagte sie zu sich: »Ich bin selber Schuld, daß man mir gekündigt hat. Irgendwas stimmt mit mir nicht. Nichts mache ich richtig. Ich hab eben keine Ahnung von Technik. Immer geht irgendwas schief. Ich bin nicht produktiv. Ich bin zu nichts nütze.«

Wer derart destruktive Selbstkritik übt, hat es noch schwerer, von seinem hilflosen Denken loszukommen. Wenn wir so hart mit uns selber ins Gericht gehen, wird aus dem Gefühl der Hilflosigkeit schnell Verzweiflung. Unser Selbstbewußtsein löst sich in Luft auf, wir haben kaum noch Energie und überhaupt keine Begeisterungsfähigkeit mehr. Außerdem wird die Angst zu versagen größer, wenn wir uns darauf gefaßt machen müssen, bei jedem Fehler, der uns unterläuft, auch noch von uns selber bestraft zu werden. Mit einer solchen Einstellung ist es, vorsichtig ausgedrückt, schwierig, irgendetwas in Angriff zu nehmen.

Selbstgespräche verändern

»In einem sehr realen Sinne gehören wir durch unsere eigenen Selbstgespräche entweder zu Bau- oder zu Abbruchunternehmen.« (Rimm/Litvak 1969)

Wir haben gesehen, wie die Abbruchunternehmen unseres Geistes arbeiten: Sie stellen unsinnige Forderungen, sind übertrieben hart in ihrer Kritik, leiern längst überholte Bänder herunter, organisieren Sitzstreiks und sind allgemein produktivem Handeln im Wege. Nun, da wir begriffen haben, wie destruktiv ein solches Abbruchunternehmen ist, können wir aufhören, uns den Boden unter den Füßen wegzuziehen, und uns endlich selber aufbauen.

Verhaltenstechniken sind der Schlüssel zum Erwerb konstruktiver Denkgewohnheiten. Sie helfen uns, unsere Denkmuster zu verändern, indem sie uns konkrete Tätigkeiten an die Hand geben, die dem Prozeß dieser Veränderung Logik und Ordnung verleihen. Dadurch kann das Denken seinen vagen, für uns oft undurchsichtigen Charakter verlieren und kontrollierbar werden.

Das heißt für uns, daß wir lernen müssen, selbstzerstörerische Gedanken durch produktive zu ersetzen, *bevor* unsere negativen Selbstgespräche uns den falschen Weg einschlagen lassen. Die Aufgabe besteht darin, uns der unerwünschten Gedanken bewußt zu werden, sie schnell zu erkennen und wirkungsvoll dagegen vorzugehen. Das geschieht in zwei Phasen: zuhören und widersprechen.

Zuhören. Ist man auf das Konzept des Selbstgesprächs erst einmal aufmerksam geworden, erkennt man es meist sofort als etwas, das ununterbrochen in einem abläuft. Wir können uns ohne weiteres dazuschalten und uns selber »zuhören«. Da wir uns aber besser auf das, was wir tun, konzentrieren können, wenn wir unsere Selbstgespräche ignorieren, müssen wir lernen, *selektiv zu hören.*

Bei welchen Gelegenheiten wir auf Empfang schalten, wird davon abhängen, wie wir unser Problem betrachten. Negative Selbstgespräche können entweder eine Reaktion auf bestimmte Umstände oder eine charakteristische Antwort auf eine ganze Bandbreite von Problemen sein.

Wenn wir glauben, daß wir mit ganz bestimmten Umständen Schwierigkeiten haben, brauchen wir unsere Selbstgespräche nur in bezug auf diese problematische Situation zu überwachen. Eine Rechtsanwältin zum Beispiel wunderte sich darüber, daß sie in letzter Zeit so große Schwierigkeiten hatte, morgens aufzustehen. Als sie daraufhin nach dem Aufwachen einmal auf ihre Gedanken achtete, stellte sie fest, daß sie einen Gerichtssaal vor sich sah, sich ihr Magen zusammenkrampfte und sie zu sich sagte: »Was mache ich hier eigentlich?« Indem sie in dieser Situation auf Empfang schaltete, fand sie heraus, daß sie morgens nicht aufstehen mochte, weil sie gerade mit einer unangenehmen Gerichtsverhandlung zu tun hatte.

Amanda benutzte dieses Verfahren bei ihrer Arbeitssuche. Obwohl sie es satt hatte, in der »Zeche« zu schuften, wie sie das Maklerbüro nannte, bei dem sie arbeitete, vertrödelte sie ihre Abende, anstatt Bewerbungen zu schreiben. Als sie ihren Gedanken zuhörte, wurde deutlich, woran das lag. Amanda führte Tagebuch über ihre Selbstgespräche zwischen Abendessen und Schlafenszeit und löste so das Rätsel der ungeschriebenen Bewerbungen. Hier einige Kostproben aus ihrem Tagebuch: »Ich habe keine Ahnung, was ich in dem Anschreiben sagen soll«, »Wird es denn überhaupt klappen?«, »Ich weiß ja gar nicht, ob ich dem Job gewachsen bin, wenn ich ihn bekomme« und »Wenn ich jetzt damit anfange, versäume ich die Nachrichten«.

Es ist nun aber auch möglich, daß unsere Reaktionen auf das Leben allgemein Anlaß zur Sorge geben. Reagieren wir auf die Wechselfälle des Lebens häufig mit Hilflosigkeit oder Selbstkasteiung? In diesem Fall reicht es nicht aus, nur bestimmte Situationen ins Auge zu fassen; wir müssen vielmehr den ganzen Tag über auf unsere Gedanken achten. Wir sollten jeden Gedanken, mit dem wir uns selber schlecht machen, in unserem Tagebuch festhalten, und wenn möglich auch die Situation, die ihn hervorgebracht hat, und die Gefühle oder Verhaltensweisen, die sich daraus ergeben haben, beschreiben. Hier einige Beispiele aus den Tagebüchern von Frauen, die eine Woche lang ihre hilflosen Gedanken belauscht hatten:

– Eine Wirtschaftsjournalistin schickte einer Zeitschrift einen Artikel. Die Antwort, die sie bekam, suggerierte, daß der Redakteur entweder nicht verstand oder ihm nicht gefiel, was sie geschrieben hatte. Sie dachte: »Alles, was ich anfasse, ist zum Scheitern verurteilt« und war deprimiert.
– Als eine Produktmanagerin erfuhr, daß sie auf Reisen gehen sollte, um mit allen möglichen Firmenbossen zu sprechen, dachte sie bei sich: »Bin ich nicht viel zu unbedeutend, um mit all diesen hohen Tieren zu sprechen?« und geriet in Panik.
– Eine Schauspielschülerin hatte eine kleine Rolle in einem Stück, das sie in ihrem Kurs einstudiert hatten. Während sie hinter der Bühne auf ihren Auftritt wartete, dachte sie bei sich: »Und wenn ich nun meinen Text vergesse?« und fing an, sich gegenüber den anderen Schauspielschülern herabzusetzen.

Die Überprüfung unserer Selbstgespräche hilft uns, Probleme zu erkennen, und ebnet so den Weg zu ihrer Lösung. Diese

Erfahrung machten auch Christina und ihre vierzehnjährige Tochter Terry, als sie sich gemeinsam vornahmen, systematisch darauf zu achten, wann sie sich selber schlecht machten. Terrys Aufzeichnungen zeigten, daß die meisten ihrer geringschätzigen Kommentare während der Mathestunden und -hausaufgaben auftauchten. Dadurch wurde sie auf ein verstecktes Problem aufmerksam. Obwohl sie in Mathe immer gute Noten hatte, fiel Terry dieses Fach nicht so leicht wie andere Fächer. Manchmal fand sie Mathe sehr schwierig, und dann kam sie sich unfähig vor und übte erbarmungslos Selbstkritik. Ihre negativen Selbstgespräche waren im Grunde ein Warnsignal. Als ihr das erst einmal klar geworden war, begriff sie auch, daß sie nicht unfähig war, sondern nur härter als gewohnt arbeiten mußte. Also konzentrierte sie sich stärker auf Mathe, und die übertrieben selbstkritischen Gedanken verschwanden.

Anders als Terry neigen manche Frauen zu so chronischer Selbstkritik, daß der geringste Anlaß ausreicht, um eine Lawine der bittersten Selbstvorwürfe loszutreten. Der Wind dreht sich, und schon geben sie sich die Schuld dafür. Problematisch ist in diesem Fall nicht der Inhalt oder der Kontext der Selbstgespräche, sondern ihre *Häufigkeit*. Daher verspricht hier eine andere Technik der Selbstbeobachtung mehr Erfolg. Anstatt täglich genaue Aufzeichnungen zu machen, brauchen wir die negativen Gedanken, die im Laufe eines Tages in unseren Köpfen auftauchen, nur zu *zählen*. Das läßt sich mit Hilfe eines mechanischen Geräts, wie es etwa Golfspieler benutzen, um ihre Punkte zu zählen (solche Geräte werden wie Armbanduhren getragen, und man kann sie in jedem Sportgeschäft kaufen), leicht bewerkstelligen. Wir brauchen dann nur noch täglich und wöchentlich die Zwischensummen aufzuschreiben.

Durch diese Methode der Selbstbeobachtung werden wir auf unangemessen und übertrieben selbstkritische Gedanken aufmerksam und lernen sie schnell zu erkennen. Allein dadurch werden manche Gedanken sofort verschwinden (ich erinnere an das siebente Kapitel). Den verbleibenden Gedanken müssen wir uns noch eingehender widmen.

Widersprechen. Das »Belauschen« unserer Selbstgespräche gibt uns die Möglichkeit, Denkgewohnheiten entscheidend zu verändern: Wir können lernen, das Negative auszuschalten und das Produktive zu betonen.

Ich sage bewußt nicht, das *Positive* zu betonen, und zwar aus folgendem Grund. Wir brauchen durchaus nicht, wie viele glauben, unbedingt positiv zu denken. Das ist lange nicht immer möglich. Manchmal sind wir zu mutlos, zu frustriert, zu ängstlich oder zu wenig motiviert, um optimistisch zu sein, und dann ist der Schritt von negativem zu positivem Denken einfach zu groß. Es genügt aber glücklicherweise, von negativen auf neutrale Gedanken umzuschalten. Wir brauchen nicht »Ja, das kann ich« zu sagen, sondern nur »Ja, vielleicht«. Hauptsache, wir sagen nicht automatisch »Nein, das kann ich nicht«.

Gedanken abbrechen. Diese mittlerweile klassische Verhaltenstechnik, um unerwünschte Gedanken auszuschalten, wurde von Dr. Joseph Wolpe entwickelt. Gedanken abzubrechen ist die wichtigste Fähigkeit, die man erwerben muß, um seine Selbstgespräche steuern zu lernen. Im Zusammenspiel mit anderen Techniken kann diese Methode uns sehr wirkungsvoll helfen, uns weniger Sorgen zu machen, allzu harte Selbstkritik zum Schweigen zu bringen und Hilflosigkeit wie Vermeidungsverhalten zu begegnen.

Es geht bei dieser Technik darum, unerwünschte Gedanken systematisch zu unterbrechen und durch andere zu ersetzen. Das erfordert sowohl gute Planung als auch Übung. Verdeutlichen wir uns an einem Beispiel, wie die Sache funktioniert. Vorhin war von Ruth die Rede, jener Frau, die voller Sorge einer Ausstellung entgegensah, bei der sie ihren selbst entworfenen Schmuck zur Schau stellen sollte. Damit sie aufhörte, dauernd über die Möglichkeit des Mißerfolgs nachzugrübeln, lernte sie die Methode des Gedanken-Abbrechens. So ging sie vor:

1. Zunächst ließ sie den unerwünschten Gedanken bewußt zu: »Und was ist, wenn die Ausstellung kein Geld einbringt? Was mache ich dann? Ich bin sechsundvierzig Jahre alt und finanziell überhaupt nicht abgesichert.« Den unerwünschten Ge-

danken zuzulassen bedeutet, die Sache in die Hand zu nehmen und sich zu sagen: »Ich kann meine Gedanken steuern. Ich kann selber bestimmen, wann ich einen Gedanken im Kopf haben möchte und wann nicht.«

2. Der nächste Schritt bestand darin, den unerwünschten Gedanken zu unterbrechen. Das tat sie, indem sie laut »Halt!« rief. So merkwürdig es uns auch vorkommen mag, – es ist sehr wirkungsvoll, weil man es schlechterdings nicht ignorieren kann.

3. Unmittelbar nachdem sie »Halt!« gerufen hatte, *ersetzte* sie den unerwünschten Gedanken durch einen angenehmen: Sie stellte sich vor, einen Spaziergang um einen einsamen See in Maine zu machen.

Ruth übte diese drei Schritte täglich zehn Minuten an einem Ort, an dem sie ungestört laut rufen konnte. Sie übte so lange, bis sie Gedanken auf Kommando durch andere ersetzen konnte. Dann ging sie dazu über, nur noch leise zu sich selber »Halt« zu sagen. Um sicherzustellen, daß sie den Befehl nicht ignorieren würde, streifte sie sich ein Gummiband ums Handgelenk und zog jedes Mal kurz daran, wenn sie »Halt« sagte. So konnte sie die Methode auch in der Öffentlichkeit anwenden, ohne aufzufallen.

Es gibt verschiedene Möglichkeiten, Ersatz für die unerwünschten Gedanken zu schaffen. Eine davon ist, eine Liste mit zehn angenehmen Vorstellungen vorzubereiten. Dabei ist es einerlei, ob sie real sind oder der Phantasie entspringen. Hier einige Beispiele:

1. Ein Strand bei Sonnenuntergang.
2. Ein Ausritt.
3. Im Garten arbeiten.
4. Eine Szene aus dem Film »Jenseits von Afrika«.
5. Brot backen.
6. Die Kanäle von Venedig.
7. Das *Nußknacker*-Ballett in der Weihnachtszeit.
8. Mein Traumhaus, ein altes viktorianisches Haus voller Winkel und Verstecke.

9. Meine Tochter beim Malen mit Fingerfarben.
10. Mit Freunden um ein Lagerfeuer herum sitzen, essen, trinken und lachen.

Es spielt keine Rolle, was wir einsetzen – ein Gebet tut es genauso wie eine erotische Phantasie. Es darf nur keine negative oder bedrückende Vorstellung sein. Eine Frau zum Beispiel beklagte sich, daß die Methode bei ihr keine Wirkung zeige. Als sie ihre Ersatz-Gedanken beschrieb, wurde deutlich, woran das lag. Ihre negativen Gedanken bezogen sich auf ihr eingebildetes Unvermögen, im Dschungel der Geschäftswelt zu überleben. Um diese Gedanken auszuschalten, ersetzte sie sie durch eine romantische Szene: Sie sah sich mit einem gutaussehenden Mann im Mondschein tanzen. Mit dieser Vorstellung aber legte sie den Finger in eine andere Wunde, denn sie hatte gerade keine romantische Beziehung zu einem Mann, und fühlte sich danach noch schlechter.

Sie hatte sozusagen Kopfschmerzen durch Bauchweh ersetzt. Wenn die Ersatz-Vorstellung unangenehme Gefühle erzeugt, tauschen Sie sie gegen eine neutrale oder positive Vorstellung aus.

Anstatt einen Gedanken durch einen anderen zu ersetzen, kann man auch, bei zehn anfangend, rückwärts zählen. Manchen hilft es, beide Methoden zu kombinieren: Sie zählen zuerst rückwärts und ersetzen dann den negativen Gedanken durch eine schöne Vorstellung. Wählen Sie die Methode, die Ihnen am leichtesten fällt. Wenn Sie nicht sicher sind, probieren Sie alle Möglichkeiten aus, bis Sie wissen, womit Sie am besten zurechtkommen.

Wenden Sie die Methode des Gedanken-Abbrechens frühzeitig und oft an. Am besten jedesmal, wenn unerwünschte Gedanken in Ihr Bewußtsein vordringen. Fangen Sie möglichst an, sobald die negativen Gedanken einsetzen. Je früher Sie beginnen, desto geringer ist die Gefahr, daß Sie sich selbst herunterziehen.

Sich weniger Sorgen machen. Weshalb sollten wir uns unglücklicher machen als nötig, indem wir uns den ganzen Tag lang über irgendetwas Sorgen machen? Es wäre sehr viel sinnvoller, alle Sorgen und Bedenken zu einer bestimmten extra dafür vorbehaltenen Zeit gemeinsam abzuhandeln.

Halten Sie sich jeden Tag zur selben Zeit zwanzig Minuten frei, die Sie nutzen, um sich mit Ihren Sorgen zu beschäftigen. Scheiden Sie die lösbaren von den unlösbaren Problemen und versuchen Sie, einige davon zu lösen. Wenn im Laufe des Tages irgendwelche Sorgen Sie bedrängen, verschieben Sie den Gedanken daran auf diese zwanzig Minuten. Schreiben Sie auf, was Sie zu vergessen befürchten. Wenden Sie, falls nötig, die Methode des Gedanken-Abbrechens an, damit Sie sich auch wirklich zu keiner anderen als der vorgesehenen Zeit mit Ihren Sorgen befassen.

Verbringen Sie die Zeit, die für Ihre Sorgen und Bedenken reserviert ist, immer am selben Ort. Suchen Sie sich einen bestimmten Sitzplatz (möglichst nicht Ihren Lieblingsstuhl, weil Sie ihn sonst vielleicht immer mit Ihren Sorgen assoziieren werden) an einer bestimmten Stelle, und gehen Sie mit Ihren Sorgen ausschließlich dorthin. Die Idee dahinter ist, Ihre Sorgen einzugrenzen, damit sie nicht auf andere Bereiche Ihres Lebens übergreifen.

Marilyn war in ihrem bisherigen Arbeitsleben immer auf Nummer sicher gegangen. Mit dem Ergebnis, daß sie nun, nach mehreren Jahren und einer Reihe von »sicheren« Jobs, gelangweilt und frustriert war – sie verdiente zu wenig und fühlte sich ständig unterfordert. Aber sie war blockiert, weil ihre Angst zu versagen mindestens ebenso groß war wie ihr Wunsch, erfolgreich zu sein. Zu allem Überfluß setzte ihr Mann sie auch noch unter Druck, weil er es leid war, sie über ihre Konflikte reden zu hören, und fand, daß sie endlich eine Entscheidung treffen müsse.

Dann kam das Angebot. Es war ein anspruchsvoller Job in einem Stellenvermittlungsbüro, mit dem sie, sollte sie sich bewähren, viel Geld würde verdienen können. Es war zugleich aufregend und beängstigend. Hohes Risiko, hohe Gewinnquote.

Marilyn wagte den Sprung ins kalte Wasser. Aber sobald sie die Stelle angenommen hatte, stieg ihre Angst ins Unermeßliche. Sie arbeitete wie besessen. Ihre Abende und Wochenenden waren beherrscht von der Sorge, ob sie ihr Soll erfüllen würde. Bald hatte sie das Gefühl, kein Privatleben mehr zu haben.

Sie berichtete, daß ihre Selbstgespräche so aussahen: »Ich habe noch niemanden untergebracht. Dabei bin ich schon zwei Wochen hier. Was ist, wenn ich nicht bald jemanden vermitteln kann? Ich habe drei bis sechs Monate Probezeit. Und wenn ich es nun nicht schaffe? Habe ich vielleicht doch die falsche Entscheidung getroffen? Ich hätte lieber bei der Textverarbeitung bleiben sollen. Es ist eben immer gefährlich, etwas Neues auszuprobieren. Wie bin ich überhaupt auf die Idee gekommen, ich könnte es schaffen? Ich muß ja verrückt gewesen sein, mir das einreden zu lassen. Und jetzt stehe ich im Regen. Was mache ich bloß, wenn ich versage?«

Um sich selber und dem neuen Job eine Chance zu geben, beschloß Marilyn, es mit der Methode der Bündelung ihrer Sorgen zu versuchen. Tagsüber hörte sie ihre Selbstgespräche ab, und abends setzte sie sich für zwanzig Minuten auf einen zur Wand gedrehten Eßzimmerstuhl und dachte noch einmal über alle ihre Arbeit betreffenden Sorgen und Ängste nach.

Zusätzlich wandte sie die Methode des Gedanken-Abbrechens an, die sie nach ein paar Wochen so gut beherrschte, daß sie unerwünschte Gedanken sofort abbrechen konnte. Zu ihrer Erleichterung stellte sie fest, daß sie in den allabendlichen zwanzig Minuten bald viel weniger Stoff zum Nachdenken hatte. Indem sie sich von unproduktiven Gedanken befreit hatte, konnte Marilyn nun wesentlich konzentrierter arbeiten und ihre Freizeit unbeschwerter genießen.

Selbstkritik zum Schweigen bringen. Konstruktive Selbstkritik ist zwar kein Vergnügen, aber sie hat eine wichtige Funktion. Fehler und Mißerfolge können uns zu wertvollen Einsichten verhelfen, wenn wir ihnen ins Auge sehen und von ihnen lernen. Wenn dieser Prozeß allerdings fehlgeht und wir auf uns selber herumhacken anstatt konstruktiv zu sein, dann muß etwas geschehen. Das heißt, wir müssen uns unser Verhalten bewußt machen und es mit Hilfe der Methode des Gedanken-Abbrechens ändern.

Ist uns ein solch übertrieben selbstkritisches Verhalten schon zur Gewohnheit geworden, dann müssen noch andere Schritte unternommen werden. Nehmen wir als Beispiel den Fall der siebenundzwanzigjährigen Lisa, die zu mir in die Sprechstunde kam, weil sie unter Angstzuständen und Depressionen litt. In ihrem Leben schien nichts richtig zu laufen.

Sie war ihrem Verlobten nach Boston gefolgt und mußte dann feststellen, daß es in ihrer Beziehung kriselte. Wegen einer wirtschaftlichen Rezession hatte sie Schwierigkeiten, Arbeit zu finden, und fühlte sich gezwungen, einen Job anzunehmen, den sie als »banal« bezeichnete. Sie war bis dahin immer davon ausgegangen, daß sie, als intelligente, talentierte Tochter eines wohlhabenden Anwalts, ohne weiteres eine interessante Stelle finden würde. Nun fühlte sie sich blockiert – der Bürojob war eine Sackgasse und nagte an ihrem Selbstbewußtsein.

Durch übertrieben harte Selbstkritik machte Lisa alles noch schlimmer. Deshalb mußte sie lernen, auf ihre Selbstgespräche zu achten und einen anderen Text zu produzieren, der ihr mehr Auftrieb geben würde. Ihr Endziel war, die Selbstgespräche, in denen sie sich selber schlecht machte, auszuschalten.

Zunächst führte Lisa Tagebuch über all ihre selbstkritischen Gedanken sowie die Umstände, in denen sie auftauchten, um herauszufinden, ob sie eine Reaktion auf ganz bestimmte Situationen waren. In der ersten Woche zählte sie dreiundvierzig selbstkritische Kommentare.

Als sie sich ihr Tagebuch nach einer Woche ansah, stellte Lisa fest, daß sie praktisch auf jedes frustrierende Erlebnis automatisch mit Selbstkritik reagierte und der Inhalt der Selbstgespräche einigermaßen vorhersehbar war. Da weder Kontext noch Inhalt dieser Selbstgespräche bemerkenswert waren, gab sie ihr Tagebuch auf und ging dazu über, ihre »Garstigkeiten«, wie sie sie nannte, nur noch zu zählen.

Außerdem übte sie in den folgenden Wochen die Methode des Gedanken-Abbrechens ein. Als sie sie beherrschte, nahm sie sich vor, jede Woche drei selbstkritische Gedanken auszumerzen. Je näher sie an ihr Endziel herankam, desto schwieriger wurde dieses Vorhaben. Deshalb reduzierte sie die Zahl der auszuschaltenden Gedanken zunächst auf zwei, später auf einen pro Woche.

So seltsam es klingen mag – als die selbstkritischen Gedanken immer weniger wurden, spürte Lisa eine gewisse Leere in sich:

Irgendetwas fehlte. Um diese Lücke auszufüllen, begann sie, ihre positiven Gedanken abzuhören. Jedesmal, wenn sie ein schönes Erlebnis oder einen angenehmen Gedanken hatte, notierte sie das in ihrem Tagebuch. Kein positiver Gedanke war dafür zu trivial: »Ein köstliches Thunfischbrötchen«, »Wie gut, daß ich nicht während der Rushhour fahren muß«, »Was für ein wunderschöner Sonnenuntergang.«

Wie viele, die zu negativem Denken neigen, war Lisa begeistert von diesem Tagebuch der »guten Nachrichten« und stellte fest, daß ihre positiven Gedanken sich vervielfachten. Bald ging Lisa dazu über, ihre schönen Gedanken nur noch zu zählen.

Lisa brauchte sechs Monate, um sich von ihren übertrieben kritischen Selbstgesprächen zu befreien. Allerdings fiel sie noch manchmal, wenn sie unter großem Streß stand, in ihre alte Gewohnheit zurück. Dann bestürmten ihre selbstkritischen Gedanken sie wie ein wildgewordener Bienenschwarm. Aber sie war jetzt in der Lage, aus der Not eine Tugend zu machen und solche Gedanken als Aufforderung zu benutzen, einen Schritt zurückzutreten, sich anzuschauen, worin der Streß bestand, und etwas dagegen zu unternehmen. Ihre übertriebene Selbstkritik war kein Reflex mehr, sondern ein nützliches Warnsignal.

Hilflosigkeit und Vermeidungsverhalten begegnen. Manchmal reicht es nicht aus, negative Selbstgespräche auszuschalten. Wir brauchen Gedanken, die für uns arbeiten und die uns arbeiten helfen. Wir brauchen produktive Gedanken: Sie müssen genau und vernünftig sein und uns das Handeln erleichtern.

Zu solchen guten Selbstgesprächen kann man nur gelangen, wenn man, statt unkritisch zuzuhören und blind zu handeln, allen unproduktiven Selbstgesprächen mit Fragen und Behauptungen begegnet. Ein Beispiel: Obwohl Angela, die gerade bei einer Public Relations Firma als Produktmanagerin angefangen hatte, über jede Menge Erfahrung im Umgang mit einem 10 000 Dollar-Haushalt verfügte, reagierte sie hilflos auf die Aufgabe, mit einem 100 000 Dollar-Haushalt zurechtzukommen. Anstatt sich jedoch in ihren hilflosen Gedanken zu verlieren, schaltete sie auf Empfang und sagte »Halt!«, sobald ein solcher Gedanke auftauchte.

Dann entgegnete sie: »Und warum soll ich das nicht können?« »Woher weiß ich denn, daß ich das nicht kann?« »Habe ich so etwas schon einmal gemacht?« Fragen wie diese helfen uns, zu einer realistischeren Einschätzung der Lage zu kommen.

Wer bei seinem Verhalten Vermeidungstaktik wittert, sollte sich selber ins Kreuzverhör nehmen. Wenn wir uns dabei beobachten, wie wir eine Zeitschrift zur Hand nehmen, den Fernseher einschalten oder zur Kaffeemaschine schlendern, sollten wir uns fragen: »Halt! Brauche ich jetzt wirklich eine Pause? Ist das gut für meine Arbeit oder wirft es mich nur noch mehr zurück?« Als Kate abends um acht Uhr an einem Referat arbeitete, wurde sie sich ihrer Selbstgespräche bewußt: »Ich bin so müde. Ich glaube, ich werde morgen weitermachen.« Sie wurde sofort mißtrauisch, denn normalerweise ging sie erst um elf Uhr ins Bett. Deshalb sagte sie: »Halt!« und entgegnete: »Bin ich wirklich müde oder würden meine Lebensgeister sofort wieder erwachen, wenn mein Liebhaber mit zwei Konzertkarten in der Tasche vorbeikäme?« »Natürlich hat das Zeit bis morgen, aber habe ich dann nicht noch mehr Arbeit als jetzt?«

Dies sind aufrichtige Fragen, die ja nach Lage der Dinge unterschiedliches Verhalten nach sich ziehen können. Natürlich sind wir manchmal wirklich müde, haben Hunger oder brauchen einfach eine Pause, und dann ist es auch legitim, diesen Impulsen nachzugeben. Aber für gewöhnlich wissen wir sehr genau, ob wir ehrlich sind oder uns nur um die Arbeit drücken wollen. Eine Studentin, die sich schlecht aufs Lernen konzentrieren konnte, sagte von sich: »Mit mir selbst zu sprechen funktioniert, wenn ich abnehmen will. Ich denke dann darüber nach, welche langfristigen Vorteile es hat, wenn ich weniger esse, und kann mich damit meistens zum Aufhören bewegen. Aber beim Lernen habe ich das noch nicht ausprobiert. Ich beschließe einfach aufzuhören, und das tue ich dann auch. Ich hinterfrage diese Entscheidung nie.« Sobald sie begann, ihrem Vermeidungsverhalten zu begegnen, konnte sie sich besser aufs Lernen konzentrieren, und ihre Noten wurden besser.

Wir können solches Verhalten auch bekämpfen, indem wir feststellen, ob unsere Selbstgespräche ungenau, unlogisch, unvernünftig oder in irgendeiner anderen Weise fehlerhaft sind. Wenn wir wissen, daß wir eine Milchmädchenrechnung aufgemacht haben, können wir sie verwerfen. Wir können dann unseren hilflosen Gedanken widersprechen, indem wir sagen: »Ich habe schon einmal etwas Ähnliches gemacht, also werde ich dies wahrscheinlich auch hinkriegen.« Oder: »Ich mache immer so einen Wirbel und komme dann doch gut zurecht.« Oder: »Nur weil ich einmal danebengelegen habe, muß ja nicht gleich jedesmal alles schiefgehen.« Eigenem Vermeidungsverhalten zu begegnen ist einfach: »Ich will mich ja nur drücken. Das schadet meiner Arbeit, also weiter im Text.« Eine Entgegnung, die bei allen Gelegenheiten verwendet werden kann, ist die folgende: »Dieser Gedanke ist überflüssig. Er hilft mir nicht, meine Ziele zu erreichen.«

Wenn wir lernen, unsere Selbstgespräche zu hinterfragen, werden wir am Ende besser mit konkreten Situationen umgehen können. Vor allem aber können wir, wenn wir unproduktiven Gedanken entschlossen begegnen, die allgemeine Richtung unseres Denkens ändern und die Entwicklung erfolgsorientierten Verhaltens fördern.

10

Verhaltensmuster ändern

Wir haben jetzt gelernt, wie wir in unsere Selbstgespräche eingreifen können. Was aber ist mit anderen Verhaltensmustern, die verändert werden müssen?

Wenn wir eine Aufgabe anpacken, ist es unser Ziel, ein Produkt oder eine Situation hervorzubringen: Schmuckstücke, einen Zeitungsartikel, einen neuen Job. Genauso, wie man dabei vorgeht, kann man auch verfahren, um solche Verhaltensmuster wie Selbstbehauptung, Arbeitsgewohnheiten und Streßbewältigung zu verändern. Man unterteilt den Weg zum Zielverhalten in kleine Abschnitte, indem man sich lauter Zwischenziele setzt, und versucht, eins nach dem anderen zu erreichen. Man beginnt mit dem leichtesten Ziel und spart das schwerste bis zum Schluß auf. Wann immer es nötig oder hilfreich erscheint, kann man auf zusätzliche Strategien zurückgreifen.

Beim Festlegen der Ziele stellen wir uns am besten zwei Grundsatzfragen: 1. Wovon möchte ich mehr tun? 2. Wovon möchte ich weniger tun? Wenn wir uns diese Fragen beantwortet haben, können wir unseren Plan entwickeln.

Jenny wollte sich am Arbeitsplatz mehr durchsetzen. Sie war eine extrem ängstliche dreiundzwanzigjährige wissenschaftliche Hilfskraft, die einzige Frau im Fachbereich Geologie an einer renommierten Universität. Bei Konferenzen wagte sie nie, den Mund aufzumachen. Sie mußte ihr Verhalten in Gruppen gar nicht erst überwachen, um zu merken, daß sie nur sprach, wenn man sie direkt fragte. Sie genierte sich, daß sie so linkisch war, und wäre das furchtbar gern losgeworden. Letztlich wollte Jenny

sich bei Konferenzen beteiligen und sich dabei halbwegs wohlfühlen. Aber dieses Ziel war zu vage. Statt dessen definierte sie
ihr Ziel als ein ganz spezifisches Verhalten. Sie würde in jeder
Konferenz dreimal etwas sagen. Ihr Eindruck war, daß sie
schließlich in der Konferenz leicht würde reden können, wenn
sie das lange genug praktiziert hätte.

Als ihr Ziel feststand, teilte sie es sich in Miniziele auf und
fügte noch ein paar Strategien und Techniken hinzu, damit sie es
leichter erreichen konnte.

Ziel Nr. 1: Aufwärmen
a. Vor den Konferenzen entspannen üben, damit ich körperlich nicht so
   angespannt bin.
b. Mich auf die Konferenz inhaltlich vorbereiten, indem ich die Tages-
   ordnung durcharbeite.

Durch diese beiden Tätigkeiten gab Jenny sich eine bessere
Chance, sich in der Konferenz gut vorbereitet und entspannt zu
fühlen.

Ziel Nr. 2
a. Mich mit Entspannung und Vorbereitung aufwärmen
b. Einmal von mir aus etwas sagen.

Es gab keine Normen, wie gut der Beitrag sein mußte. Er konnte
ganz trivial sein, zum Beispiel das Datum eines bevorstehenden
Vortrags. Es kam nur darauf an, daß sie *etwas* sagte.

Ziel Nr. 3
a. Mich aufwärmen
b. Zweimal etwas sagen.

Ziel Nr. 4
a. Mich aufwärmen
b. Dreimal etwas sagen

Jenny schritt von einem Ziel zum nächsten in dem Tempo vor,
das ihr paßte. Sie brauchte ein paar Wochen, um ihr Ziel von drei

Redebeiträgen pro Sitzung zu erreichen. Danach überwachte sie ihr Gruppenverhalten weiter, bis sie nicht mehr so unsicher war.

Gerade weil die Ziele so bescheiden waren und die Strategie so einfach, war diese furchtsame junge Frau imstande, ihr gewaltiges Selbstbehauptungsproblem anzugehen. Vielleicht war das Wichtigste, was dabei herauskam, daß Jenny merkte, sie konnte ihre Ängste angehen und ihr Verhalten besser kontrollieren. Als ihr einmal klar war, daß sie sich in die Höhle des Löwen begeben konnte und nicht bei lebendigem Leibe gefressen wurde, wurde sie zuversichtlicher, daß sie sich auch in anderen Situationen würde durchsetzen können.

An Jennys Programm zur Selbstveränderung können wir ein paar Grundprinzipien der Verhaltensmodifikation aufzeigen:

1. Wir fangen mit etwas an, was uns wichtig ist, aber nicht zu dringlich und zu schwierig. Obwohl es Jenny schwerfiel, auf Konferenzen den Mund aufzutun, fiel es ihr doch weniger schwer als sich gegenüber ihrem Freund, ihrer Zimmerkameradin oder ihren Eltern durchzusetzen.

2. Ziele sollten möglichst genau definiert sein. Abstraktionen überlassen wir den Philosophen. Jenny übersetzte ihren Wunsch, selbstsicherer zu sein, in ein handfestes Ziel: bei jeder Konferenz dreimal etwas zu sagen.

3. Wir beginnen mit kleinen, leichten Schritten und schreiten dann zu immer schwierigeren fort.

Jennys Projekt zeigt auch, wie Zusatzstrategien in den Plan eingebaut werden können. Nachdem sie sich ihr Ziel in Miniziele eingeteilt hatte, hat Jenny die Aufwärmtechniken der Entspannung und der inhaltlichen Vorbereitung hinzugefügt. Wäre sie weniger ängstlich gewesen, hätte sie die Entspannung weglassen können. Sich vorzubereiten, war auf jeden Fall gut. Weil es sie zum Denken anregte, fiel ihr dann auf der Konferenz leichter etwas ein, was sie sagen konnte.

Dieser maßgearbeitete Plan hat bei Jenny funktioniert. Hätte er das nicht, hätte sie es noch mit anderen Strategien versuchen können. Zum Beispiel hätte sie sich auf ihre Selbstgespräche vor und während der Sitzung konzentrieren können, damit sie in der Lage wäre, defaitistisches inneres Geschnatter zu verändern. Sie hätte auch einen Vertrag schließen und/oder ein System von Belohnungen einführen können. Es gibt Unmengen von Kombinationsmöglichkeiten.

Während Jenny lernen wollte, sich zu behaupten, ging es Alexandra darum, den Streß in ihrem Arbeitsleben abzubauen. Als vierunfünfzigjährige geschiedene freie Schriftstellerin war Alexandra in einer scheinbar beneidenswerten Situation: Sie war wohlhabend. Aber finanzielle Unabhängigkeit ist für leistungsorientierte Frauen ein zweischneidiges Schwert. Sie kann zwar einerseits ein Gefühl der Sicherheit vermitteln, das es leichter macht, Risiken einzugehen; sie kann andererseits aber auch die Motivation hemmen, weil keine dringende Notwendigkeit besteht, Geld zu verdienen. In Alexandras Fall war es so, daß sie die konsequente Suche nach Arbeit aufgeben konnte, ohne finanziell in Bedrängnis zu geraten.

Ihr Geld bewahrte sie jedoch nicht vor psychischen Problemen. Alexandra war ständig unzufrieden, weil zwischen ihren Ansprüchen an sich selber und ihrer Leistung ein großer Abgrund klaffte. Sie wollte ihre Produktivität erhöhen und nicht mehr nur in den lokalen, sondern auch in bundesweit erscheinenden Zeitschriften publizieren. Aber sie tat nicht viel dafür. Ihr Arbeitsleben war gekennzeichnet von innerer Anspannung, Inkonsequenz und Vermeidungsverhalten.

Um etwas daran zu ändern, versuchte Alexandra es mit Meditation, stellte aber bald fest, daß sie dadurch auch nicht an Selbstvertrauen gewann. Nach einigen Diskussionen kam schließlich heraus, daß es nicht um *ein* Problem – Streß –, sondern um ein ganzes Bündel von Problemen ging. Dazu gehörten falsche Ernährung, Selbstbehauptungsschwierigkeiten, mangelnde Konzentrationsfähigkeit und hilflose Selbstgespräche. Da es sich um ganz verschiedenartige Probleme handelte, die auf unterschiedliche Weise gelöst werden mußten, konnte eine einzelne Technik wie etwa Meditation natürlich nicht zum Erfolg führen. Also mußte ein umfassenderes Programm entwickelt werden.

Als erstes unterteilte Alexandra ihr Endziel – Abbau von Streß – in lauter kleine Zwischenziele. Sie begann mit dem Ziel, das für sie am einfachsten zu erreichen war: die Umstellung ihrer Ernährung. Zunächst ersetzte sie Kaffee durch Kräutertee. Schon nach einer Woche war sie wesentlich weniger nervös. Da Koffein offenbar eine so große Wirkung auf ihren Körper hatte, begann sie sich zu fragen, ob das gleiche für Alkohol gälte. Also trank sie in der folgenden Woche zum Essen Mineralwasser statt Wein und stellte fest, daß sich ihre Abende dadurch vollkommen änderten. Sie hatte auf einmal viel mehr Energie und gewann drei produktive Stunden pro Tag.

Diese Änderungen eigneten sich sehr gut als erster Schritt in Alexandras Selbstmanagement-Programm, weil sie ihr relativ leicht fielen. Auf Kaffee und den Wein zum Abendessen zu verzichten, bedeutete für sie weder, den Kampf gegen eine Sucht aufzunehmen, noch büßte sie damit allzuviel an Lebensqualität ein. Daß es ihr gelang, diese Gewohnheiten aufzugeben, machte sie zuversichtlich und mutig genug, um problematischere Ziele anzupeilen.

Wie viele andere Frauen auch, hatte Alexandra Schwierigkeiten, sich im Arbeitsleben durchzusetzen. Insbesondere fiel es ihr schwer, ihre Arbeit und ihre Leistungen positiv darzustellen. Dabei spielten nicht nur die typisch weiblichen Hemmungen, sich selbst zu loben, eine Rolle, sondern sie schämte sich dazu noch für ihre geringe Produktivität und spielte das, was sie geschafft hatte, herunter. Wenn die Rede auf ihre Leistungen kam, wurde sie sofort von Gefühlen der Unzulänglichkeit geplagt. Sie wäre immer am liebsten im Erdboden versunken, wenn jemand sie fragte: »Und was haben Sie in letzter Zeit so gemacht?« Peinlich berührt stammelte sie dann eine Antwort, für die sie sich später hätte ohrfeigen können und die kaum geeignet war, ihrer Karriere weiterzuhelfen. Da diese Art von Fragen bei Zusammenkünften ihrer Branche immer wieder gestellt wurden, graute ihr vor solchen Treffen, und sie versuchte, sich vor ihnen zu drücken. Indem sie ihre Schriftstellerkollegen mied, war sie jedoch von wichtigen Informationen abgeschnitten und verbaute sich eine Chance, beruflich weiterzukommen.

Eine gute Antwort zu finden auf die Frage: »Und was haben Sie in letzter Zeit so gemacht?« war daher Alexandras nächstes

Zwischenziel. Ihr Vorgehen war einfach. Sie unterteilte das Vorhaben in zwei Aufgaben: ein Manuskript erstellen und den Vortrag üben. Sie machte sich eine Liste mit allen Artikeln, die sie in den letzten zwei Jahren veröffentlicht hatte, und schrieb dazu, wo sie erschienen waren. Dann lernte sie die Liste auswendig und übte sie vorzutragen, wobei sie besonders darauf achtete, energisch und selbstsicher zu sprechen. Bevor sie sich mit anderen aus ihrer Branche traf, übte sie noch einmal. Diese Methode wirkte Wunder. Sie vertrieb die dunkle Wolke der Anspannung und Unsicherheit, die über Alexandras beruflichen Aktivitäten gehangen hatte, und machte es ihr möglich, an den Zusammenkünften mit Kollegen teilzunehmen und Spaß dabei zu haben. Außerdem wuchs, nachdem sie sich ihre Leistungen vergegenwärtigt hatte, ihre Selbstachtung, und ihrer Angewohnheit, das eigene Können herunterzuspielen, wurde ein entscheidender Schlag versetzt.

Als Alexandra erkannt hatte, daß ein schlechter Arbeitsstil Streß erzeugt und unrationell ist, ging sie daran, ihr Arbeitsleben zu organisieren. Das erste Problem war die Unordnung in ihrem Büro. Auf dem Boden standen unzählige Stapel von Büchern, Zeitschriften und Zeitungsausschnitten herum; Manuskripte, Aufzeichnungen und Briefe lagen überall verstreut. Ihre Zeiteinteilung war genauso chaotisch. Sie arbeitete nur, wenn ihr gerade danach war. Während der Arbeit wurde sie, da sie sehr viele Freunde und Bekannte hatte, ständig vom Telefon unterbrochen. Sie ließ dann sofort ihre Arbeit liegen und telefonierte, während der Anrufbeantworter ungenutzt unter einem Stapel unsortierter Papiere stand. Wenn sie schließlich bei der Sache war, arbeitete sie hart, aber unklug. Sie trieb umfassende Recherchen, stand dann zum Schluß aber immer wieder mit zu vielen Ideen und einem unklaren Konzept da. Anstatt das angesammelte Material erst einmal zu ordnen, setzte sie sich einfach hin und schrieb drauflos. Oft brachte sie ihre Artikel nicht zu Ende, weil sie nicht wußte, was sie weglassen sollte.

Um ein bißchen Ordnung in ihr chaotisches Arbeitsleben zu bringen, setzte Alexandra sich folgende Zwischenziele:

1. Um das Durcheinander zu entwirren, würde sie einen Aktenschrank und einen großen Arbeitstisch kaufen.
2. Um ihre Zeiteinteilung zu verbessern, würde sie, komme, was da wolle, jeden Tag von neun bis elf Uhr den Anrufbeantworter einschalten.
3. Um produktiver zu sein und rationeller zu arbeiten, würde sie sich angewöhnen, sich vor dem Schreiben immer erst ein detailliertes Konzept zu machen.

Das waren keine großen Veränderungen, aber sie fielen ihr gar nicht so leicht. Eine Zeitlang ging es ihr erheblich gegen den Strich, das Telefon zu ignorieren – es war ja möglich, daß jemand sie brauchte. Es war auch schwierig, sich an eine geregelte Arbeitszeit zu gewöhnen, nachdem sie jahrelang nur ihren momentanen Impulsen gefolgt war. Und ihre Konzepte waren am Anfang noch sehr ungenau, weil sie keine Übung darin hatte, zwischen Wichtigem und Unwichtigem zu unterscheiden und entsprechende Entscheidungen zu treffen. Aber mit der Zeit wurden sie immer detaillierter und leisteten ihr schließlich beim Schreiben große Dienste.

Alexandras letztes Zwischenziel war, die hilflosen Gedanken auszuschalten, die ihre Produktivität und Leistungsfähigkeit untergruben. Wenn sie, bevor sie zu schreiben begann, ihre Aufzeichnungen anschaute, dachte sie häufig: »Was für ein Durcheinander. Daraus kann ich nie und nimmer einen Artikel machen.« Oder: »Ich kann überhaupt nicht schreiben. All diese Ideen sind doch einfältig. Kein Mensch will sowas lesen.« Allzu oft ließ sie die Arbeit dann liegen und verlor den Draht zum Thema, so daß es nachher noch schwerer war, sich damit zu beschäftigen. Mithilfe der im neunten Kapitel beschriebenen Techniken lernte sie, ihren hilflosen Gedanken zu begegnen, indem sie zum Beispiel zu sich selber sagte: »Lynche den Angeklagten nicht, solange das Urteil nicht gefällt ist.« Oder: »Dies sind hilflose Gedanken. Ignoriere sie und mache dich an die Arbeit.«

Alexandra brauchte mehr als sieben Monate, um ihre Ziele zu erreichen. Sie löste damit nicht all ihre Probleme, aber sie gewann an Selbstvertrauen, lernte rationeller zu arbeiten, wurde produktiver und konnte so den Streß in ihrem Arbeitsleben erheblich vermindern. Außerdem faßte sie ihre erste Veröffentlichung in einer bundesweit erscheinenden Zeitschrift ins Auge.

An Alexandras Beispiel können wir vieles ablesen, was wichtig ist, wenn man bestimmte Verhaltensweisen ändern will:

1. Wesentliche Änderungen von Verhaltensmustern, insbesondere von fest verwurzelten Gewohnheiten, brauchen Zeit. So ein Prozeß dauert selten weniger als sechs Wochen und oft länger als sechs Monate. Sie müssen also viel Geduld mitbringen.

2. Was wie ein einzelnes großes Problem aussieht, ist möglicherweise ein Bündel von Problemen, von denen jedes für sich auf unterschiedliche Weise gelöst werden muß.

3. Es ist leichter, unerwünschtes Verhalten zu ändern, wenn wir eine Alternative parat haben. Eine Gewohnheit abbauen, heißt daher soviel wie eine andere verstärken. Aus dem Ziel, auf Kaffee zu verzichten, wird das Ziel, Kräutertee zu trinken. Aus dem Ziel, hilflose Gedanken auszuschalten, wird das Ziel, mehr produktive Selbstgespräche zu führen.

4. Wenn wir unser Verhalten ändern wollen, ist die Versuchung groß, alles auf einmal zu ändern. Jeder kennt diese Menschen, die plötzlich zu Gesundheitsfanatikern werden. Sie stehen eines Morgens auf und beschließen, abzunehmen, mit dem Rauchen aufzuhören und zu joggen. Das ist keine gute Idee. Wer sich zu viel vornimmt, riskiert zu scheitern. Es ist besser, nur ein Ziel zur Zeit anzusteuern, langsam zu beginnen und auf kleine Erfolge zu bauen.

Manche Verhaltensmuster brauchen Strategien und Techniken, die über den Rahmen dieses Buchs hinausgehen. Andere Verhaltensmuster sind nur ein Teil eines größeren Problems, wie massiver Angst oder Depression, und nur ein ausgebildeter Psychotherapeut sollte sie angehen. Wenn Sie sich zu blockiert fühlen, es ernsthaft mit der Selbsthilfe zu versuchen, oder wenn Sie es ehrlich und gründlich probiert haben, alle Techniken angewendet, so gut Sie irgend konnten, und doch nichts erreicht haben, sollten Sie vielleicht daran denken, professionelle Hilfe in Anspruch zu nehmen.

Trotz dieser Grenzen sind Konzentration, Zielesetzen und die diversen Strategien und Techniken, diese Ziele zu erreichen, doch Verfahrensweisen, mit denen wir es weit bringen können.

Die Dominotheorie

Wir haben einen weiten Bogen geschlagen: wir haben versucht zu verstehen, welche inneren Hindernisse bei Frauen der Leistungsfähigkeit im Wege stehen. Wir haben dabei ermittelt, daß viele Verhaltensmuster in allen möglichen Kombinationen uns behindern können: die weibliche Gewohnheit des Herunterspielens, erlernte Hilflosigkeit, die verhinderte Erfolgsorientierung, Angst vorm Versagen und mangelnde Durchsetzungsfähigkeit. Das mag uns alles als ungeheuer schwierig erscheinen, selbst wenn wir unsere Strategien und Techniken zu Hilfe nehmen können. Aber so schwer, wie es aussieht, ist es auch wieder nicht.

Stellen Sie sich eine Reihe Dominosteine vor. Weil sie in einer Linie stehen, müssen Sie nicht jeden einzeln anstoßen, damit sie alle umfallen. Weil es mit einem Streich geht, ist es einfacher, als er zunächst aussieht.

Mit dem Verhalten ist es genauso. Wenn wir in einem Lebensbereich etwas tun, kann sich das günstig auf andere Bereiche auswirken. Als Ellen sich zum Studium der Betriebswirtschaft einschrieb, woran sie schon »seit Ewigkeiten« gedacht hatte, begann sich ihr Lebensgefühl zu verändern. Sie blühte auf, und ihre Selbstachtung tat einen großen Sprung nach vorn. Sie ließ sich eine schöne Frisur machen, kaufte sich neue Kleider und fühlte sich sogar erotisch attraktiver. Je mehr sie das Gefühl hatte, Herrin ihres eigenen Geschicks zu sein, desto mehr erweiterte sich ihr Horizont, und sie entdeckte neue Interessen und Chancen.

Wenn wir etwas unternehmen, dann setzen wir eine Spirale in Gang, die nach oben führt. Wenn wir uns Ziele setzen, wie bescheiden sie auch sind, wenn wir auf sie hinarbeiten und sie schließlich erreichen, dann können wir lernen, daß es sich lohnt, zu handeln. Wir merken, daß *wir* etwas bewirken können. Je mehr wir uns dieser Macht bewußt werden, desto mehr Lust bekommen wir, uns neue Ziele zu setzen, neue Pläne zu machen und sie in die Tat umzusetzen. Wir werden richtig süchtig danach. Wie es eine Frau formulierte: »Je mehr ich tue, desto begeisterter bin ich von allem und desto mehr möchte ich tun.«

Wer wagt, gewinnt. Hier und da geben wir der Reihe von Dominosteinen einen kleinen Schubs, und ehe wir uns versehen, haben wir viel mehr Steine bewegt, als wir je für möglich gehalten hätten.

Literatur

Anderlin, H.: Fascinating Womanhood. New York 1975

de Beauvoir, S.: *Das andere Geschlecht*. Reinbek 1986

Block, J.H.; J. Block; D. Harrington: *Sex Role Typing and Instrumental Behaviour*. (Arbeitspapier für die Society for Research in Child Development), 1975

Block, J.H.: *Personality Development in Males and Females. The Influence of Differential Socialization*. (Unveröffentlichtes Manuskript) University of California at Berkeley 1979

Butler, P.: *Self-Assertion for Women*. New York 1981

Crandall, V.C.: *Sex Differences in Expectancy of Intellectual and Academic Reinforcement*. In: R.K. Unger, F.L. Denmark (Hg.), Woman: Dependent or Independent Variable? New York 1975

Day, K.: *Differences in Teaching Behaviour in Adults as a Function of Sex-Related Variables*. (Unveröffentlichte Dissertation) Universität Washington 1975

Deaux, K.: *The Behaviour of Women and Men*. Monterey (Ca.), 1976

Deaux, K., und T. Emswiller: *Explanations of Successful Performance in Sex-Linked Tasks: What is Skill for the Male is Luck for the Female*. In: Journal of Personality and Social Psychology 29, S. 80-85, 1974

Deiner, C.J. und C.S. Dweck: *An Analysis of Learned Helplessness*. In: Journal of Personality and Social Psychology 36, S. 451-462, 1978

Donady, B.; S. Kogelman; S. Tobias: *Math Anxiety and Female Mental Health. Some Unexpected Links*. In: C.L. Heckerman (Hg.), The Evolving Female. Woman in a Psychosocial Context. New York 1980

Dweck, C.S. und B.G. Licht: *Learned Helplessness and Intellectual Achievement*. In: M.E.P. Seligman und J. Garber (Hg.), Human Helplessness. Theory and Research, New York 1980

Ernest, J.: *Mathematics and Sex*. University of California, Santa Barbara 1976

Feather, N.T. und J.G. Simon: *Reactions to Male and Female Success in Sex-Linked Occupations.* In: Journal of Personality and Social Psychology 30, S. 20-31, 1975

Feldman-Summers, S. und S.B. Kiesler: *Those Who are Number Two Try Harder. The Effect of Sex on Attributions of Causality.* In: Journal of Personality and Social Psychology 39, S. 846-855, 1974

Gambrill, E.D. und C.A. Richey: *Assertion Training for Women.* In: C.L. Heckerman (Hg.), The Evolving Female. Women in a Psychosocial Context. New York 1980

Garfield, C.: *Peak Performance.* (Interview mit R. Trubo), in: Success, the Magazine for Achievers 30, Nr. 4, S. 30-33, S. 56, 1983

Glass, D.C. und J.E. Singer: *Urban Stress. Experiments on Noise and Social Stressors.* New York 1972

Griffin, D.E. und D.L. Watson: *A Written Personal Commitment from the Student Encourages Better Course Work.* In: Teaching of Psychology 5, S. 155, 1978

Guttentag, M. und H. Bray: *Teachers as Mediators of Sex Role Standards:* In: A.G. Sargent (Hg.), Beyond Sex Roles, St. Paul 1977

Hall, K.: *Sex Differences in Initiation and Influence in Decision-Making Groups of Prospective Teachers.* (Unveröffentlichte Dissertation). Stanford University 1972

Harragan, B.L.: *Games Mother Never Taught You: Corporate Gamesmanship for Women.* New York 1977

Hennig, M. und A. Jardin: *The Managerial Woman.* New York 1976

Hiroto, D.S.: *Locus of Control and Learned Helplessness.* In: Journal of Experimental Psychology 102, S. 187-913, 1974

Hoffman, L.W.: *Early Childhood Experiences and Women's Achievement Motive.* In: Journal of Social Issues 28, S. 129-155, 1972

Hoffman, L.W.: *Changes in Family Roles, Socialization, and Sex Differences.* In: American Psychologist 32, S. 644-657, 1977

Hokanson, J.E. et al.: *Availability of Avoidance Behaviours in Modulating Vascular-Stress Responses.* In: Journal of Personality and Social Psychology 19, S. 60-68, 1971

Janoff-Bulman, R. und P. Brickman: *Expectations and what People Learn from Failure.* In: N.T. Feather (Hg.), Expectations and Actions. Expectancy-Value Models in Psychology. Hillsdale (N.J.) 1982

Kagan, J. und H. Moss: *Birth to Maturity.* New York 1962

Kogelman, S.: *Debilitating Mathematics Anxiety. Its Dynamics and Etiology* (Unveröffentlichte Magisterarbeit), Smith College School of Social Work, 1975

Korda, M.: *Power. How to Get It, Ho to Use It.* New York 1975

Kurlander, H. et al.: *Learned Helplessness, Depression, and Prisoner's Dilemma.* In: Seligman, Helplessness, 1975

Lakein, A.: *How to Get Control of Your Time and Your Life.* New York 1973

Lange, A.J. und P. Jakubowski: *Responsible Assertive Behaviour. Cognitive/Behavioural Procedures for Trainers.* Champaign (Ill.) 1976

Leonard, M.R.: *Assertiveness Training Needs of Professional Business Women.* (Unveröffentlichtes Manuskript), zit. Nach C.I. Meuhlenhard: Women's Assertion and the Feminine Sex-Role Stereotype, in: V. Franks und E.D. Rothblum (Hg.), The Stereotyping of Women. Its Effects on Mental Health. New York 1983

Megargee, E.: *Influence of Sex Roles on the Manifestation of Leadership.* In: Journal of Applied Psychology 53, S. 377-382, 1969

Meuhlenhard, C.L.: *Women's Assertion and the Feminine Sex-Role Stereotype.* In: Franks, V., und Rothblum E.D. (H.): The Stereotyping of Women, New York 1983

Miller, J.B.: *Toward a New Psychology of Women.* Boston 1976

Phillips, G.M. und E.C. Erickson: *Interpersonal Dynamics in the Small Group.* New York 1970

Presbrey, T.: *Social Problem Solving. Impact and Effects of Training on Normal Adult Population.* (Unveröffentlichte Dissertation). University of Hawaii 1979

Pritkin, R.: *Christ Was An Ad Man. The Amazing New Testament in Advertising.* San Francisco 1980

Rimm, D.C. und S. Litvak: *Self-Verbalization and Emotional Arousal.* In: Journal of Abnormal Psychology 74, S. 181-187, 196

Sanford, L.S. und M.E. Donavan: *Women and Self-Esteem.* New York 1985

Schildkamp-Kundinger, E.: *Die Frauenrolle und die Mathematikleistung.* Düsseldorf 1974

Seligman, M.E.P.: *Helplessness: In Depression, Development, and Death.* San Francisco 1975

Seligman, M.E.P. et al.: *The Alleviation of Learned Helplessness in the Dog.* In: Journal of Abnormal and Social Psychology 73, S. 256-262, 1978

Stein, A.H. und M.M. Bailey: *The Socialization of Achievement Orientation in Females.* In: Psychology Bulletin 80, S. 345-366, 1973

Tavris, C. und A.J. Baumgartner. *How would your Life be different if you'd been born a Boy?* In: Redbook 160, Nr. 4, S. 92-94, 1983

Vincent, M.F.: *Comparison of Self-Concepts of College Women: Athletes and Physical Education Majors.* In: Research Quarterly 47, S. 218-225, 1976

Watson, D.L. und R.G. Tharp: *Self-Directed Behaviour. Self-Modification for Personal Adjustment.* Monterey (Ca.) 1981

Williams, R.L. und J.D. Long: *Towards a Self-Managed Life Style.* Boston 1979

Kathryn Stechert

Frauen setzen sich durch

Leitfaden für den Berufsalltag mit Männern

Aus dem Englischen von Angela Elsner
3. Auflage 1991. 264 Seiten
ISBN 3-593-33977-3

»Das Buch steckt voller Informationen, die die meisten berufstätigen Frauen wohl als zutreffend bestätigen werden, die jedoch noch nie zuvor so klar und deutlich artikuliert worden sind. Stecherts Punkt ist – ob es uns gefällt oder nicht –, daß Männer die Arbeitswelt beherrschen und daß es darum den Frauen obliegt zu verstehen, wie die Männer dort funktionieren. Egal wie qualifiziert eine Frau ist, wenn es ihr an Wissen und Verständnis mangelt, wie eines Mannes Verstand und Gefühle im Berufsleben arbeiten, kann dies ihrer Karriere schaden.«
Chicago Tribune

»Eine Fülle von Informationen jeglicher Art für Frauen, die Freude an ihrer Arbeit haben und Karriere machen wollen.«
Karin Brehm, Forum Wissenschaft

»Macho-Verhalten mit Macho-Verhalten zu bekämpfen, ist aussichtslos«, sagt Kathryn Stechert. Sie zeigt, wie Frauen ihren eigenen Stil entwickeln und dadurch machtvoll auftreten können.

»Viele gehen an den Start, aber nur wenige kommen ganz oben an.«
Stern

Campus Verlag · Frankfurt/New York

Sally Helgesen

Frauen führen anders

Vorteile eines neuen Führungsstils

Aus dem Englischen von Linda Gränz
1991. 230 Seiten
ISBN 3-593-34435-1

Frauen und ihre besonderen Führungsqualitäten werden in Chef-
etagen immer gefragter.
Unternehmen und Abteilungen, die von Frauen geleitet werden,
entwickeln sich zu Gemeinschaften, in denen Informationen ge-
teilt und die Regeln der Hierarchie außer Kraft gesetzt werden.
Frauen legen mehr Wert auf zwischenmenschliche Beziehungen,
verzichten auf autoritäre Strukturen und gewichten den Prozeß
stärker als das Produkt.

»... das erste Buch, das wirklich den Führungsstil von Frauen be-
schreibt. Helgesen beobachtete sorgfältig und wie unter einem
Mikroskop faszinierende und unterschiedliche Persönlichkeiten.
Sie hilft uns, nicht nur die Vorteile weiblichen Führens zu verste-
hen, sondern was es mit dem ›Führen‹ überhaupt auf sich hat.«
Warren Bennis

»Ein Muß-Buch für Frauen in Führungspositionen und solche,
die Führungspositionen anstreben.«
Dawn Mello

Campus Verlag · Frankfurt/New York